研究生培养模式改革研究

周叶中 程斯辉◎等著

人民教育出版社
·北京·

图书在版编目（CIP）数据

研究生培养模式改革研究/周叶中等著. —北京：人民教育出版社，2013.6
ISBN 978-7-107-26752-9

Ⅰ.①研… Ⅱ.①周… Ⅲ.①研究生—培养模式—教育改革—研究—中国 Ⅳ.①G643

中国版本图书馆 CIP 数据核字（2013）第 127800 号

人民教育出版社出版发行
网址：http://www.pep.com.cn
人民教育出版社印刷厂印装　全国新华书店经销
2013 年 6 月第 1 版　2013 年 7 月第 1 次印刷
开本：787 毫米×1 092 毫米　1/16　印张：26.5
字数：270 千字　印数：0 001～3 000 册
定价：37.70 元

如发现印、装质量问题，影响阅读，请与本社出版科联系调换。
（联系地址：北京市海淀区中关村南大街 17 号院 1 号楼　邮编：100081）

前　言

　　高等教育承担着培养高级专门人才、发展科学技术文化、促进社会主义现代化建设的重大任务。2010年颁布的《国家中长期教育改革和发展规划纲要(2010—2020年)》(以下简称《教育规划纲要》)指出：提高质量是高等教育发展的核心任务,是建设高等教育强国的基本要求。为此,《教育规划纲要》要求高等学校"牢固确立人才培养在高校工作中的中心地位,着力培养信念执着、品德优良、知识丰富、本领过硬的高素质专门人才和拔尖创新人才"。如果说在高等教育系统中,本科教育的重心是培养高素质的专门人才的话,那么,研究生教育的重心则是培养拔尖创新人才。我国研究生教育在高等教育大众化进程和社会对拔尖创新人才呼唤的强力推动下,已进入快速发展的轨道,但由于受传统观念的影响和现实条件的制约,研究生教育的观念、研究生教育的体制机制、研究生培养模式、研究生教育质量评价等等,还不能适应国家和社会发展需要。因此《教育规划纲要》明确要求："大力推进研究生培养机制改革。建立以科学与工程技术研究为主导的导师责任制和导师项目资助制,推行产学研联合培养研究生的'双导师制'。实施'研究生教育创新计划'。加强管理,不断提高研究生特别是博士生培养质量。"《教育规划纲要》还要求进行人才培养体制改革,"创新人才培养模式",要求遵循教育规律和人才成长规律,探索多种培养方式,形成各类人才辈出、拔尖创新人才不断涌现的局面。很明显，研究生培养模式创新是人才培养体制改革的重要组成部分，是拔尖创新人才培养需要探索的核心内容，是拔尖创新人才不断涌现局面形成的关键。基于这种认识，顺应研究生培养机制改革的要求和人才培养体制改革的需要，我们对"研究生培养模式"及其改革问题进行了深入系统的理论思考和实践探索。

所谓研究生培养模式，是指根据高层次人才成长的规律和社会的需要，在一定的教育思想、教育理论和特定需求指导下，为实现研究生培养目标（培养规格），参与研究生培养的主体与研究生培养基本环节之间所形成的组合样式及运行方式，它是研究生培养特性的一种简约性概括，表达的是参与研究生培养的主体要素就"培养什么样的研究生"和"怎样培养研究生"两个基本问题在研究生培养诸环节中的解决方式。由此可见，"培养什么样的研究生"和"怎样培养研究生"是研究生培养模式蕴含的根本性规定。

研究研究生培养模式，必须将研究生培养模式置于研究生教育发展的整体战略下来思考，只有这样，才能使研究生培养模式研究及其改革遵循正确的方向发展。基于社会发展对研究生教育的要求和高等教育的发展趋势以及研究生教育自身发展的规律性，我们认为，研究生培养模式的改革与创新，是在研究生教育以下战略定位下的改革与创新。

就在整个教育体系中的定位而言，研究生教育是我国教育体系中的最高层次，是高等教育大众化阶段中的精英教育，是其他各级各类教育的示范。

就在国家科教兴国战略、人才强国战略实施中的定位而言，研究生教育是实施科教兴国战略、人才强国战略的重要保证。

就在国际竞争日益激烈的格局中的定位而言，研究生教育是增强综合国力、增强国际竞争力的重要支撑力量，是综合国力的直接体现。

就在高水平大学与世界一流大学的建设进程中的定位而言，研究生教育是评价高水平大学的关键因素,是高水平大学、世界一流大学各项建设中的重中之重。

研究生培养模式的改革与创新,不仅要思考研究生教育的战略定位,更要明确研究生培养模式改革与创新需要坚守的思想与理念。德国哲学家雅斯贝尔斯曾深刻地指出:"真正的教育应先获得自己的本质。教育须有信仰,没有信仰就不成其为教育。"①研究生教育作为最高层次的教育,必须有自己的理念和价值追求,并用自己的教育理想指导教育实践。同样,构建什么样的研究生培养模式,研究生培养模式如何改革,也必须厘清相应的理念,有与之适应的思想、理念指导。我们认为,我国研究生教育以及研究生培养模式改革要坚守以下理念:必须有适应与超越,引领与奉献,开放与兼容,理性与激情,竞争与合作,民族与国际,多样与灵活,创新、创造、创业,自主、自律、自控,全面、协调、可持续发展的品质。我国研究生培养模式的改革与创新只有在这种理念指导下,才能回答社会、学校与受教育者个人需要什么样的研究生教育,同时才能表达对"培养什么样的研究生"和"怎样培养研究生"的思考,而且还蕴含着对为什么要进行研究生培养模式改革与创新的探索。

在对研究生教育战略定位、研究生培养模式基本内涵解读的基础上,基于历史的视野,我们研究了我国研究生培养模式的发展与变迁,总结了我国以往研究生培养模式蕴含的价值与局限,进而揭示了我国研究生培养模式演变对现实的启示。基于比较研究的视野,我们选取德国、英国、美国、法国、日本五个发达国家的研究生培养模式进行了研究,着重从研究生培养过程出发,就研究生培养模式所包含的培养目标、招生选拔、培养方案与课程教学、指导方式、科研训练、学位论文、学位授予等基本环节与运行方式进行了

---

① 雅斯贝尔斯.什么是教育[M].邹进,译.北京:生活·读书·新知三联书店,1991:116.

介绍和分析。基于分类的习惯视野,我们将研究生培养模式分成学术型研究生培养模式、应用型研究生培养模式、硕士研究生培养模式、博士研究生培养模式四大类型,在对其内涵与特征进行解析的基础上,着重指出了这些培养模式存在的问题,并就如何解决这些问题进行了对策思考。

由于研究生培养模式的改革和创新与研究生培养机制改革有着密切的联系,从某种意义上讲,研究生培养机制是研究生培养模式的内在运行机理。因此,我们从理论与现实出发,对研究生培养机制及其改革进行了研究。我们认为,进行研究生培养机制改革,不仅要回答为什么要进行改革,更要弄清楚研究生培养机制改革的基本内容,以明了研究生培养机制改革究竟要改什么,究竟要建立什么样的研究生培养机制。我们认为进行研究生培养机制改革,关键是要通过改革,构建起有利于拔尖创新人才大量涌现的研究生培养的十大机制:研究生培养的激励机制,研究生培养的竞争机制,研究生培养的分流机制,研究生培养的主体选择机制,研究生培养的自律机制,研究生培养的社会参与机制,研究生培养的市场调节机制,研究生培养的多元评价机制,研究生培养的政府宏观调控机制,研究生培养的内化机制。

在对研究生培养模式进行理论研究的过程中,我们也努力在理论研究指导下进行实践探索,即结合武汉大学的研究生教育,进行了研究生培养模式的一系列改革和创新:诸如"1+4""2+3"硕博连读制、硕士研究生"以两年制为基础的弹性学制改革"、博士研究生学制改革、"双导师制"、研究生公共课改革、硕士研究生一级学科通开课建设、跨学科研究生培养体制改革、博士研究生跨学科拔尖创新人才培养试验区建设、高层次应用型硕士研究生培养试验区建设、导师论坛和研究生学术沙龙等平台构建、研究生专业学习与研究生德育工作融汇机制等。

在开展研究生培养模式研究的过程中,我们努力汇聚武汉大学研究生院从事研究生教育管理的同志和武汉大学教育科学学院、研究生教育研究中心的专家队伍，坚持理论与实践相结合，坚持独立思考与共同交流相结合，使研究团队在研讨交流中形成共识，尽可能接近真理，但也保留研究者对相关问题的独特看法，只要言之成理、持之有故。呈现给读者的这部著作，是在我们拟定研究思路的基础上分工撰写的，最后由周叶中教授、程斯辉教授统稿：第一章由周叶中教授、程斯辉教授撰写，第二章由程斯辉教授、周叶中教授、王娟娟博士撰写，第三章由王娟娟博士、程斯辉教授撰写，第四章由刘亚敏博士撰写，第五章、第六章由王建梁教授撰写，第七章由王碧云博士、赵丽娜博士撰写，第八章由胡甲刚博士撰写，第九章由程斯辉教授、周叶中教授撰写。王娟娟博士还协助我们进行了资料和初稿的整理工作。

在开展研究生培养模式研究过程中，有关领导和专家学者给予了大力支持，他们是国务院学位委员会办公室的有关领导黄宝印、梁国雄、徐维清，原武汉大学党委书记、校长顾海良教授，原武汉大学校长刘经南院士，原武汉大学副校长黄从新教授以及武汉大学研究生院、教育科学学院的各位同事等，在此，特表示衷心的谢意。

在开展研究生培养模式研究的过程中，我们参考了许多优秀学者的研究成果，对于引用的相关内容尽可能予以注释。在此，我们对这些学者表示衷心感谢，如果有关内容我们没有注释到，也请相关同仁予以谅解。

研究生培养模式的创新是当今研究生教育改革面临的重大课题，对于这一课题的研究与探索不是本书出版就能完结的，它需要持续的关注、持续的研究与探索。因此，本书的出版只是新的研究的开始，我们期待着读者方家提出宝贵的批评与建议，以利我们开展更深入的研究。

周叶中　程斯辉

2013年5月于武汉大学

目 录

上 编

第一章 研究生教育发展之理念 /3
  一、研究生教育发展的战略定位 /3
  二、研究生教育发展的基本理念 /12

第二章 研究生培养模式及其类型分析 /21
  一、研究生培养模式界定 /21
  二、研究生培养模式的多样性 /29
  三、研究生培养模式分类的新视角 /37

第三章 我国研究生培养模式的发展历史 /50
  一、民国时期以学校为主的培养模式 /50
  二、新中国成立后至20世纪末以国家为主的培养模式 /66
  三、20世纪末至今的多种培养模式 /75
  四、研究生培养模式嬗变的启示 /92

第四章 发达国家研究生培养模式 /104
  一、德国研究生培养模式 /105
  二、英国研究生培养模式 /121
  三、美国研究生培养模式 /138
  四、法国研究生培养模式 /160

五、日本研究生培养模式 /174

下　编

第五章　学术型研究生培养模式及其改革 /193
　　一、学术型研究生培养模式的内涵 /194
　　二、学术型研究生培养模式的特征 /195
　　三、我国学术型研究生培养模式存在的问题 /198
　　四、我国学术型研究生培养模式的改革 /208

第六章　应用型研究生培养模式及其改革 /219
　　一、应用型研究生培养模式的内涵 /222
　　二、应用型研究生培养模式的特征 /226
　　三、我国应用型研究生培养模式存在的问题 /232
　　四、我国应用型研究生培养模式的改革 /241

第七章　硕士研究生培养模式及其改革 /252
　　一、发达国家硕士研究生培养模式现状及特点 /252
　　二、我国硕士研究生培养模式现状及特点 /263
　　三、我国硕士研究生培养模式的改革思路 /270

第八章　博士研究生培养模式及其改革 /278
　　一、博士研究生培养模式概述 /278
　　二、我国博士研究生培养模式的基本特征 /290
　　三、我国博士研究生培养模式存在的主要问题 /309
　　四、我国博士研究生培养模式的改革创新 /321
　　五、我国博士研究生培养模式改革的总体构想 /343

第九章 研究生培养机制改革 /360

一、研究生培养机制的界定 /360

二、研究生培养机制改革的意义 /365

三、研究生培养机制改革的内容 /377

四、研究生培养机制改革的策略 /387

五、研究生培养机制改革的保障 /394

主要参考文献 /406

上 编

第一章
研究生教育发展之理念

一、研究生教育发展的战略定位

研究研究生培养模式，必须将其置于研究生教育发展的整体战略下来思考，只有这样，才能使研究生培养模式研究及其改革遵循正确的方向发展。所谓研究生教育发展战略，是指研究生教育管理与实施主体针对环境的变化需要和自身条件所选择的长远发展对策，通常包括研究生教育发展的长远目标以及为实现这些目标所需要采取的行动方案。研究生教育发展战略还可以做具体理解，即它是研究生教育管理的宏观主体如国务院学位委员会及其办公室，或研究生教育实施的微观主体如大学的研究生院就研究生教育制定的发展目标和规划。而研究生教育发展战略定位，则是指在发展研究生教育的长远对策中，要使研究生教育形成一个什么样的理想状态，使其具备什么样的功能，在国家教育事业整体发展格局中处于什么样的位置。据此，我国研究生教育发展的战略定位，可以从以下五个方面来界定。

（一）研究生教育是我国教育体系中的最高层次，是高等教育大众化阶段中的精英教育，是其他各级各类教育的示范

就在整个教育体系中的定位而言，研究生教育是我国教育体系中的最高层次，是高等教育大众化阶段中的精英教育，是其他各级各类教育的示范。

在我国教育体系中，研究生教育作为最高层次的教育，包括了以下内涵：第一，它是本科教育或学士学位教育之后的最高学位和最高学历的教育；第二，研究生教育阶段的学习内容是高深的理论与更加尖端的科学技术或学科发展前沿；第三，从事研究生教育的导师都是具有更深层次学问的、拥有高级学术职称的教授或副教授；第四，研究生教育阶段的教学方式是在导师指导下的研讨式、探究式、发现式的教学方式，是在研究过程中进行的教与学。

作为高等教育大众化阶段中的精英教育，研究生教育是对本科毕业生中的少数优秀分子或具有本科学历有一定实际工作经验的少数优秀分子所进行的教育，其目标是造就和培养各领域的高级专门人才或培养各领域高级专门人才中的骨干。尽管有人提出在高等教育大众化过程中，研究生教育的发展趋势是继续走精英教育的路子还是表现为大众化走向的疑问，但我们赞成有的学者提出的观点："在高等教育大众化阶段，我国的研究生教育无论在理论上还是在实践上都必须坚持精英型的定位。"①

同时，研究生教育还是其他各级各类教育的示范。这种示范一方面表现为研究生教育作为最高层次、最高学历与学位的教育，必须而且应该成为其他教育类型的示范，尤其是应成为本科教育的示范；另一方面，这种示范还表现为研究生教育阶段的导师队伍与接受研究生教育的少数精英分子即研究生能够成为示范。研究生教育作为其他各级各类教育的示范，主要是指从事研究生指导的教师应成为整个教师队伍的示范，研究生导师队伍的学问、人格、学风、教风等精神面貌，不仅要成为

---

① 许克毅，赵军. 研究生教育在高等教育大众化中的定位[J]. 学位与研究生教育，2004（8）：13.

研究生的表率，而且应成为其他教师的模范。研究生教育作为其他各级各类教育的示范，还指研究生应成为本科生及其他学生的表率，研究生的学习精神、做人品格，应为其他学生树立榜样。陈至立同志曾指出："研究生作为一个学生群体，在学校具有示范作用。研究生在学校的状态以及他们的精神面貌对整个学校的学风、校风，对本科生都有较大的影响和带动作用。研究生毕业以后，作为社会中的一个群体，会引起人们的特别关注，他们的行为对整个社会的价值取向、导向都会有很大影响。"[1]不仅如此，研究生教育阶段培养创新精神与实践能力的价值取向和相应的教育教学方式也应成为其他教育阶段人才培养的一种借鉴。但是，有一些研究生教育与实施主体对研究生教育的高标准、高要求和示范性还没有清醒的认识，尤其是少数导师与研究生存在着学术道德品位低下及学术腐败现象，影响了研究生教育之示范性、引领性作用的发挥。因此，明确研究生教育作为我国教育体系中最高层次的本质性规定，对于引导研究生教育管理与实施主体遵循研究生教育的发展规律有着重要的价值，对于研究生培养模式改革具有重要的指导意义。

（二）研究生教育是实施科教兴国战略、人才强国战略的重要保证

就在国家科教兴国战略、人才强国战略实施中的定位而言，研究生教育是实施科教兴国战略、人才强国战略的重要保证。

为实现中华民族的伟大复兴，党中央提出了科教兴国战略、可持续发展战略、人才强国战略等重大战略，不仅丰富了

---

[1] 陈至立. 建立充满生机和活力的研究生教育体系[J]. 中国高等教育，2000（1）：4.

社会主义现代化建设的理论与实践,而且为社会主义现代化建设战略目标的实现,确定了突破的关键和重点。科教兴国战略建立在"科学技术是第一生产力"的科学判断基础之上。在实施科教兴国战略的进程中,关于"创新是一个民族的灵魂,是一个国家兴旺发达的不竭动力"的科学论断,使科教兴国战略具有了新的内涵;而人才强国战略则建立在"人才资源是第一资源"的科学判断基础之上。科教兴国、人才强国的根本,就是要使我国经济社会的发展,紧紧地依靠科技进步和教育对人力资源的持续开发,把我国由人口大国转化为人力资源强国,实现我国社会建设的可持续发展,实现中华民族的伟大复兴。科技的创新、发展、进步,人力资源的开发,人才的成长都离不开教育,而其中的科技创新、高层次拔尖创新人才的培养,都与研究生教育有着直接的关系。研究生教育承担着直接培养高层次拔尖创新人才的任务,直接承担着科技创新的任务,研究生教育质量的好坏、研究生教育水平的高低,直接影响甚至决定着我国科教兴国和人才强国战略的实施,影响着我国社会的可持续发展,影响着中华民族伟大复兴的进程。尽管改革开发以来,经过三十余年的发展,我国研究生教育取得了举世瞩目的成绩,但与科教兴国、人才强国战略实施的要求相比,还有较大差距,目前,我国的高层次人才仍十分短缺。王通讯指出:"无论是国内还是国外,高层次人才都是'最稀缺'的资源,所有的人才争夺战都是围绕争夺高层次人才展开的。虽然,我国的人才总体规模已超过六千万,但高层次人才仍然十分短缺,且老化现象严重,后继乏人问题突出。"高层次人才的不足已成为阻碍我国科学技术进步的重要因素。国家有关权威部门承认，我国还缺乏跻身世界科技一流行列的一流大师和世界级顶尖人物。因此，对我国研究生教育的发展必须给予高度重视。在全面建成小康社会、开创中国特色社会主义事业新局面的重要战略机遇期里，研究生教育作为实施科教兴国战略、人才强国战略的重要保证，其战略地位必须得到保障。

（三）研究生教育是增强综合国力、增强国际竞争力的重要支撑力量，是综合国力的直接体现

就在国际竞争日益激烈格局中的定位而言，研究生教育是增强综合国力、增强国际竞争力的重要支撑力量，是综合国力的直接体现。

有学者指出："综合国力，是指一个主权国家生存与发展所拥有的全部实力——物质力和精神力及其对国际影响力的合力。"[①]它主要包括政治力、经济力、科技力、国防力、文教力、外交力、资源力等，其中文教力是关键性的综合国力源泉。政治力中的政治制度及其设计、政府素质及其领导组织、决策能力等，与研究生教育阶段党政人才的培养水平有着直接关系。经济力、国防力、外交力无一不与相应领域高层次和高技能、高水平的人才培养即研究生教育有着密切联系。而资源力作为一种潜力，要使其由潜力转化为实力，如果没有对资源的开发、利用与保护的人才是不可能实现的，而这取决于教育并日益倚重研究生教育来培养高层次的人才。科技力与文教力本身依靠教育、包含教育，并在很大程度上取决于高等教育的数量与质量，而其中研究生教育的规模与质量更是衡量科技力与

---

① 黄硕风.综合国力论[M].北京：中国社会科学出版社，1992：102.

文教力的重要因素。"国际间的竞争,说到底是综合国力的竞争,关键是科学技术的竞争。""当今世界,多极化趋势曲折发展,经济全球化不断深入,科技进步日新月异,人才资源已成为最重要的战略资源,人才在综合国力竞争中越来越具有决定性意义。"科技与人才在体现综合国力和参与国际竞争中的决定性作用,不断凸显着研究生教育的重要性,充分认识这种重要性,对于制定研究生教育未来的发展战略有着至关重要的价值。目前,我国研究生教育的发展水平,尤其是研究生教育的质量在体现综合国力、增强国际竞争力等方面,还没有做出更多的贡献。因此,我国要在科学技术方面赶上世界先进水平,综合国力要达到中等发达国家水平,就必须通过发展研究生教育培养和造就大批的高层次专门人才。

(四)研究生教育是评价高水平大学的关键因素,是高水平大学、世界一流大学各项建设中的重中之重

就在高水平大学与世界一流大学建设进程中的定位而言,研究生教育是评价高水平大学的关键因素,是高水平大学、世界一流大学各项建设中的重中之重。

建设世界一流大学和高水平大学是党和国家的重要决策,对于增强高等教育综合实力,提高我国国际竞争力具有重要的战略意义。在高水平大学和世界一流大学的建设进程中,研究生教育如何定位,"研究生教育改革是建设一流大学和高水平研究型大学的关键问题。研究生教育水平是评价高水平大学的关键指标"[①]。世界一流大学一般具有以下特点:第一,在世界

---

① 周济.谋划改革的新突破,实现发展的新跨越——关于加快建设世界一流大学和高水平大学的几点思考[N].中国教育报,2004-09-07(1-2).

一流大学的形成与发展过程中,科学的办学思想和创新的办学体制,一般都与杰出的教育家,特别是出色的校领导有关。第二,世界一流大学的成功之处在于能培养出大批优秀人才,日后从中产生政治领袖、经济泰斗、科技精英、学术大师、跨国企业的领导者等杰出人物,其毕业生的杰出表现为学校赢得荣誉。第三,世界一流大学在办学模式和培养学生的方法方面都提倡学术自由,鼓励理论创新,多用启发式、讨论式的教学方式,少用灌输式的教授方法;既发挥学术骨干的核心作用,又提倡团队合作精神;既注意发挥自身的学术优势,又注意吸收他人之长;不鼓励本校毕业生读本校研究生,而乐于接受他校的优秀毕业生来读研究生;……。第四,世界一流大学一定拥有一批具有一流学术水平的优势学科。第五,世界一流大学在办学中十分重视研究生教育,研究生占在校生的比例一般为一半左右或更高,尤其重视培养博士研究生。第六,世界一流大学是知识创新的重要源泉。第七,世界一流大学都具有深厚的文化积淀。第八,世界一流大学以多种形式服务社会,成为国家和地区、社会发展的重要支柱。①从世界一流大学具有的基本特点可以看出,上述八个方面与研究生教育都存着直接和间接的关系,研究生教育的发展状况在很大程度上决定着一所大学能否成为高水平大学和世界一流大学。因此,研究生教育是高水平大学和世界一流大学建设过程中的战略重点,是学校各项建设中的重中之重。保证了研究生教育在学校建设中的战略重点和重中之重的地位,就不仅保护和提升了学校的整体

---

① 参见:李岚清.李岚清教育访谈录[M].北京:人民教育出版社,2003:149-153.

实力与综合实力，而且保护和提升了学校的核心竞争力。顾海良教授曾指出："高水平大学和世界一流大学都有自己的核心竞争力，这种核心竞争力包括学者的影响，包括学科的建设，也包括学术地位，以及学风的好坏；不管是学者，还是学术，还是学科、学风，都是通过研究生教育得到体现和表现的。"因此，在高水平大学和世界一流大学的建设过程中，抓住了研究生教育的建设、改革与发展，也就抓住了关键。但在高水平大学的建设过程中，有的大学的管理者对此并没有深刻认识，以为研究生培养是导师的事，学校的主要精力应放在本科教学上和科研出成果上，因而研究生培养没有像本科教学一样被放在学校工作的中心位置，研究生教育在有的大学甚至处于放任自流的状况。正如有的大学领导所言，为研究生培养创造宽松环境，并不意味着放松对研究生培养的严格要求。我们认为，在高水平大学建设过程中，学校管理者应进一步明确研究生教育在学校各项建设中的关键地位，要像重视本科教学一样重视研究生教育。

（五）研究生教育是人的全面发展与自我实现的重要体现

就在人的发展进程中的定位而言，研究生教育是人的全面发展与自我实现的重要体现。

人之生命的存在与发展，依赖物质生活资料的生产和教育传承。没有长辈向晚辈传授生存的本领、生活的经验与规范，或晚辈不向长辈学习，人之生命就不能存在与发展，就不可能社会化。因此，自古以来在生存竞争激烈的环境里，长辈要对晚辈进行多方面训练，使晚辈具有多方面的生存本领和多方面的生活经验。人类的发展历史和人之个体生命发展的历史都表明，教育使人类社会得以发展，使人类文明得以积累与传承，教育是人之个体生命由野蛮走向文明的桥梁，是个体由无知通向有知的阶梯，是个体迅速社会化的助推器。在个体生命发展的历程中，虽然并非每个个体都能接受研究生教育，研究生教育作为精英型教育现在还不能为多数人提供服务，但由于研究生教育对个体提供的是高水平、高本领、高技能和高素质、高境界的教育与训练，因而使研究生个体在激烈竞争的社会环境中更具适应性，更具竞争的优越性，并能够获得更好的生存环境和生存待遇。因此，接受研究生教育，获得最高的学历与学位，便成为绝大多数学子的期望。所以，研究生教育不仅使研究生能够得到多方面的训练，而且会促使那些期望接受研究生教育的学子们刻苦学习、积极锻炼、全面发展，努力成为能够接受研究生教育的优秀分子。从这个意义上说，研究生教育不仅能促进人的全面发展，而且能激励人的全面发展。

　　研究生教育还是个体生命价值自我实现的重要体现。人之生命存在，不仅仅是一种自然的生理的存在，而且是一种社会的精神的存在，一种有意义的存在。人之生命存在的最高境界就是追求自我实现，使生命存在有价值、有意义，使生命的理想、抱负得以实现。生命的自我实现，体现在生命历程中的每个阶段和每个可能承担的职业、岗位和角色最高境界的追求与达成。研究生教育不仅为个体生命的自我实现准备条件、创造条件、提供条件，而且研究生教育作为提供最高学历和最高学位的教育，它本身就是个体生命阶段的一种自我实现，至少是人生学习阶段的一种自我实现。

　　综上，研究生教育在国家教育发展的整体格局中，在科教兴国战略、人才强国战略的实施中，在国际竞争日益激烈的格局中，在高水平大学和世界一流大学的建设中，在人的全面发展与自我实现中，都具有非常重要的作用，处于关键位置，具有其他教育类型或要素的不可替代性。如果说在今后一段时期应把农村教育作为基础教育工作的重中之重的话，那么，建设高水平的研究生教育则是高等教育的重中之重，是高水平大学和世界一流大学建设中的重中之重。我们制定和选择研究生教育未来发展的长远对策与行动方案，不可不基于上述判断，我们研究研究生培养模式及其改革问题，也不可不基于上述判断。

二、研究生教育发展的基本理念

"真正的教育应先获得自己的本质。教育须有信仰，没有信仰就不成其为教育。"[①]研究生教育作为最高层次的教育，必须有自己的理念和价值追求，并将其运用于教育实践。同样，构建什么样的研究生培养模式，研究生培养模式如何改革，也必须厘清相应的理念，有与之适应的思想、理念指导。综观世界各国研究生教育的发展，无不以其独特的教育理念为指导，成就各国研究生教育的极大发展。德国威廉·洪堡创办柏林大学时就提出了"教学与科研相结合"的大学理念，英国沿袭的是约翰·亨利·纽曼的大学精英理念，美国的研究生教育开创了教育创新的先河，日本的研究生教育改革始终奉行实用主义理念。对于我国而言，如何革新与发展研究生教育理念，在研究生培养模式改革中秉承什么样的理念问题，已成为新时期制约研究生教育发展的瓶颈。因此，我们有必要探讨我国研究生教育发展的基本理念。

---

① 雅斯贝尔斯.什么是教育[M].邹进，译.北京：生活·读书·新知三联书店，1991：116.

目前，我国已有不少学者进行了研究生教育理念的研究，并在借鉴他国经验基础上，纷纷提出各自的见解。如蒋冀骋认为，"追求崇高，追求卓越是研究生教育的理念"[1]；章甫针对当前研究生教育质量下滑的原因，明确提出要在研究生教育中引入精英教育理念[2]；马霆等人认为，研究生教育亟需确立创造教育理念[3]；赵军等认为，研究生教育的人才理念应包括：人才的全面素质理念、人才的可持续发展理念、人才的多样化理念、人才的创新理念、人才的国际化理念、人才的创业理念。[4]

我们认为，所谓研究生教育理念是对研究生教育发展的价值判断，是一种理想的研究生教育。这种价值判断反映了主体需要与研究生教育之间的关系，是研究生教育客体能否满足主体需要之间的关系。一般而言，研究生教育理念有三个价值判断依据：一是把社会作为主体，来分析判断作为客体的研究生教育是否能够满足社会的需要；二是把教育者和学校作为主体来分析判断作为客体的研究生教育是否能够满足学校与教育者的需要；三是把受教育者即研究生作为主体，来分析判断研究生教育是否能够满足受教育者的需要。上述三个方面换一种方式表达，则需要我们做出这样的分析判断，即社会需要什么样的研究生教育，教育者与学校需要什么样的研究生教育，受教育者需要什么样的研究生教育。只有全面准确地把握社会、受教育者与教育者、学校对研究生教育的需要，我们才能

---

[1] 蒋冀骋.追求崇高，追求卓越[J].湖南师范大学教育科学学报，2007（2）.
[2] 章甫.关于在研究生教育中引入精英教育理念的思考[J].教育与职业，2007（15）.
[3] 马霆，王栾生，董红光.研究生教育亟需确立创造教育理念[J].河南科技大学学报（社会科学版），2003（4）.
[4] 赵军，许克毅.研究生教育人才理念：反思与建构[J].扬州大学学报（高教研究版），2005（2）.

构建研究生教育的理念体系,办理想的研究生教育。正是基于这种视角,我们认为,研究生教育发展的基本理念应该包括以下十个方面。

(一) 适应与超越

理想的研究生教育,首先要具有适应性,即适应社会发展的需要和适应受教育者个体的需要。研究生教育适应社会发展的需要主要是适应社会发展对各类高级专门人才的需求,适应社会发展要求提供科技创新成果和社会服务的需要。研究生教育适应受教育者个体的需要主要是适应受教育者自我生存、发展与自我实现的需要。但理想的研究生教育不仅应该具有适应性,而且应该具有超越性。这种超越性表现在研究生教育具有前瞻性,能够走在时代发展前列,能够超越现存社会不合理的因素对研究生教育的不合理要求,能够坚守研究生教育发展的自身规律。这种超越性还表现在研究生教育不是简单适应个体眼前的、短期的、功利的需要,而是适应个体长远发展的需要,并引导受教育者超越自我。在研究生教育过程中,通过大师传播和探究高深的学问,了解和把握关于自然的、社会的、人生的大道理,而使研究生具有大雅、大度与大方的气概,能够识大体、有大观、有大智,不吝啬、不拘束、不俗气。

(二) 引领与奉献

理想的研究生教育不仅应具有适应与超越的品质,而且应具有引领与奉献的品质。这种引领与奉献是指研究生教育不仅要培养适应社会的人,而且要培养引领社会发展的人;不仅要培养自我生存与自我完善的人,而且要培养为他人、为社会做奉献、尽义务的人。因此理想的研究生教育是引领社会发展的教育，是引领人之发展的教育，是既适应社会又改造社会的教育。这种理想的研究生教育，不仅是进行科学研究素养训练的教育，而且也是重视思想道德素质培育的教育，更是重视远大理想与志向培养的教育，是要使研究生成为"一个高尚的人，一个纯粹的人，一个有道德的人，一个脱离了低级趣味的人，一个有益于人民的人"[1]，成为一个具有高境界、高品味、高素质、高本领的人。这种人是社会的栋梁、民族的栋梁。

（三）开放与兼容

理想的研究生教育是具有开放与兼容品质的教育。这种开放是指研究生教育坚守自己的规律，但不是封闭的，而是向整个教育系统、向社会其他系统开放的，善于从其他系统中吸取营养来丰富、发展和提升自己。其兼容的品质是指研究生教育具有兼容并包之特质。研究生教育之教育者、管理者有大家风范，有大师风采，有大海一样的胸襟与气度，能网罗不同类型的人才，能容纳不同的学派与不同的学术观点，能包容不同风格、不同个性的学生，能包容并欣赏学生的探索与创新观点，当然也能包容学生的不足与缺陷。研究生教育的这种开放与包容性，使研究生教育具有宽松、自由的环境与氛围。

（四）理性与激情

理想的研究生教育之理性品质是指研究生教育充分尊重和遵循科学研究规律，尊重和遵循高层次人才培养与成长规律，注重研究生科学理性精神的培养和崇尚真理、追求真理、坚持真理品质的培育。但理想的研究生教育同时是富有激情

---

[1] 毛泽东.纪念白求恩[M]//毛泽东.毛泽东选集：第二卷.北京：人民出版社，1995：660.

的。在培育研究生科学理性品质的同时,也培育和发展研究生的积极情感、态度和健康的心理,使研究生成为热爱生命、热爱生活、热爱创新,富有激情和勇气的人。

(五)竞争与合作

理想的研究生教育是鼓励竞争的教育。它鼓励不同学校研究生教育之间的竞争,鼓励不同专业研究生教育之间的竞争,鼓励研究生导师之间的竞争,鼓励研究生之间的竞争,鼓励研究生教育参与市场竞争。通过创造竞争环境推进研究生教育之专业、之学科、之教育者与学生的不断发展。但研究生教育之鼓励合作与鼓励竞争,同样重要。这种合作,首先是通过研究生教育来培育合群、合作、共享的精神与品质[①],推进导师与研究生之间的合群、合作与共享,推进导师与导师之间的合群、合作、共享,推进研究生与研究生之间的合群、合作、共享,推进研究生教育不同专业、学科之间的合作,通过这种合群、合作、共享,使研究生教育达到和谐状态。

(六)民族与国际

理想的研究生教育首先是民族的,即研究生教育是为本民族的根本利益、为国家的根本利益服务的,是立根于本民族的优秀文化传统,注重本民族优秀精神的吸取和传承,是注重民族精神与爱国主义精神培育的。但研究生教育的民族性并不是狭隘的、封闭的,因为研究生教育同时也是国际的,即研究生教育注重学习和借鉴国外的先进经验,注重研究生教育的国际交流与合作,注重参与国际高层次人才培养和竞争,注重培

---

① 周洪宇. 我的阳光教育论[J]. 湖北教育,2004(4):12.

养具有全球意识、国际视野和国际竞争的人,注重培养既能维护本民族利益,又能维护全人类根本利益的人。

(七) 多样与灵活

理想的研究生教育是具有多样性与灵活性的教育。社会发展对不同层次、不同类型高层次人才的需求,要求研究生教育具有多样性与灵活性;受教育者个体对研究生教育的多种需求与期盼,对研究生培养方式的多种选择,要求研究生教育具有多样性与灵活性。研究生教育的多样性与灵活性具体表现在以下六个方面:一是培养目标的多样化,二是培养方式的多样化,三是课程设置的多样化,四是培养过程的个性化,五是管理制度的弹性化,六是质量标准的多样化[①]。研究生教育的多样性与灵活性,还反映在研究生教育过程中,必须尊重和保护受教育者的个体差异、个性特征,能够因材、因时、因地有针对性地施以教育。这也就是说,研究生教育具有适应社会发展多种需要和受教育者多种需要的伸缩性与弹性。研究生教育的这种多样性与灵活性,是研究生教育具有生机与活力的重要体现。

(八) 创新、创造、创业

理想的研究生教育必定是创新的、创造的教育。研究生教育主要是在研究过程中对研究生进行的教育,而科学研究的本质是创新和创造,它既表现为对现有事物的更新与改造,也表现为独创和首创。这种独创和首创的成果,包括其发明、发现和创造的产品、材料,或者其提出的观点、思想、

---

① 周叶中.多样化需求与研究生教育模式改革[J].中国高等教育,2004 (17).

理论等，属于前人不曾有过、前人不曾提出、前人未曾涉足的。研究生在研究过程中的更新与改造虽然不一定能达到首创、独创的水平，但也会表现为局部的首创、部分的首创。因此，创新与创造不仅是研究生教育要达到的一种水平，而且创新、创造的意识与精神，创新、创造的方法和能力，都是研究生教育的内容。培养高水平的具有创新、创造意识与精神，创新、创造能力的人才，则是研究生教育要实现的主要目标。从这种意义上讲，研究生教育可称为创新的教育、创造的教育。

理想的研究生教育同时还是创业的教育。本科教育与研究生教育的差别体现在，本科教育主要是一种就业型教育，即通过对本科生进行专业教育与实践能力培养，达到就业为主的目的。而研究生教育则是一种创业型教育，在研究生阶段要实现由就业型向创业型转变。研究生教育的创业性，虽然包含创新与创造的意识、精神、能力的培养，但它也有自己内在的规定性，即着重创业意识、创业思维、创业技能等各种创业综合素质的培育与训练。通过创业理论、创业实务和创业实践的学习与锻炼，使研究生成为一个不仅能从事学术研究，而且能独立工作、具有开创事业本领的人。

（九）自主、自律、自控

理想的研究生教育是能够自主、自律、自控的教育。这种自主、自律、自控是指研究生培养单位和导师的自主、自律、自控。研究生培养单位与导师能够根据社会发展对研究生教育提出的要求和作为受教育者的研究生的需要，主动调整研究生教育的专业设置，确定研究生招生与录取标准，修正研究生培养方案,改进研究生培养方式和方法。研究生培养单位与导师能够自主、自律、自控,也就意味着研究生培养单位真正成为了办学的主体,就意味着导师真正成为了指导研究生的主体。办学主体与指导主体的自主、自律、自控,也就意味着他们必须依法办学、规范办学,维护和保护自己的名望与声誉。如此,研究生培养单位和研究生指导教师的主动性、积极性与自觉性才能得到充分发挥,如此研究生教育才会充满生机与活力。

(十)全面、协调、可持续发展

理想的研究生教育是全面、协调、可持续发展的教育。研究生教育的全面发展可以理解为全面发展研究生教育的各个方面,如研究生教育之学科、专业必须全面发展;也可以理解为研究生教育之基本要素如教育者导师、研究生和教育教学内容与措施等要全面发展。而研究生教育的协调发展,第一是指研究生教育与高等教育和整个教育事业必须协调发展,第二是指研究生教育与社会政治、经济、科技、文化等事业必须协调发展,第三是指研究生教育之不同类型和不同层次之间必须协调发展,第四是指研究生教育之规模、结构、质量、效益和管理必须协调发展,第五是指研究生教育的区位布局必须协调发展。研究生教育"有了全面,有了协调,才可能有可持续"。[①]这是因为研究生教育只有具有全面、协调的品质,做到全面发展和协调发展,才有发展的内部与外部动力,才能做到可持续发展。

---

① 参见:顾海良.在武汉大学学位与研究生教育工作会议上的讲话[C].2004-04-29.

上述十个方面是对理想研究生教育的描述，基本上回答了社会、学校与受教育者个人所需要的研究生教育。研究生教育发展的这些理念，既包含社会的价值取向，也包含受教育者个体的价值期望，还有学校与教育者的价值追求。它所蕴含的价值取向，正视和协调了研究生教育发展战略制定过程中，必须面对的理想与现实的关系，社会、集体与个人的关系，统一性与多样性的关系，他控与自控的关系，整体与局部的关系，长远与眼前的关系，继承与创新的关系，国内与国际的关系，等等，因而对于研究生教育的健康发展具有重要的凝聚、激励和导向作用，对研究生培养模式的构建与改革具有指导作用。

第二章
研究生培养模式及其类型分析

一、研究生培养模式界定

(一)何谓"模式"

模式是一个弹性非常大的概念,尽管被人们普遍采用,但对其释义至今仍无统一界定。从语义上分析,古汉语中的"模"指模型或规范,如《说文解字》:"模,法也。"而"式"指形式、样式、格式。联合起来两个字组成"模式"一词,即是指制造实物的模型或样式。在《现代汉语词典》中,"模式"的基本含义是"某种事物的标准形式或使人可以照着做的标准样式"①。很显然,这是从静态角度来理解"模式",认为"模式"是实物的标准样式。

而现在,人们经常是从动态角度将"模式"理解为一种方法体系、范式体系和结构体系等。如美国哲学家库恩提出"范式"的概念,认为范式就是指"普遍公认的科学成就,这种成就能够在短期内为一群实践者提供模型问题和解答"。②美国著名比较政治学家比尔和哈德格雷夫认为:"模式是再现现实的一种理论性的简化的形式。"③英国学者麦奎尔等人认为:"一个

---

① 中国社会科学院语言研究所.现代汉语词典[M].北京:商务印书馆,2012:913.
② 米切尔.新社会学词典[M].蔡振扬,等,译.上海:上海译文出版社,1987:228.
③ 赛弗林,坦卡德.传播学的起源、研究与应用[M].陈韵昭,译.福州:福建人民出版社,1985:14.

模式试图表明任何结构或过程的主要组成部分以及这些部分之间的相互关系。"①

我国学者对模式也进行了不少研究。如李秉德教授认为，模式是"稳定的、系统的和理论化的范型"②。龚怡祖教授认为，"模式是位于经验和理论之间、目标与实践之间的那种知识系统"③。丁康认为，"模式"是指人们对某种或某组事物的存在或运动形成进行抽象分析后做出的理论概括，即人们为了某种特定目的，对认识对象的运行、表现或相互联系的形状、发展态势及机制动作等方面所做的一种简化了的理论描述或复写。④查有梁教授从逻辑、历史、学科三个维度系统研究教育模式时提出："模式"是一种科学操作与科学思维的方法，模式是处于理论与实践之间的中介方法。"一种新模式的产生并不是一蹴而就的，它往往需要在理论和实践之间进行多次往返求证、修改，经历实践—模式—理论—模式—实践的运行规律和机制。新模式一旦形成，就要运用于实践，在实践中得以发展与完善。并随着实践、认识的进一步深入和提高而转换成更新的模式。"⑤同样，陈学飞教授也将"模式"理解为一种"研究方法"。例如，他在《西方怎样培养博士——法、英、德、美的模式与经验》中指出："所谓'模式'是指对所研究现象的概括和简明表述，力求突出这一现象主要的、基本的特征，以便获得对本质的认识。在现代科学研究中，模式研究已经成为认识和分析客

---

① 麦奎尔，温德尔.大众传播模式论[M].祝建华，等，译.上海：上海译文出版社，1987：223.
② 李秉德.教学论[M].北京：人民教育出版社，1991：25.
③ 龚怡祖.论大学人才培养模式[M].南京：江苏教育出版社，1999：16.
④ 丁康.世界研究生培养模式的传统与变革[J].外国教育研究，1997（4）.
⑤ 李雁冰.简论教学模式[J].山东教育科研，1994（3）.

观事物的一种重要的研究方法。"①

虽然各位学者都从自己的研究视角出发对"模式"一词做出了界定，但是，综观上述种种界定，我们可以总结出一些基本特征。以上学者对"模式"的界定大致可以分为"方法说"和"结构说"。"方法说"把模式看作是一种操作性的方法。我们认为，模式与方法有联系，但更多的是区别，模式不等于方法，方法属于操作范畴，而模式是理论和实践的中介，既具有理论性又不乏操作性。"结构说"揭示了模式内在要素的关联性，但只是一种静态框架的描绘，没有体现要素之间动态组合的流程，模式应具有时空上的动态性和生成性。我们认为，模式是理论与实践的中介和结合，它是被理论加工后一种可模仿、推广或借鉴的"标准样式"。模式是理论的具体化，又是实践经验的抽象概括。"一方面，它可以在实践经验基础上经概括、归纳、综合而提出模式，经实践普遍验证后上升为理论；另一方面，它可以在有关理论指导下，经类比、演绎、分析而提出不同模式，进而到实践中加以应用，使其具有指导实践的功能。"②

目前，"模式"已经被各种领域广泛应用。模式研究是一种以简约、抽象、结构的方式对复杂研究对象进行描述、分析的研究，从而在整体上和本质上把握事物存在的主要形式、特点、结构及运动规律。③在社会科学中，模式具有构造功能、

---

① 陈学飞. 西方怎样培养博士[M]. 北京：教育科学出版社，2002：2-5.
② 查有梁. 教育建模[M]. 桂林：广西教育出版社，1998：7.
③ 李盛兵. 研究生培养模式研究之反思[J]. 教育研究，2005（11）.

解释功能和对事物的进程或结果进行预测的功能。①美国社会学家卡尔·多伊奇年在《政府的神经：政治传播及控制的模式》一书中曾论述过在社会科学中模式的主要优点。模式具有构造功能，能揭示各系统之间的次序及其相互关系，能使我们对事物有一个很难从其他方法中获得的整体形象；模式具有解释功能，它能用间接的方式提供如果改用其他方法则可能相当复杂或含糊的信息；模式具有启发功能，能够引导学生或研究者关注某一过程或系统的核心环节；模式具有预测功能，能够对事件的进程或者结果进行预测，至少它能够为估计各种不同的结局提供基本依据，研究者因而可以据此建立其假说。将模式研究引入研究生教育领域，可以构造一种研究生培养单位能照着做的样式，使他们明确这种培养模式的培养目标，引导培养单位与培养对象重视研究生培养过程中的相关因素，预测研究生培养活动的结果，把握研究生培养模式的变革方向。

（二）何谓"培养模式"

我国首次提出"培养模式"一词是在1994年国家教委全面启动和实施《高等教育面向21世纪教学内容和课程体系改革计划》中，但当时并未对"培养模式"概念做出相应的解释和界定。在此之后，学者们对于"培养模式"的理解，可谓仁者见仁，智者见智。学术界对培养模式的争议主要围绕两个维度进行：一是培养模式的外延，一是培养模式的属性规定。

在培养模式的外延认识上存在广义和狭义之分。广义的

---

① 张冰心，等.软科学手册[M].天津：天津科技翻译出版公司，1989：124.

概念将培养模式的外延扩大到整个管理活动范畴内进行界定,例如:"人才培养模式可以认为是实现一定的人才培养目标的整个管理活动的组织建构方式。"①狭义的概念则将培养模式的外延缩小到教学活动或教学过程范畴进行解释,例如:"培养模式是教育思想、教育观念、课程体系、教学方式、教学手段、教学资源、教学管理体制、教学环境等方面按一定规律有机结合的一种整体教学活动,是根据一定的教育理论、教育思想形成的教育本质的反映。"②我们认为,培养模式是为了培养学生特定的知识、能力和素质,学校在特定教育经验的基础上,以某种教育思想为指导、某些教育理论为依据建立起来的范型。根据培养模式的内涵可知,培养模式的外延应该是整个教育教学培养过程的体现,从涵盖的范围看它介于办学模式与教学模式之间。办学模式主要考虑由谁办学,怎样办学及办学特点等问题,涉及办学体制、管理体制、招生体制、教学结构、培养方式等诸方面;教学模式是为实现特定的教学目标而采取的教学活动组织形式,由教学目标、教学内容、教学方法等构成;培养模式是培养目标与相关措施的总和,它是位于办学模式之下、教学模式之上的一个区间概念范畴。"大于或小于这个外延,都会伤及概念的精确性和完整性。因为,超出培养过程,就会和办学模式混淆不清;小于培养过程,则可能降格为教学模式。"③

关于培养模式的属性,学术界的认识主要体现在对"结构

---

① 陈世瑛,张达明.工程本科生培养模式的研究[J].江苏高教,1997(1).
② 刘红梅.21世纪高教人才培养模式基本原则探析[J].齐齐哈尔医学院学报,2002(5).
③ 龚怡祖.论大学人才培养模式[M].南京:江苏教育出版社,1999:11.

范畴"还是"过程范畴"的争议上。①结构论者认为模式突出的特点在于它是一种"结构","培养模式是为实现人才培养目标而把与之有关的若干要素加以有机组合而成的一种系统结构"②。因此就培养模式而言，应该是由若干个与培养人才有关的要素组合而成的一种结构。过程论者认为，培养模式是对培养过程状态的一种总体性表述，这种状态随外界条件的变化而变化，"指在一定的教育思想、教育理论和教育方针的指导下，各级各类教育根据不同的教育任务，为实现培养目标而采取的组织形式及运行机制"③。"培养模式的内涵，是指在一定的教育思想、教育理论和特定需求指导下，为实现培养目标而形成的培养过程的诸要素构成的标准样式与运行方式。"④"培养模式是指在一定的教育理论指导下，为实现一定的培养目标而选定的某种教育活动形式。"⑤"培养模式是以某种教育思想、教育理论为依托建立起来的既简约又完整的范型，可供学校教育工作者在人才培养活动中据以进行有序的实际操作，能够实现培养目标。它集中体现了人才培养的合目的性、计划适时性、过程控制性、质量保障性等一整套方法论体系，是教育理论与教育实践得以发生联系和相互转化的桥梁与媒介"；"是一种对于培养过程的谋划，一种对于培养过程的设计，一种对于培养过程的建构，一种对于培养过程的管理"。⑥我们认

---

① 祁晓庆.我国研究生培养模式研究十年[J].中国高教研究，2006：9.
② 李硕豪.高校培养模式刍议[J].吉林教育科学·高教研究，2000（2）.
③ 阴天榜.论培养模式[J].中国高教研究，1998（4）.
④ 胡玲琳.我国高校研究生培养模式研究[D].上海：华东师范大学博士学位论文，2004：18.
⑤ 朱永林，等.林科本科培养模式初探[J].黑龙江高教研究，1999（3）.
⑥ 龚怡祖.论大学人才培养模式[M].南京：江苏教育出版社，1999：14-16.

为，研究生培养模式的属性应该是"结构范畴"和"过程范畴"的统一。"结构范畴"指明了培养模式诸要素之间的本质特征和内在逻辑关系。但同时，培养过程又是一种活动形式，要受到教育思想、时代需求等多种因素的影响，这些因素使培养过程的诸要素存在品质、状态上的差异，从而产生不同的培养模式。[①]

（三）何谓"研究生培养模式"

对于研究生培养模式这一概念的内涵，说法众多。李盛兵著《研究生教育模式嬗变》一书认为："研究生培养模式，是指培养研究生的形式、结构和途径，它探讨的是研究生培养过程中诸因素的最佳结合与构成。"[②]薛天祥认为："研究生培养模式是指培养研究生的形式、结构与途径，它讨论的是研究生培养过程中诸因素（包括课程、科研、培养机构、导师、学制等）的最佳结合与构成。[③]米银俊认为："研究生培养模式，系在一定的教育思想指导下，为了实现培养目标而采用的具有一定特征的整个研究生培养过程的样式和运作方式。"[④]王栾井、杜佳认为："研究生培养模式是指研究生培养过程和主要环节的组成部分及相互关系的一种定式，它反映了研究生培养过程中各环节的最优化设计及诸因素的最佳组合。"[⑤]周叶中认为：研究生培养模式是由培养目标、培养方式、课程体系、培养过程、管理制度、质量评价等要素组成的相互联系、相互制约的有序系统，

[①] 胡玲琳.我国高校研究生培养模式研究[D].上海：华东师范大学博士学位论文，2004：17.
[②] 李盛兵.研究生教育模式嬗变[M].北京：教育科学出版社，1997：2.
[③] 薛天祥.研究生教育学[M].桂林：广西师范大学出版社，2001：158.
[④] 米银俊.研究生教育模式的国际比较[J].中国高教研究，2001：(10).
[⑤] 王栾井，杜佳.国外综合性大学研究生培养模式初探[J].学海，2004 (5).

是决定研究生培养质量的根本性因素。①

从上述表述中,我们可以发现,大多数学者都认为,研究生培养模式是动态的要素组合形式和构成,但是,从已有的概念表达中,很难把握参与研究生培养的主体在培养什么样的研究生和怎样培养研究生中所起的作用。我们认为,所谓研究生培养模式,是指根据高层次人才成长规律和社会需要,在一定教育思想、教育理论和特定需求指导下,为实现研究生培养目标(培养规格),参与研究生培养的主体与研究生培养基本环节之间所形成的组合样式及运行方式,它是研究生培养特性的一种简约性概括,表达的是参与研究生培养的主体要素就"培养什么样的研究生"和"怎样培养研究生"两个基本问题,在研究生培养诸环节中的解决方式。由此可见,"培养什么样的研究生"和"怎样培养研究生"是研究生培养模式蕴含的根本规定性。对这一概念,我们认为可以从以下几点来理解:第一,以一定的教育理念为指导。不同培养主体的教育理念支配着研究生培养模式的形成,不同的培养模式也反映着培养主体不同的教育理念。也就是说,培养主体的教育理念是研究生培养模式的灵魂。第二,要求培养方案、培养过程与培养目标相一致。培养模式作为一种"人为"的设计,首先是研究生培养目标的定位,其次是如何使培养方案、培养过程与培养目标的要求内在地统一起来。第三,研究生培养模式具有可操作性,它是一种在实践中使人可以照着做的标准样式,因而具有可重复性、可操作性。第四,它必须是经过实践了的,而不是仅仅停留在人的主观意向中的计划。第五,它既然被视为某种标准样

---

① 周叶中.多样化需求与研究生培养模式改革[J].中国高等教育,2004(17).

式,就必然具备某种程度的系统性与范型性,否则就是一种尚未成熟的培养方案,还不能称为培养模式。①

二、研究生培养模式的多样性②

当今国际研究生教育已经呈现出多元化的趋势。培养目标多元化、培养规格多元化、培养模式多元化、培养单位多元化、学科结构多元化、经费来源多元化已成为国际研究生教育发展的新特点。③我国的研究生教育也不例外。研究生培养模式从单一化模式向多样化模式的转变,实质上是研究生教育的根本变革。④其培养模式的多元化或多样性是我国经济发展的多样化、个人要求的多样化以及研究生培养模式自身发展多样化的要求,也是我国社会发展日益多样化的要求,是多样化社会发展对各种高层次人才的要求。

所谓研究生培养模式多样化是相对某种单一模式而言,但又并非平庸的、面面俱到的多样化,而是适应时代和社会发展要求,个性相互适应、互补构成的多样化。通常表现为在某一时期以某种模式为主,辅以其他模式所构成的充满生机和活力的多样化体系。具体而言,研究生培养模式主要涉及三个方面的问题:一是培养什么样的人,二是用什么培养人,三是怎样培养人。第一个问题主要涉及价值层面的培养目标和培养规格,第二个问题主要涉及内容层面的课程计划和教育内容,第

---

① 孟珊.我国研究生培养模式的多样化研究 [D].兰州:兰州大学研究生学位论文,2008:10.
② 周叶中.多样化需求与研究生培养模式改革 [J].中国高等教育,2004(17).
③ 国务院学位委员会办公室,教育部研究生工作办公室.中国学位与研究生教育发展战略报告(2002—2010) [J].学位与研究生教育,2002(6).
④ 何云坤.研究生教育模式的变革趋势与改革对策 [J].上海高教研究,1996(2).

三个问题主要涉及行为层面的教育途径和教育方法。据此考察研究生培养模式，构成研究生培养模式的主要要素有培养目标、课程设置、培养方式、培养过程、管理制度以及对上述各环节运行效果的反馈即质量评价标准。

（一）培养目标的多样化

培养目标是研究生培养模式的导向性要素，是对研究生教育"培养什么样的人"在规格和素质要求方面的总体描述和具体规定。毫无疑问，人才培养目标与人才分类紧密相连，不同类型的人才具有不同的素质结构，因而人才培养目标必须根据培养人才类型的不同而有所区别。根据人才从事的工作领域，人才可以分为党政人才、企业经营管理人才和专业技术人才三大类。对于国家经济与社会发展而言，这三类人才都不可或缺，因此必须有针对性地分类培养，使三类人才无论在数量、质量还是结构上都处于协调发展状态。而高层次人才类型的多样化，要求研究生教育必须确立多样化的人才培养目标。

长期以来，我国研究生教育一直以培养从事教学和科学研究工作的专业技术人才为主要目标，在一定程度上忽视了企业经营管理人才和党政人才的培养，从而导致我国研究生教育培养目标较为单一，难以满足社会对高层次人才需求多样化的要求。针对这些情况，我国研究生教育必须改变过去单纯强调培养专业技术人才的观念，加强高层次企业经营管理人才和党政人才的培养力度，增强为国家经济建设和社会发展服务的能力。研究生教育人才培养目标的多样化，既要求不同的学科、专业有不同的培养目标，也要求同一学科、专业有多样化的培养目标。如经济学或管理学，不仅培养从事企业经营管理的人才，培养经济学或管理学专家学者，还要能够培养从事政府或企业管理工作的人才。即使是一些工程技术学科，除了能培养技术专家外，还应能培养具有专业技术背景的企业家或政府官员。因此，研究生教育必须根据不同的需求，学科、专业的特点，有针对性、有侧重地培养不同类型的人才，以打破"千人一面""千校一面"的僵化模式，满足社会多样化的人才需求。

（二）课程设置的多样化

课程教学在研究生培养中具有不可替代的重要作用。科学的课程体系是关系研究生培养质量的关键因素。我国研究生课程体系一般由必修课（包括公共课、专业基础课、专业主干课）和选修课（包括公共选修课和专业选修课）两部分组成，这与国外研究生课程分类是一致的。如英国研究生课程分为必修模块（compulsory modules 或 core modules）和选修模块（option modules 或 selective modules）。然而与国外研究生课程体系形成鲜明对比的是，我国研究生课程体系刚性有余，弹性不足。一方面，必修课在课程体系中所占的比重远远高于选修课，可供学生自由选修的余地很小，另一方面，一个专业只有一种培养方案，所开设的课程也完全一致，学生没有选择培养方案或自主设计个性化培养方案的权利，这种"一刀切""齐步走"的培养方案，不利于学生多样化的发展。因此，必须调整原有的单一、僵化的研究生课程体系，根据不同的培养目标，确定不同的课程结构，设置不同的由学生自选的课程模块组：适当减少必修课程，增加选修课的学分数，设置大量相关学科、交叉学科类的选修课供学生自由选修，鼓励学生跨专业、跨学科、跨学院，甚至跨学校选课；允许学生自由选择课程学习的顺序和时间，甚至允许学生在导师指导下自主设计符合个人兴趣、爱好和已有知识结构的课程体系。课程设置的多样化能够有效调动学生学习的兴趣，增强学生学习的主动性、自觉性和针对性，使学生能够各取所需，推进多样化高层次人才的培养。

(三) 培养方式的多样化

研究生教育的对象非常复杂，既有应届毕业生，也有工作数年后再次脱产学习的人员，还有为数众多的在职人员。教育对象的复杂化要求研究生教育必须采取灵活多样的培养方式。按照修业形式的不同，研究生培养方式可分为全日制和非全日制两种方式。全日制主要是针对脱产学习的研究生在校内进行严格、系统培养的方式，非全日制则主要是针对在职学习的研究生所采用的集中授课、个人自学、个别辅导等较为灵活的培养方式，诸如研究生课程进修班、研究生学位班、部分专业学位班等即属于非全日制培养方式。目前，全日制仍是我国研究生的主要培养方式，非全日制研究生所占的比例还比较小。由于非全日制方式反映了终身学习理念，符合学习型社会的发展要求，也有利于提高办学效益，因此，应逐步扩大非全日制研究生规模，通过这种灵活的方式培养更多的高层次人才。从导师在研究生培养中的地位与作用角度，可将培养方式分为学徒式、专业式和协作式三种。在学徒式培养方式中，导师与研究生之间是师徒关系，由导师个人全面负责研究生的培养过程。专业式培养方式则是由某一位导师主要负责研究生的培养，但研究生应完成由本专业导师组确定的培养计划。协作式培养方式是由不同学科背景或不同工作领域的专家学者共同指导研究生的培养，强调学科协作、校际协作、校企（学校与企业）协作、校社（学校与社会）协作、跨国（境）协作等，注重理论联系实际与"教学、科研和生产一体化"，致力于培养应用型高层次人才。在我国研究生教育中，现在通行的是专业式培养方式。这种专业式培养方式同时又有学徒式的色彩，导师和学生的师徒关系和门户意识很浓厚，主要是导师个人负责制，导师指导小组在研究生培养过程中发挥的实际作用很小。这种培养方式一方面不利于研究生形成合理的知识、能力和素质结构，另一方面也容易造成研究生培养与社会人才需求相脱节。因此，为满足社会对应用型、复合型高层次人才的迫切需求，我国研究生教育应大力推行协作式培养方式，实行复合导师制，由校内外两名以上专家、学者或工程技术人员、企业家、政府官员等担任研究生指导教师，共同负责指导研究生的学习和科研。同时，应强化专业导师组的集体指导职能，打破学科专业壁垒和门户之见。具体的培养方式选择还应与学科特征相适应，绝大多数基础学科和应用型学科，如工学、历史学、哲学、理学等，在进一步完善导师组集体指导制的前提下，运用专业式培养方式更适宜。如果某学科的导师是国内外卓有声望的学术大师，为继承导师的风范和"衣钵"，并将本领域的学术研究继续向纵深推进，学徒式也不失为一种好的培养方式。

（四）培养过程的个性化

培养过程的个性化是世界研究生教育改革与发展的趋势之一，它强调在研究生培养过程中，尊重和保护学生的个体差异，发展学生独特的兴趣、能力、气质等个性化的心理倾向和心理特征，使学生形成多样化的知识、能力和素质结构。个性是个人的"标签"，既有与生俱来的先天因素，也会打上后天环境和教育的烙印。教育应建立在学生个性的基础上,通过具体的培养过程引导学生形成更优良的个性。研究生经过多年的学习生活和社会磨炼,个性已基本形成,因此,教育对象的特殊性决定了研究生教育必须更加强调培养过程的个性化。然而,在我国研究生培养的实际过程中,一直过分强调共性,强调整齐划一,忽视个性,无视个性,甚至有泯灭个性的现象存在。培养过程的个性化要求应体现在培养过程的各个环节、各个方面,不仅要考虑学生的一般性和共同性,更要考虑学生的独特性和差异性,为学生多样化的发展提供尽可能多的选择条件和必要指导,使学生真正掌握自身发展的主动权,成为自身发展的主人。具体而言,研究生培养过程的个性化包括以下几个方面:(1)要有具体的个性化的培养目标,不同的研究生具有不同的知识结构、思维特征和能力特点,导师要从研究生的个性出发,把总的培养目标进一步具体化,对不同的研究生提出不同的具体要求,确定不同的实现个性化的发展方向,使每个研究生都能得到各具特色的教育。(2)要有个性化的培养计划,为实现个性化的培养目标,导师要与研究生共同协商、确定富于个性化的培养计划,包括学习什么样的课程,学习进程如何安排,参与什么样的调查研究,选择什么样的实验或课题研究等等,都应该因人而异。(3)在具体的教学过程中,导师要因材施教,充分发挥学生的主体性,灵活采用讲授、讨论、案例教学等多种方式,并经常性地给学生以个别辅导。(4)要形成尊重个性的浓厚氛围,导师与研究生之间的关系是平等而民主的,要鼓励学生大胆尝试,求新求异,发表不同见解。个性化培养是造就多样化人才的必由之路,高层次人才需求的多样化必然要求研究生培养过程的个性化。

（五）管理制度的弹性化

管理制度是人才培养活动规范、有序、高效运行的基本保障，不同的教育模式需要不同的管理制度相匹配。在计划经济体制下，我国研究生管理制度更多地强调限制、约束，强调集中统一，忽视灵活性和动态性。随着我国社会主义市场经济体制的不断完善以及研究生教育多样化的发展，研究生教育管理制度高度集中、统一的特征有所淡化，并逐步向更人性化、更具弹性的管理模式转变。但这一转变过程还远远落后于多样化人才培养的现实需要，因此必须进一步加大研究生教育管理制度改革的力度，强化以人为本的意识，变刚性管理为柔性管理，以增强管理的灵活性和适应性。在招生制度方面，要根据研究生教育的不同类型，采取多样化的招生考试形式、内容、方法，在录取时，不以考试成绩为唯一依据，而是实行综合选拔制，对少数有特殊才能的学生可以破格或优先录取；在培养制度设计方面，要打破学科、专业界限，在一级学科内实现导师与研究生互选，允许研究生通过一定程序改换专业、改选导师，变学年制为学分制，扩大研究生自由选择课程、任课教师、上课时间、上课地点等的范围，放宽修业年限的限制，允许研究生提前毕业或分阶段完成学业，允许研究生中途休学创业或半工半读；在学位制度方面，允许论文形式的多样化，对不同类型的研究生提出不同的论文要求，论文答辩、学位授予的时间不固定在某一时段，研究生在完成学习和论文答辩结束后，可以及时地取得毕业证书、学位证书，等等。

（六）质量标准的多样化

研究生生源的多样化、招考方式的多样化、培养基本保障与类型的多样化、培养方式的多样化、课程设置的多样化、就业领域的多样化等必然带来研究生质量标准的多样化。强调质量标准的多样化并非是要降低质量要求，而是由过去的单一质量观转变为多元质量观，根据不同行业（职业）对人才素质的要求来审视研究生教育质量。研究生培养必须有明确的人才目标市场，即培养在什么领域发挥什么作用的人，人才目标市场的满意度是研究生教育质量的根本标准。不同的人才目标市场有不同的质量标准，这种多样化的质量标准必须反映在研究生培养过程中，反映在研究生教育的评价制度上。但在我国研究生教育中，长期以来学术性标准一统天下，几乎所有高校都规定研究生必须发表一定数量的学术论文才能毕业，必须做一篇具有一定"理论深度"的学位论文才能获得学位，甚至在研究生评优评先中，也把发表论文的数量和登载论文的刊物的等级作为重要的评价标准。这种过分强调学术性标准的做法，与人才培养类型的多样化并不符合，也不利于非学术性高层次人才的培养。因此，我国研究生教育应确立多样化的质量标准。在学术型研究生培养中，无疑应坚持以科研能力、学术创新、理论创新为主要衡量标准；但在应用型研究生，尤其是在硕士研究生的培养中，则须以实践能力、操作技能和技术开发能力等为主要衡量标准，对发表学术论文不做硬性要求，学位论文则强调应用性，甚至可以采用调查研究报告、科技发明成果、项目策划书、设计方案、研究综述、文学艺术作品等多样化的形式。

三、研究生培养模式分类的新视角[①]

关于研究生培养模式及其改革的研究，一直是研究生教育研究中的热点问题。近些年来，就什么是研究生培养模式、研究生培养模式有哪些类型的研究，形成了以下三种有影响的主张：一是李盛兵在其著作《研究生教育模式嬗变》中，通过对研究生教育历史发展的审视，将研究生培养模式概括为学徒式、专业式和协作式三种；薛天祥在其主编的《研究生教育学》中，在这三种模式的基础上还提出了教学式研究生培养模式（专业学位），将研究生培养模式扩展为四种。二是陈学飞等在其著作《西方怎样培养博士》中，从国别的角度提出了研究生培养的国家模式。三是胡玲琳在其博士论文《我国高校研究生培养模式研究》中，从人才培养目标指向的角度，将研究生培养模式概括为学术型和应用型两种。此外还有从层次划分的角度将研究生培养模式概括为硕士培养模式、博士培养模式的。这些研究表明，研究生培养模式在研究生培养实践中是一种多样性的存在。这些研究从不同侧面揭示了研究生培养模式具有的一些特征，为研究生培养模式研究的进一步深化和创新打下了基础。

如前所述，在研究生的培养过程中，"培养什么样的研究生"和"怎样培养研究生"，实质上是由参与研究生培养的相关主体决定的。参与研究生培养的主体要素主要有政府、具有硕士博士学位授予权的高校（研究生培养单位）、学科专业单位、

---

① 参见程斯辉，詹健.研究生培养模式研究的新视野[J].清华大学教育研究，2006（5）.

导师、研究生、社会（用人单位）。这些要素的相互联系、相互作用构成了研究生教育系统，使这一系统具有特有的功能，即培养研究生的功能。一般来说，研究生的培养主要经过入学考试、培养计划制订、课程学习、参与科学研究与社会实践、撰写学位论文、论文答辩及授予学位六个环节。根据参与研究生培养主体在研究生培养过程诸环节所处的地位和发挥的作用不同，可以将研究生培养模式划分为政府主导型模式、高校（研究生培养单位）主导型模式、学科专业单位主导型模式、导师主导型模式、研究生主导型模式和社会（用人单位）主导型模式六种类型。

（一）政府主导型模式

所谓政府主导型模式，是指政府在整个研究生培养过程中处于主导地位，是"培养什么样的研究生"和"怎样培养研究生"的决策者，而高校、学科专业单位、导师、研究生和社会用人单位等因素处于次要地位，一般只扮演执行者的角色，由此而形成的一种研究生培养模式。它的主要特征如下：

其一，政府确定研究生培养目标、研究生培养规格、类型、结构和发展规模，政府决定高校招收研究生的资格、规模和层次，政府承担研究生培养所需的全部或大部分费用。

其二，政府还具体制订各学科专业的研究生培养方案或培养计划，各高校（研究生培养单位）必须严格按照国家的相关规定，组织研究生教学活动。

其三，高校（研究生培养单位）招收研究生主要由政府组织，政府设置统一科目举行全国统考，并划定统一录取分数线。

其四，高校（研究生培养单位）必须严格遵守国家教育方针政策、法律法规和研究生培养目标的相关规定，开设相关研究生课程并组织教学。各高校（研究生培养单位）除开设国家指定的专业课程外，还必须向研究生开设政治理论课等体现国家意志的公共必修课程。

其五，研究生指导教师资格即导师资格由国家教育主管部门进行评审、认定。

其六，研究生在导师的指导下撰写毕业论文并进行答辩，答辩合格，由国家教育主管部门统一颁发相应的国家学位证书。

其七，研究生取得国家学位证书之后，由国家统一安排工作，即国家包分配。

在国家高等教育规模较小、研究生教育资源相对稀缺且国家高层次人才紧缺的情况下，采用政府主导型模式，有利于集中有限的资源支撑研究生教育的发展，提高研究生教育资源的利用效率并保障研究生教育的质量；有利于保证关系国家安全、经济命脉以及国家急需的艰苦行业的高层次人才培养。同时，研究生的培养由政府主导，便于对全国研究生教育的管理，能够保证研究生培养的基本规格与质量。

但政府主导型模式与国家对高等教育实行高度集中的管理体制是相适应的。在这种集权管理模式下，政府直接掌控着高校的专业设置、经费来源与使用、教师聘任、人事安排、教学计划的制订、机构的设置等关于高校举办与发展的关键要素。因而，在研究生培养过程中，高校（研究生培养单位）没有自主权，高校只是研究生培养活动的组织者，学科专业单位只是研究生培养的简单载体，导师只是研究生培养计划的执行者，研究生只是研究生培养过程中的被动受训者，社会用人单位只是研究生就业时的被动接受者。可见研究生培养完全由政府主导,对研究生教育实行高度集中管理,一方面会挫伤高等学校和有关研究生培养单位举办研究生教育的积极性、创造性,不利于高校在研究生培养过程中及时主动地适应社会需求;另一方面也不利于发挥各高校和有关研究生培养单位的优势和特色,因而有可能使研究生的培养规格趋同,形成千人一面的局面,也就不利于高层次创新人才的培养。同时,研究生培养完全由政府主导、控制,也不利于调动社会力量支持研究生教育的发展。

(二)高校(研究生培养单位)主导型模式

所谓高校(研究生培养单位)主导型模式,是指高等学校在整个研究生培养过程中处于主导地位,高校是"培养什么样的研究生"和"怎样培养研究生"的主要决策者,而参与研究生培养的其他因素处于次要地位,由此所形成的一种研究生培养模式。它的主要特征如下:

其一,国家对研究生教育进行宏观管理,高校在研究生培养过程中拥有很大的办学自主权。高校根据国家的相关政策、法规和自身实际(如发展历史、学校类型、师资力量、教学资源、学科种类及实力等)自主确定研究生培养规格、结构、规模。

其二,高校自主确定研究生教育的学制,自主拟订研究生培养方案,自主规定研究生培养环节和学位授予标准。

其三,高校自主制定研究生招生政策,自主命题招考研究生,高校承担研究生培养所需的大部分或全部费用。

其四,高校自主设置研究生学习课程,自主确定专业必修课和选修课并对学分标准进行规定。

其五，研究生指导教师资格即导师资格由高校自主评审、认定，学校可以根据导师的专业素质、健康状况、道德素养等方面的综合情况，来确定导师指导学生的人数和指导方式。

其六，研究生要完成学校规定的社会实践，参与导师的课题研究，或自主确定研究范围和课题；研究生在导师指导下撰写毕业论文并进行答辩，答辩合格，由学校直接颁发相应的学校学位证书。

其七，研究生由学校推荐就业或自主就业。

其八，高校主导型研究生培养模式接受国家及社会的评估与监督。

高校（培养单位）主导型模式有利于调动高校和有关研究生培养单位举办研究生教育的积极性、主动性和创造性，有利于发挥各高校和有关培养单位的特色和优势，提高研究生的培养质量。由于研究生教育是一所高校办学层次水平的主要标志，采用高校（培养单位）主导型模式，会引发各高校在研究生教育领域的竞争，高校办学者会更加重视研究生教育的发展，这就有助于高校提升办学水平、有利于研究生教育的发展；各高校为了争取更多的优秀生源和国家的财政拨款，必然会努力改进研究生培养方式，改善研究生培养条件，提高办学水平和研究生培养质量。

但是高校（培养单位）主导型模式也存在一些弊端：一是由于各高校（培养单位）在师资力量、办学条件、历史传统以及领导层对研究生教育的重视程度等方面，存在着客观和主观上的差别，也就必然会导致高校（培养单位）在研究生培养上存在差异，使研究生培养质量参差不齐；二是由于研究生教育是一所高校办学层次水平的标志,且研究生教育有着巨大的社会需求,研究生培养由高校(培养单位)主导,就有可能出现高校(培养单位)不顾研究生培养的客观条件盲目扩张的状况。因此,采用高校(培养单位)主导型模式,一方面,要对高校(培养单位)举办研究生教育的实绩与条件进行评估认定;另一方面,政府、社会要加大对高校(培养单位)举办研究生教育的监督和管理。

(三)学科专业单位主导型模式

学科专业单位是高校(研究生培养单位)根据培养目标、以学科专业为中心设置的教育基本单位。所谓学科专业单位主导型模式,是指学科专业单位在研究生培养过程中处于主导地位,学科专业单位是"培养什么样的研究生"和"怎样培养研究生"的主要决策者,而参与研究生培养的其他主体处于次要地位,由此所形成的一种研究生培养模式。它的主要特征如下:

其一,学科专业单位根据国家的教育方针政策、法律法规的要求和研究生培养、学位授予及管理方面的有关规定,根据学校对研究生培养的整体要求,结合学科专业的特色、实力和发展的实际,制订体现学科专业性质和特色的研究生培养方案和培养计划。

其二,学科专业单位确定本学科专业的招生规模,自主命题进行研究生招生考试与录取,研究生的培养费用由学校划拨。

其三,学科专业单位自主设置研究生培养课程并组织教学活动,自主确定研究生培养环节。

其四,学科专业单位根据本学科专业领域的教师队伍情况，组织以教授或学科带头人为中心的导师集体对研究生进行指导，即实行导师集体指导制，一名研究生可以获得多位导师的指导。

其五，研究生的科学研究由导师集体指导，或由学科专业单位指定相应的导师进行指导，学科专业单位组织导师出题供研究生科研选择，研究生也可自主选题进行独立研究。

其六，研究生在导师集体的指导下撰写学位论文，学科专业单位组织研究生论文答辩委员会并主持答辩，根据研究生的平时表现、课程学习、科学研究与社会实践、论文质量对研究生进行综合评定之后，决定建议学校学位委员会授予学位或暂缓授予学位或不授予学位的名单。

其七，学科专业单位主导型研究生培养模式接受学校、社会的评估与监督。

学科专业单位主导型模式有利于在学科专业的交叉、融合中培养研究生，对于研究生专业知识的加深、加宽和加强有益。由于学科专业单位是培养研究生的直接载体，一般实行导师集体指导，故对研究生的培养能够发挥集体智慧和集体优势。同时，在这种培养模式下，研究生的培养能够将教学与科研有机统一起来，体现研究生培养的专业化。这种模式应用性较强，适应多种类型的研究生培养。

但是，学科专业单位主导型模式也存在一些弊端：一是导师个体的作用往往被低估，容易挫伤导师个体指导研究生的积极性；由于实行导师集体指导，故研究生指导的效果又往往取决于导师之间的关系状态，如果导师之间的关系不协调，则研究生的指导受损。二是学科专业单位会因单位的利益问题而使研究生的培养封闭起来,而且研究生培养的质量在很大程度上受到学科专业单位的管理水平与学术氛围的影响。由于学科专业的水平不同,也会导致不同学科专业研究生培养质量存在差异。因此,基础比较薄弱、实力较差、师资力量弱的学科专业单位,不宜采用学科专业单位主导型模式。采用学科专业单位主导型模式,高校宜进行严格的评估和质量监控。

(四)导师主导型模式

所谓导师主导型模式,是指导师在整个研究生培养过程中处于主导地位,导师是"培养什么样的研究生"和"怎样培养研究生"的主要决策者,其他参与研究生培养的主体处于次要地位,由此而形成的一种研究生培养模式。它的主要特征如下:

其一,导师根据国家关于研究生培养的有关法规和政策以及学校关于研究生培养的整体要求,根据自己对"培养什么样的研究生"的设计,结合自己的兴趣特长、研究方向以及对研究生教育规律的认识,自主确定本学科专业领域或研究方向的研究生培养计划。

其二,导师在不违反国家和学校有关研究生培养法规的前提下,可以按自己的意愿招考研究生;导师自主确定考试形式、试题内容和录取方式与招生人数。研究生学习期间,导师给予一定的经费补贴。

其三,导师根据自己对研究生的期待和学生的实际,制订研究生学习计划,研究生要严格执行导师制订的学习计划,修完导师规定的课程和学分。

其四,导师对研究生的学习、思想、生活等方面进行全面指导,导师拥有权威性,导师与研究生的关系类似师徒关系。

其五,导师确定科研课题,研究生参与研究,在这种科研过程中,研究生往往是导师从事科研的助手。

其六,导师对研究生的学位论文撰写进行全面指导和质量控制,研究生能否参加学位论文答辩由导师决定,答辩委员会成员的组成由导师选择。

其七,导师对研究生的就业负有指导和推荐责任。

其八,导师对研究生的指导接受来自学校、学科专业单位、社会等方面的评估与监督。

导师主导型模式有利于充分发挥导师的积极性、主动性、创造性;有利于增强导师的责任心;有利于导师不断地扩充自己的专业知识,提高自身素质,改进教学方法,提高指导水平。但是,这一模式也存在一些弊端:比如过分强调导师和学生之间的衣钵继承关系,有可能限制学生知识面的扩充,使研究生向其他导师学习的机会受到限制;在这种模式下,往往过分强调导师的权威,学生受导师的制约和影响过大,因而不利于学生独立意识的培养和个性的全面发展;同时,由于导师在研究生的培养过程中权力很大,故容易滋生徇私舞弊等弊端。采用导师主导型模式,取决于导师是否具有高素质。如果导师因素质水平问题影响研究生的培养质量,或徇私舞弊,不仅要限制其指导研究生的数量,而且要取消其指导研究生的资格。

(五)研究生主导型模式

所谓研究生主导型模式,是指研究生在整个研究生培养过程中起主导作用,研究生是"成为什么样的研究生"和"怎样成为这样的研究生"的决策者,而政府、高校、导师等其他因素处于次要地位,由此所形成的一种研究生培养模式。它的主要特征如下：

其一，研究生根据自己的性格特点、兴趣特长、学习习惯和学习方法自主制订研究生阶段的学习计划。

其二，研究生自主申请攻读硕士或博士学位，研究生的申请由相关学校和学科专业单位审定备案后即取得攻读学位资格。研究生培养所需经费主要由研究生自费解决。

其三，研究生自主选择学习年限，不受固定学制的限制。

其四，研究生自主选择指导教师，如果对所选导师不满，可另择导师指导；导师与学生的关系既固定又不固定。

其五，研究生自主选择感兴趣的课题进行研究，并根据所选课题的性质、研究方向选择导师对科研进行指导。

其六，研究生完成学习计划和撰写完学位论文之后，自主决定答辩时间，并对答辩委员会的组成参与意见。

其七，研究生修完学业、获得学位之后自主就业。

研究生主导型模式有利于充分发挥研究生的主体地位，激发研究生学习的积极性、主动性；有利于研究生独立个性的发展；有利于研究生学习潜能的发掘和创新精神与创新意识的形成。研究生主导型模式有利于提高研究生的质量，是一种较为理想的研究生培养模式，也是今后我国研究生培养模式发展的一种主要趋势。

但是，该模式也存在一些弊端：这种模式可能会导致导师对研究生的管理过于松散。由于研究生的课程学习和科学研究完全靠自觉，因此，对于那些自制力较差、学习动力不足、目标不明确以及缺乏进取精神的学生，在这种培养模式下很可能出现研究生教育质量的下降。因此，研究生主导型模式的采用,要求研究生有较高的素质。

(六)社会(用人单位)主导型模式

所谓社会(用人单位)主导型模式,是指社会用人单位在整个研究生培养过程中处于主导地位,社会用人单位是"需要什么样的研究生"和"怎样培养所需要的研究生"的决策者,而其他参与研究生培养的主体则处于次要地位,由此所形成的一种研究生培养模式。它的主要特征如下:

其一,社会用人单位根据自身发展和对高层次应用型或开发型研究人才的需求,向高校提出研究生需求及培养计划,同时与研究生培养单位或高校签订研究生使用协议或合同。

其二,社会用人单位根据协议或合同向研究生培养单位主要是高校提出培养规格和培养质量要求。

其三,研究生培养单位或高校根据用人单位的培养规格和质量要求,制订研究生的具体学习计划,社会用人单位同时参与研究生课程和培养环节的设计。

其四,社会用人单位与研究生培养单位共同确定研究生的招生规模和招考形式,研究生的录取数量由用人单位决定。培养研究生的费用主要由用人单位支付。研究生录取时与用人单位签订就业协议。

其五,社会用人单位还可指派专业或管理人员参与研究生的指导,或研究生培养单位与用人单位各指派一名教师作为研究生的指导教师,双方导师共同商讨专业设置、课程安排、考试及社会实践等事宜。

其六,研究生主要根据用人单位的需要开展科学研究,并以解决用人单位面临的实际问题为研究生论文的首选课题。

其七，社会（用人单位）主导型模式还具有教学、科研和生产实践相结合的特点。研究生除了在培养单位学习专业知识、从事科学研究外，还可以利用寒暑假等课余时间去用人单位参观、实习，参与用人单位的生产实践、科技研发等。

其八，研究生必须在规定的修业年限内完成学位论文的撰写，顺利通过由用人单位和研究生培养单位双方指派的导师参加的答辩，并达到用人单位提出的规格要求才能获得相应的学位。对于顺利通过论文答辩获得学位并达到用人单位规格要求的研究生，用人单位根据合同安排就业；没有通过论文答辩或未达到用人单位规格要求的研究生，用人单位有权拒绝安排就业。

社会（用人单位）主导型模式，实现了研究生培养与用人单位的协同，有利于研究生培养更好地适应社会用人单位的需要，有利于研究生应用能力和实践能力的培养，有助于研究生更好地适应社会，也有利于研究生培养的产学研结合，使研究生教育更好地服务社会。这种研究生培养模式尤其适合高层次应用型或开发型研究人才的培养。但这一模式也具有一定的局限性，它不太适合高层次学术型人才的培养。

上述六种研究生培养模式尽管各有利弊，但它们都从不同侧面反映了参与研究生培养的不同主体对研究生培养的要求。这些培养模式在研究生教育发展历史中存在，也在研究生教育发展的现实中存在，在研究生的培养中起着各自不同的作用。现代社会的深刻变革，经济、科技的迅猛发展，社会对高层次人才需求的多样化和个体对研究生教育要求的多样化，都使得单一的研究生培养模式难以适应多样化的需求。因此高校（研究生培养单位）必须根据自己的实际，选择相应的研究生培养模式；政府也应积极倡导研究生培养模式的多样化。根据世界研究生教育发展的趋势和我国的具体国情，现阶段我国研究生培养模式的选择应把握以下几点：

其一，研究生培养模式应该实现政府主导型模式、高校（研究生培养单位）主导型模式、学科单位主导型模式、导师主导型模式、研究生主导型模式和社会（用人单位）主导型模式等多种模式的并存。

其二，研究生主导型模式和社会（用人单位）主导型模式是今后研究生培养模式发展的主要趋势。

其三，政府主导型模式在关系国家安全、经济命脉以及国家急需发展的相关学科专业的研究生培养中应该发挥主导作用。

其四，高校（研究生培养单位）主导型模式应该在研究型大学或国家重点大学的人才培养中起主导作用。

其五，学科单位主导型模式适合高校重点学科或优势学科专业培养研究生采用。

其六，应该谨慎地有所选择地采用导师主导型模式。

第三章
我国研究生培养模式的发展历史

一、民国时期以学校为主的培养模式

之所以称我国研究生培养模式发展的第一阶段为以学校为主的培养模式,其原因在于:其一,这一时期的政府虽然就研究生教育制定了一些相关的规定和章程,但是由于政局动荡和战乱纷飞,较多的规定和章程还停留于构想阶段,或者没能得到推广和实践。其二,由于政局的动荡和各种政治势力的制约,这一时期的高校具有较大的独立性和自主权,其研究生教育实践具有较大的自发性。政府对于各学校研究生教育的发展规模、研究所数量、招生学科专业、招生人数等方面的内容,并无明确的强制性要求或硬性的指标规定,完全依赖于学校的自身条件,或者依据学校相关职能部门的决定进行具体操作。其三,这一时期,实施研究生教育的高校很少,主要集中在国立大学和少数几所私立大学,而且各校独立进行的研究生培养模式实践只具有典型意义。

(一)民国前研究生教育的萌芽(1901—1911)

清朝末年,政府为挽救统治危机,实行"新政",并以教育为切入点,于1902年和1904年相继颁布了《钦定学堂章程》(壬寅学制)和《奏定学堂章程》(癸卯学制)。这两个章程确立了我国研究生教育的基本构想。其特点是:研究性与功利性并举；学徒式培养模式；毕业奖励出身。

在培养目标上，《钦定学堂章程》和《奏定学堂章程》对研究生教育的规定具有明显的研究性和功利性。在1902年颁布的《钦定学堂章程》中，整个学制被分为三段七级，"在这个教育体制中，处于最顶端的是大学院，它的作用大致与原来的翰林院相同，在所有的学术问题上，大学院都具有至高无上的权威"。①这标志着研究生教育在形式上开始在中国出现。但是，《钦定学堂章程》公布后未及实施，1904年，清政府又颁布《奏定学堂章程》，将大学院改为通儒院，设在京师大学堂内，修业期限五年。通儒院研究院的性质不变，"以中国学术日有进步，能发明新理以著成书，能制造新器以利民用为成效"，"通儒院为研究各科学精深义蕴，以备著书制器之所"②，体现出研究性和功利性的双重价值观。虽然《奏定学堂章程》是近代中国第一个在全国实施了的学制，但在中华民国政府成立之前，通儒院实际上并没有招生，因而通儒院的设立只能说明政府已经有了研究生教育的基本构想。

在培养方式上，由于《钦定学堂章程》和《奏定学堂章程》主要是以实行君主立宪制的日本学制为蓝本而制定的，而那时日本的研究生培养模式又是模仿德国模式而来，这就决定了当时我国研究生培养模式是一种学徒式，即以研究为主、导师带徒弟的高层次教育形式。例如，大学院"不立课程"，"主研

---

① 许美德.中国大学：1895—1995 一个文化冲突的世纪[M].李洁英，译.北京：教育科学出版社，2000：57.
② 岳爱武.清末学位与研究生教育的内容考证及其评价[J].高教探索，2008（6）.

究不主讲授"①,即"重独立研究,不重课程讲授"②;通儒院学生"不上堂","在斋舍研究,随时请业请益,无讲堂功课"③。这种模式承袭了欧洲中世纪作坊培养学徒的做法,实行个别指导,没有课程教学和学分要求,仅仅在导师指导下从事独立的科研工作。

在毕业奖励上,《钦定学堂章程》和《奏定学堂章程》确立了独特的奖励出身制度。所谓"出身",不仅指科举及第后身份、资格的确认,还兼有及第后做官的意思。奖励出身制度,即通过奖励而不是科举考试的办法,来指定学堂学生的进士、举人、贡生、廪生等出身,并授予一定的官职。④ 在《奏定各学堂奖励章程》中规定,对高等小学堂以上的学生"或由升学考试","或由毕业考试","皆按其所学之深浅,分别奖以进士、举人、贡生(包括优、拔、岁贡三种)、生员(包括廪、增、附生三级)有差"。因通儒院学生要经过五年才能毕业,"程度最高","惟通儒院毕业,计自小学堂起,共需二十五年,学业已深,必须格外优奖,立时任用,方足以济时艰,其间应如何分别等差,或比照翰林升阶,分用较优之京官外官,以便即时任用;抑或与奖以翰林升阶之后,并即破格任用之处,应俟届通儒院设立之时,再行体察情形,详核酌拟奏明请旨办理"⑤。这表明,政府给予通儒院毕业生的奖励要优于给予大学堂及其以下级别学堂的毕业奖励。奖励出身制度充分说明,清末的研究生教育虽

---

① 舒新城.中国近代教育史资料:中册[M].北京:人民教育出版社,1981:545.
② 教育部.第二次中国教育年鉴[M].上海:商务印书馆,1948:29.
③ 教育部.第二次中国教育年鉴[M].上海:商务印书馆,1948:24.
④ 方玉芬.清末奖励出身制度研究[D].武汉:华中师范大学硕士学位论文,2006:2.
⑤ 潘懋元,等.中国近代教育史资料汇编·高等教育[M].上海:上海教育出版社,1993:323.

然有明显效法日本和德国学制的痕迹，但其内核仍然包含着浓厚的中国封建传统。大学院或通儒院基本与清代翰林院无异，学生毕业后由政府依照科举头衔授予出身奖励，赐予"与科举无异"的出身本身"就充分说明中国是想把西方的现代知识分类法纳入中国传统的儒家思想体系之中"[①]。但其积极意义在于，奖励出身制度具有现代新式教育的因素，蕴含着现代学校教育学位制度的因子。

（二）研究生培养模式的探索时期（1911—1929）

1911年的辛亥革命，结束了长达两千余年的君主专制政体。1912年，中华民国成立，从此，中国的历史开始进入了一个新的时期，其教育也开始步入正规化和现代化。在研究生教育和学位制度方面，表现最明显的就是现代学位制度的引入和研究生培养模式的探索。

1. 废除出身，引入学位

民国成立后，对清末的研究生教育进行了多项重大改革。在培养目标和价值取向上，表现为废除清末奖励出身制度，强调研究生教育的研究性，以培养纯理论研究者为己任，而将功利性的教育宗旨去除，开始渗入现代学位制度。

1912年9月，北洋政府颁布新学制即壬子学制，该学制删除了通儒院。壬子学制规定，大学本科三年至四年毕业，预科三年，但未提及大学院。1913年8月，民国政府教育部对壬子学制加以修订、整合，并予以重新颁布，此制为癸丑学制。该学制恢复设计了大学院。1912年10月，民国政府教育部颁布

---

① 许美德. 中国大学：1895—1995 一个文化冲突的世纪[M]. 李洁英，译. 北京：教育科学出版社，2000：57–58.

《大学令》,"大学院生在院研究,有新发明之学理或重要之著述,经大学评议会及该生所属某科之教授会认为合格者,得遵照学位令授以学位"①。1913年,《大学规程》中又再次重申:"大学院生自认研究完毕,欲受学位者,得就其研究事项提出论文,请求院长及导师审定,由教授会议决,遵照学位令授以学位"②。1915年,北洋政府颁布的《特定教育纲要》中规定,"学位所以证明学问之成就,与科举出身视为授官之阶梯者性质微有不同"③,因而,在学位奖励条款中规定授予的学位有学士、硕士、技士、博士四级。

综上所述,虽然这一时期对研究生学位的授予和审定有所规定,但只是散见于政府关于高等教育的法令法规中,研究生学位的正式立法还未出现,专门的学位法令还处于空白阶段。而且,在研究生学位中,民国初年的重点主要集中于博士学位上,对硕士学位的认识还不是很清晰。这与当时整个中国教育受德国的影响有关。因为德国实行的正是单级研究生学位制,即只有博士学位一级。但是,从积极意义上来说,研究生毕业取消奖励出身,与学位制衔接,是教育挣脱封建桎梏、朝着民主化方向发展的必然趋势,是研究生教育迈向现代化的一个决定性转变。

2. 大学举办研究所、院

在组织管理上,民国初期的研究生教育以德国的大学制度为蓝本,在各大学设立研究所、院,负责研究生入学和毕业等行政事务,研究生培养由导师负责管理。在《大学令》和

---

① 舒新城. 中国近代教育史资料:中册[M]. 北京:人民教育出版社,1961:648.
② 舒新城. 中国近代教育史资料:中册[M]. 北京:人民教育出版社,1961:667.
③ 朱有瓛. 中国近代学制史料:第三辑·上[M]. 上海:华东师范大学出版社,1990:53.

《大学规程》中除规定大学须设大学院外,还明确规定"大学院不设年限",凡"各科毕业生或试验有同等学力者",均有资格入院。《大学规程》中更将"大学院"专列一章,规定:(1)大学院下设哲学院、史学院、植物学院等,"各以其所研究之专门学名之"。(2)"大学院以本门主任教授为院长",由各院长负责延聘导师。

1917年年初,蔡元培出任北京大学校长,开始对北京大学进行大刀阔斧的改革。1918年,北京大学设立研究所,公布了《北京大学研究所总章》,开始正式招收研究生,标志着中国研究生教育真正开始。北京大学的研究生教育学习、模仿德国学徒式培养模式,最初仅限于国学门,以培养纯理论研究者为目标。1925年和1926年,清华大学和厦门大学也分别成立了国学研究院。

3. 学生自由、独立研究

在培养方式上,民国初期的研究生教育基本延续清末的做法,以学生独立研究为主,以讲演讨论为辅。学生培养基本上是自由放任的,研究题目、研究方向和范围完全由教授和学生自由选定,导师指导上无严格的责任制。

1913年民国政府颁布的《大学规程》规定,"大学院……由院长延其他教授或聘绩学之士为导师,不设讲座,由导师分任各类,于学期初提出条目,令学生分条研究,定期讲演讨论"。院生在研究之余,可在校内"担任讲授或实验"。院生研究完毕,"得就其研究事项提出论文,请求院长及导师审定,由教授会议决遵照《学位令》授予学位"[①]。北京大学国学研究所的

---

① 舒新城.中国近代教育史料:中册[M].北京:人民教育出版社,1961:667.

"研究生与个别教授一起独立工作完成所给课题",学生进入研究所"是由提交以前的专业出版物决定的"①。教学方式采用导师制,学生以研究为主,要获得学位需提交论文,经大学评议会或教授会通过方可授予学位,其中有些做法一直延续至今。因此,这个时期的研究生教育培养方式,基本上还是以学生独立、自由的研究为主,以讲演讨论为辅,它是清末学徒式培养方式的继续。

4. 研究生培养模式的探索实践

民国初期,若干大学开始进行研究生培养模式的探索。下面以北京大学和清华大学为例加以说明。

北京大学在蔡元培担任校长期间,借鉴德国经验形成了学徒式研究生培养模式。学徒式研究生培养模式源于中世纪大学,是艺徒教育在高层次教育中的运用。它强调师徒之间的人格、情感和学业继承关系,是一种研究型的研究生教育形式。② 其最大特点是强调科学研究对研究生培养的作用,对课程教学则不予重视,也没有学分的要求。研究生入学后往往以科研助手的形式跟随导师在研究所从事独立的科学研究。

蔡元培曾留学欧洲,深受德国柏林大学创办者洪堡的思想影响。蔡元培指出,大学应是研究高深学问的场所,大学必须教学与研究并重,教学实践旨在提高学生科研能力和独立思考的精神。他还明确主张:大学的培养目标"不仅在于培养人们的实际工作能力,还在于培养人们在各种知识领域中作进一步

---

① 费正清.剑桥中华民国史:下卷[M].北京:中国社会科学出版社,1998:451.
② 李盛兵.研究生教育模式嬗变[M].北京:教育科学出版社,1997:115.

深入研究的能力。大学教育的目的与观念就是要使索然寡味的学习趣味化,激起人们的求知欲望"①。因此,大学不仅仅是一个训练学生成为工作称职的人的场所。"原大学的责任,本不但在养成一种人才,能以现在已有的学术,来处理现在已有的事业,而在乎时时有新的发现与发明,指导事业界,促其进步。所以大学不但是教育传授学术于学生的机关,而实在是教员与学生共同研究的机关"②。在此思想指导之下,蔡元培积极延聘"纯粹之学问家"任教,通过大师来营造办学所必需的学术氛围。除教室里的讲授、实验室里的演示、课余的讨论外,还由师生共组了一批有影响的学术社团。这为正规学术研究制度的创立奠定了基础。

蔡元培还致力于研究生教育制度的建立。在1918年订立的《国立北京大学规程》中,即有《北京大学研究所总章》一件。该总章与研究生教育直接有关的举措是:(1) 各分科大学中各门俱得设研究所,例如哲学门研究及中国文学门研究所之类。(2) 研究所以各门教员组织之,遇有特别需要,得加聘专门学者为研究所教员。(3) 各研究所教员中,由校长推一人为研究所主任。(4) 本校毕业生俱得以自由、自愿入研究所,本校高级学生得研究所主任之认可,亦得入研究所。(5) 本校毕业生以外,与本校毕业生有同等之程度而志愿入所研究者,经校长及本门研究所主任之认可,亦得入研究所。(6) 本国及外国学者

---

① 蔡元培. 中国现代大学观念及教育趋向 [M]// 高平叔. 蔡元培论集:卷2. 长沙:湖南教育出版社,1987:82.
② 蔡元培. 十五年来我国大学教育之进步 [M]// 高平叔. 蔡元培全集:卷3. 北京:中华书局,1984:104.

志愿共同研究而不能到所者,得为研究所通信研究员。(7)研究员得自择特别研究之论题请教员审定,或由各教员拟定若干题听研究员选择之。择题既定,由各员自行研究,随时得请本所各教员指示参考书及商榷研究之法,即以所得结果,以一年之内作为论文,文成后由本门研究所各教员共阅看,其收授与否由各教员开会定之。论文收授后,由本校发给研究所成绩证书,并将所收授之论文交付大学图书馆保存,或节要采登月刊。其未经收授者,由各教员指出应修改之处,付著作者自修正文。(8)通信研究员须将所欲研究之论题寄交本门主任,由主任就所择题之性质,请本门教员若干人审定认可。论题择定后,由通信研究员自行研究,随时可与本门教员直接通信讨论所得。通信研究员以其研究所得作为论文,由本门教员共同阅看。其已收授之论文当交图书馆汇存,或摘要登载月刊,其未经收授者,由各教员指出疵病,发送著者重新修正。[①]

1921年12月14日,北京大学评议会议通过《国立北京大学研究所组织大纲》,对原设研究所进行改组,该大纲规定的内容可概述如下:(1)本校为预备将来设大学院起见,设立研究所,为毕业生继续研究专门学术之所。(2)本所分为自然科学、社会科学、国学、外国文学四门,由大学校长与各系教授会斟酌情形,提交评议会议决设立之。(3)本所设所长一人,由大学校长兼任。(4)本所各门设主任一人,经理本门事务,由校长于本校教授中指任之,任期两年。此外,设助教及书记若干人,由所长指任,受本门主任之指挥,助理一切事务。(5)本

[①] 陶春莉.中国研究生培养模式的发展演变轨迹及其时代特征[D].兰州:兰州大学研究生学位论文,2006:10-11.

所各门所研究之问题及方法,由相关各系之教员共同商定之。(6)本所原为本校毕业生有专门研究之志愿及能力者而设;但未毕业之学生,曾作特别研究已有成绩者,经所长及各该系教授会之特许,亦得入所研究。(7)本所各门设奖学金额若干名,每名每年给与国币若干元。此项奖学金之金额,及受奖者之名额,及其给与之办法,另拟详章规定。这次改革是使研究生教育走向正规化的重要一步。

北京大学研究生教育所取得的成就,可以从北京大学研究所国学门的办学历程中窥见一斑。北京大学研究所国学门既是北京大学最早设立的研究所之一,又是民国时期第一个国学研究机构。1922年1月,研究所国学门正式成立,蔡元培担任委员会委员长,委员包括顾孟余、沈兼士、李大钊、胡适、钱玄同、周作人等。另聘请王国维、陈垣、钢和泰、伊凤阁、陈寅恪、柯劭等为研究所导师。研究方向集中在考古研究、歌谣研究、风俗调查、明清档案整理、方言调查等若干很有发展前景的新学科。1922年春,研究所国学门招收了第一批研究生。此期研究生的选拔,学历要求有所提高,但依旧不设专门考试,通常由导师提出研究课题并公布,有兴趣者直接与导师联系,导师同意即可入所研究。从1923年出版的《国立北京大学概略》中可以看到成立仅仅一年的国学门所取得的成绩:罗镛的《尹文子校释》、张煦的《公孙龙子注》和《老子校注》、段颐的《黄河变迁考》、容庚的《金文编》、商承祚的《殷墟文字类编》等。

总体来说,北京大学的研究生教育改革是学习和借鉴德国研究生培养模式的结果,明显带有学徒式培养方式的特点。与此同时,以借鉴和仿效英国大学制度而建立起来的清华大学国学研究院的研究生培养模式，成为与北京大学研究生培养模式相区别的另一种具有代表意义的主要模式。

1925年2月，清华大学国学研究院成立，首任主任是吴宓，之后又聘请王国维、梁启超、陈寅恪和赵元任四人任导师。9月1日，清华大学国学研究院开始招生研究生，其招生对象除"国内外大学毕业者或具有相当之程度者"外，还有"各校教员或学术机关服务人员，其有学识及经验者；各地自修之士，经史小学等具有根柢者"。国学院的招生考试也颇有特色。在分列的经学、中国史、中国文学、中国哲学、外国语、自然科学、普通语音学等八种考试科目中，考生只须选择三门应考，不设必考科目。当时入学考试的程序一般为：(1)面试；(2)普通笔试；(3)科目笔试；(4)复试。在研究院开学典礼上，吴宓发表演说，阐述研究院开办旨趣：(1)在新旧递嬗之际，对西方文化，宜有精深之研究，然后可以采择适当，融化无碍；(2)对中国固有文化，须有通彻之了解；(3)为此，必须有高深学术机关，为大学毕业及学问已有根柢者进修之地，且不必远赴欧美多耗资财，所学且与国情隔阂。此即本校设立研究院之初意。

除此之外，国学院还制定了相关的制度。《研究院章程》明文规定："本院略仿旧日书院及英国大学制度。研究之方法，注重个人自修，教授专任指导。其分组不以学科，而以教授个人为主，期使学员与教授关系异常密切。"根据章程，研究院教学方式分为普通演讲和专题研究。普通演讲即课堂讲授，由各教授就自己的专长和治学心得开课，供诸生必修或选修；如同一课几位教授都有精深研究，可同开此课各讲各的心得见解，任学生自由选一教授从业。专题研究就是由教授个别指导，学生进行的课题研究。各教授就自己的专长提出指导范围，然后让各生根据自己的志向、兴趣和学力，自由选定研究题目，选定后不得中途变更。学生可随时向导师请业问难。章程规定："教授于专从本人请业之学员，应订定时间，常与接谈，考询成绩，指示方法及应读书籍。"各教师在教学实践中，严格按章程执教。王国维开的普通演讲有"古史新证""说文练习"等，指导专题研究的范围是经学、小学、上古史和中国文学等。梁启超开的普通演讲有"历史研究法""中国文化史""儒家哲学"等，指导专题研究的范围是中国文学史、中国哲学史、史学研究法、儒家哲学等。陈寅恪开的普通演讲有"西人之东方学""目录学"和"梵文—金刚经"等，指导专题研究的范围是年历学、古代碑志与外族有关系者之研究等。赵元任开的普通演讲有"方言学""普通语言学"等，指导专题研究的范围是现代方言学、中国音韵学、普通语言学等。

  清华国学研究院虽然只存在了短短四年，但就其所培养学生的质量而言是相当高的：四年内共培养了七十余人，绝大多数后来都成为知名学者，在文史哲等学科有卓越贡献。其中尤其以高衡、吴其昌、刘盼遂、周传儒、谢国桢、戴家祥、王力、冯国瑞、蒋天枢、裴学海等人成就突出。[①] 国学研究院教学与科研并重，在科研成果方面也颇为丰富，出版了大量高水平的学术著作。比如王国维的《蒙古史料四种校注》、陈寅恪的《大宝积经论》、赵元任的《现代吴语的研究》、李济的《西阴村史前的遗存》等。

---

① 李学勤.深入探讨清华国学研究院的成就和经验[J].清华大学学报（哲学社会科学版），2005（5）.

由上可知,清华大学国学研究院在培养研究生过程中注重一定的教学,即讲课与专题研究相统一。清华大学研究生培养模式有别于北京大学研究生培养模式之处在于,前者不仅重视科学研究在研究生培养过程中的重要作用,也强调相关学科基础知识的教学;而后者则主要重视学生自由独立的研究活动,不重视课程的教学。很明显,北京大学和清华大学研究生培养模式,是模仿当时国外大学流行的两种主要研究生培养模式即学徒式和专业式。这也说明了中国研究生培养模式从其产生以来就受到国外大学模式的影响,是多元的而不是一元的。北京大学和清华大学试行的研究生培养模式,为培养专门学术人才做出了有益尝试。尽管此期的研究生教育尚未与学位制度配套,但最终摆脱了科举功名的影响,而且这一时期萌生的有关学位制度的构想比清末更为明晰了。

(三)研究生培养模式的规范时期(1929—1949)

1927年,国民政府对研究生教育做出了新的调整。1929年颁布的《大学组织法》和《大学章程》对我国最初的研究生教育进行了总结,规定大学院至少应有三个以上的研究所,研究所下设若干学部。大学院的任务是招收大学毕业生研究高深学术,学制两年,合格者授予硕士学位。《大学组织法》是我国近代高等教育的第一次正式立法,它以法律形式规定了大学的体制和研究院制度,为我国研究生教育走向规范化、正规化奠定了基础。

1934年国民政府教育部专门颁布《大学研究院暂行组织规程》。对研究生院的机构设置和管理、招生、考试及修业年限等做了明确规定,使研究生教育在制度上定型化。该章程共14条,其中的重要规定可概括为如后数项:(1)研究院分文、理、法、教育、农、工、商、医各研究所。……凡具备三个研究所以上者,始得称研究院。(2)各研究所依其本科所设各系分若干部,称其研究所某部。(3)研究院研究所暨研究所属各部之设置,须经教育部之核准。(4)招收研究生时,以国立、省立及立案之私立大学与独立学院毕业生经公开考试及格者为限。(5)各研究生研究期限暂定为至少两年①。至此,研究生教育制度方得以定型。《大学研究院暂行组织规程》第九条规定:"研究生应习之课程及论文工作由各校详细拟订,呈经教育部核订。"研究生须习课程,第一次在政府法规中出现。研究生的培养方式在法律规定上有了重大转变。政府明令以教学和科研相结合的方法来培养研究生,注重研究生培养过程中教学与科研的统一,学徒式个人培养方式已经转变为课程型集体培养方式,即专业式培养模式。

1935年国民政府立法院审议、颁布了《学位授予法》,该法仿效美国学位制度,规定学位分学士、硕士和博士三级,特种学科设二级或一级学位。该法对硕士或博士学位授予的条件和办法做了具体规定:授予硕士学位者,须是受有学士学位,曾在公立大学或立案私立大学或独立学院之研究院或研究所继续研究两年以上,经该院所考核成绩合格,并经教育部复核无异议者。授予博士学位者,须是受有硕士学位,在研究院或研究所继续研究两年以上,经院所考核成绩合格,经教育部审查许可者,得为博士学位候选人;在学术上有特殊

---

① 顾明远.中国教育大系·历代教育制度考:下[M].武汉:湖北教育出版社,1994:2321.

著作或发明,曾任公立或立案私立大学或独立学院教授三年以上者,博士学位候选人,经博士学位评定会考试合格者,由教育部授予博士学位。硕士学位及博士学位之候选人,均须提交研究论文。①这是我国研究生教育正式确立硕士和博士两个培养层次之开始。《学位授予法》是我国第一个学位制度的正式立法,是现代学位制度的开端,它的颁布施行标志着我国学位制度的形成和研究生教育开始向法制化、正规化轨道靠拢。

同年,国民政府教育部又颁布了《学位分级细则》及《硕士学位考试细则》。它规定硕士入学考试必须按文、理、法、教育、农、工、商、医八科设考,同时对考试时间、主试单位、课程内容、计分法等进行了规定。②在硕士研究生培养方面,它包括学位课程的选修、科学研究与撰写论文、论文答辩和学位授予等若干环节;硕士课程至少应有一门外语。该硕士研究生培养模式明显地表现为教学、科研的统一,是一种教学科研型的培养模式。不过,它仍然重视科学研究活动在研究生培养过程中的作用。1939年国民政府教育部颁发了硕士学位证书式样,1940年颁布了《博士学位评定组织法》和《博士学位考试细则》。这些法令条款对我国研究生学位课程考试、学位论文答辩、学位审核和授予等程序都做了明确的规定,从而使我国研究生培养模式更趋规范化。这也表明此一时期研究生培养方式发生了重大转变,研究生的培养已经包括了学位课程的修习,表现为教学与科研的统一,是一种课程型培养方式。这种

---

① 周洪宇. 学位与研究生教育史 [M]. 北京: 高等教育出版社, 2004: 303-304.
② 周洪宇. 学位与研究生教育史 [M]. 北京: 高等教育出版社, 2004: 304.

方式明显有别于学徒式培养方式。在学徒式培养方式中,学生通过科研活动来学习科研,以自行研究为主,无必修课及学分要求。而课程型的研究生教育则是通过集体教育来培养研究生,开设多种研究生课程,强调完成学分,纯粹的研究活动只是整体教育的一个组成部分而不是全部。但是由于教育的落后及国民党的腐败,这些制度和条款并未得到认真落实,从1935年到1949年新中国成立前,全国仅有232人获得硕士学位。①

总而言之,民国时期,由于政局纷乱,我国研究生培养模式的实践主要限于学校层面的自发实践,总体看是一种以学校为主导的研究生培养模式,居于主流地位的具体培养模式仍是学校实践层面的学徒式培养模式。其主要特点是:在培养目标上,注重纯学术人才和教学人员的培养;在培养方式上,注重科学研究对研究生培养的作用,强调通过研究进行教学,而对教师的课程教学则不予重视,也没有学分要求;在管理上,形成导师负责制,导师在研究生的培养过程中具有一定的权威地位,研究生入学后往往以科研助手的形式跟随导师在研究所(院)从事独立的科学研究,其培养、学习、科研以及毕业论文的评阅、管理等各环节,都是在导师与研究生的协商、讨论中进行。这一培养模式保证了研究生有充足的科研时间;"师傅带徒弟"式的培养方式,对保障民国时期我国的科研水平起着举足轻重的作用。但是,随着社会的发展、科技的进步,传统的学徒式培养模式也暴露出明显的不足:它不适合于技术型、

---

① 薛天祥.中国学位与研究生教育的历史、现状和发展趋势[J].国家教育行政学院学报,2005(9).

应用型、开放型高层次人才的培养,也不利于研究生教育规模的扩大;它忽视课程学习,不利于学生掌握坚实宽广的基础理论;它强调师生间的衣钵继承关系,不利于学生知识面的博广和创新能力的培养,容易造成学生学术视野的狭隘;不利于开展交叉学科和跨学科研究。因此,具体的学徒式培养模式面临着挑战与变革。

二、新中国成立后至20世纪末以国家为主的培养模式

新中国成立以后,根据我国高等教育管理体制,国家对研究生教育实行统一管理。中央政府决定着发展研究生教育的基本政策与方针,并直接掌控着研究生教育的专业设置、经费来源、导师聘任、招生与教学计划的制订,规定着培养规格、学制与毕业要求。省级政府在研究生教育管理中基本没有多少权力,只是负责监督检查辖区内高等学校贯彻执行中央方针政策、各项计划和规章制度的情况,对高等学校的设置、撤销和调整,学校的发展规模,专业设置和修业年限等只有建议权。因此,这一时期的研究生培养模式呈现出以国家为主的特点。具体可分为重建(1949—1956)、完善(1956—1966)、成熟(1977—1985)三个时期。

(一)研究生培养模式的重建(1949—1956)

1949年10月1日,中华人民共和国宣告成立,党和政府十分重视研究生教育。1950年5月,教育部颁布的《关于高等学校1950年度暑期招考新生的规定》指出,研究生之招考尤应注意与国家建设之密切联系,严格选择思想进步、学习优良、有研究能力及培养前途的青年。当年即招收研究生,共招收874

人,学习年限1~3年不等。

1950年8月,教育部颁布的《高等学校暂行规程》提出,中华人民共和国高等学校的宗旨为"培养具有高级文化水平,掌握现代科学技术的成就,全心全意为人民服务的高级建设人才"。在该法规第八条中规定,"大学及专门学院为培养及提高师资,加强研究工作,经中央教育部批准,得设研究部和研究所,其规程另定之"[1]。可见,新中国的第一个高等学校规程就把研究生教育作为高等教育的一部分,设专门的研究所和研究部负责培养和管理。

1951年6月,中国科学院、教育部联合发出《1951年暑期招收研究实习员、研究生办法》,标志着研究生招收工作开始向统一计划招生制度转轨。当年,采取包括保送、审查批准等办法,共招收研究生1 273人。1951年10月,政务院颁布了《关于改革学制的决定》,其中规定:"大学及专门学院得附设研究部,修业年限为二年以上,招收大学和专门学院毕业生和具有同等学力者,与中国科学院及其他研究机构配合,培养高等学校的师资和科学研究人才"[2]。它明确规定了我国当时研究生教育的培养目标、管理机构、招生条件和修业年限,并把研究部列为整个学校系统的最高层次,从而确立了研究生教育在整个学校教育的重要地位。当时研究生教育有了较大发展。

1953年11月27日,高等教育部颁布《高等学校培养研究生暂行办法(草案)》,重新建立了研究生教育的规章制度。内容要点有:目的——为培养高等学校师资和科学研究人才;培

---

[1] 李盛兵.研究生教育模式嬗变[M].北京:教育科学出版社,1997:155.
[2] 周洪宇.学位与研究生教育史[M].北京:高等教育出版社,2004:308.

养条件——凡聘有苏联专家（或人民民主国家的专家）和师资条件较好的高等学校；修业年限——研究生学习年限为2~3年；毕业要求——研究生毕业后，应能讲授所学专业的一二门课程并具有一定的研究能力；研修方式——研究生在导师指导下学习专门课程，并进行科学研究；教育实习——研究生需参加教育实习，在指导教师同意下，还可结合其所学专业，参加部分教学工作。其教学工作时间（包括教育实习在内），第一学年不得超过全学年学习总数（每周学习时数以54小时为限）的10%，第二、三学年不得超过20%。① 该草案是新中国成立以来第一个关于研究生教育的专门文件，它确立了我国研究生培养模式——苏联模式。由于新中国成立初期我国的生产力水平和经济水平低下，当时的社会产业界、企事业界尚不需要高层次专业人才，因此，这一时期的研究生培养模式主要以培养高校师资队伍和科研人员为单一目标，在培养方式上确立的是导师负责制，研究生课程学习和科学研究的时间各占一半，在考核上，研究生必须完成论文的撰写，并进行论文答辩等。

根据《高等学校培养研究生暂行办法（草案）》的精神，1955年8月15日，国务院第十七次全体会议通过了《中国科学院研究生暂行条例》，这标志着中国科学院研究生教育制度的确立。"《暂行办法》的颁行表明此期研究生培养工作有了可以依托的法令性蓝本，确立了中国研究生教育的基本制度。它对研究生教育的各环节做出了相应规定，有助于此期研究生培养

---

① 陶春莉.中国研究生培养模式的发展演变轨迹及其时代特征[D].兰州：兰州大学研究生学位论文，2006：19.

工作的顺利进行。"①

（二）研究生培养模式的完善（1956—1966）

新中国成立后，为了完善研究生的培养，曾尝试建立新中国自己的学位制度。1954年3月8日，中共中央在对中国科学院党组报告的批示中指出，在我国建立学位制度是必要的，"责成科学院和高等教育部提出逐步建立这种制度的办法"。此后成立了学位条例起草委员会，经过一年多的努力，1956年6月拟定了《中华人民共和国学位条例（草案）》和《中华人民共和国国务院学位和学衔委员会组织条例（草案）》等条例草案。学位条例（草案）规定，我国学位分为硕士和博士两级。硕士和博士依照哲学、数学、物理学、化学、天文学、地质学、地理学、生物学、工学、建筑学、农学、林学、医学、兽医学、历史学、经济学、法学、语言学、教育学、心理学、文学、艺术学等22个学科门类授予。国务院学位和学衔委员会负责硕士和博士两级学位的授予。此外，学位条例（草案）还规定，即使没有接受过全日制硕士生和博士生教育训练的科学工作者，只要有科学研究贡献和科学研究成绩，也可以依据其成就大小授予相应学位。但1957年夏季开始的反右运动及其后"左"的思想影响，使建立学位制度的尝试胎死腹中。1958年全国上下掀起了"大跃进"的高潮，教育战线也掀起一场"教育大革命"。各高校招收研究生取消考试录取方法，改为推荐入学，只重视学生的政治条件，不重视业务能力，其结果是研究生质量明显下降。与此同时，随着中苏关系的恶化，在总结办学经验的基础上，我

---

① 周洪宇．学位与研究生教育史[M]．北京：高等教育出版社，2004：309．

国研究生教育开始走向独立依靠自己的专家力量培养研究生的道路。

1961年9月,中共中央印发了《教育部直属高等学校暂行工作条例(草案)》(简称"高校六十条"或"高教六十条"),对研究生培养目标、招生对象、录取方式、培养年限、培养方式等都做了具体规定,标志着新中国的研究生教育开始向着逐步完善的道路迈进。

1963年1月,教育部在北京召开了新中国成立后第一次全国性研究生教育工作会议,讨论通过了《高等学校培养研究生工作暂行条例(草案)》《高等学校制定研究生培养方案的几项原则规定(草案)》《高等学校研究生外语学习和考试暂行规定(草案)》《关于高等学校培养研究生的经费、人员编制和研究生助学金及其他生活待遇问题的几点规定》《关于高等学校研究生学籍处理问题的几项暂行规定》等五个文件。这些文件对研究生招生工作、培养工作、领导与管理、待遇与分配工作以及建立研究生院等问题都做了明确规定。《高等学校培养研究生工作暂行条例(草案)》不仅总结了新中国成立以来我国研究生教育的办学经验,也基本上确立了"文化大革命"前我国的研究生教育培养模式。该条例共分六章,对研究生培养的方方面面都做了详细规定。它批评了过去研究生只跟苏联专家学习一两门课程,使得其基础不够深广,缺乏科学研究能力的系统训练的做法。在第一章总则中明确提出,"建立和健全研究生培养制度是我国自力更生地培养较高水平的高等学校师资和科学研究人员的一项根本措施"。它表明了我国研究生教育培养高校师资和科学研究人员的目标定位,和依靠本国专家力量独立地培养研究生的决心。

在培养目标上,由于受到政治环境的影响,这一时期的研究生培养目标体现出政治性特征,具体规定为:"具有爱国主义精神,具有共产主义道德品质,拥护共产党的领导,拥护社会主义,愿为社会主义事业服务,为人民服务;通过马克思列宁主义、毛泽东著作的学习和一定的生产劳动,实际工作的锻炼,逐步树立无产阶级的阶级观点、劳动观点、群众观点、辩证唯物主义观点,在大学本科专业的基础上,更巩固深入地掌握本专业的基础理论、专门知识和基本技能,熟悉本专业主要的科学发展趋向;掌握两种外国语(对某些专业可以只要求掌握一种外国语);具有独立地进行科学研究工作和相应的教学能力"。[①]

在招生方面,要求保证质量,宁缺勿滥。研究生分为脱产学习和在职学习两种,脱产学习期限一般为三年,在职学习期限一般为四年。脱产研究生每年学习时间为八个月以上,生产劳动时间平均为半个月至一个月。

在培养方式上,强调理论与实践、教学与科研相结合。研究生的培养计划由研究生导师会同有关教学研究室制订,包括政治课、外国语、专业基础课程和专门课程、毕业论文等,并且要求研究生参加全校性的政治学习和规定的生产劳动。研究生在导师的指导下,确定毕业论文题目,从事科学研究,进行毕业论文工作。研究生在完成全部学习计划后,应该进行毕业鉴定和论文答辩。

---

① 吴镇柔,等.中华人民共和国研究生教育和学位制度史[M].北京:北京理工大学出版社,2001:46–47.

在组织管理上，实行统一领导与分级管理相结合的管理体制。研究生的招生计划、专业目录、培养原则、毕业生分配等问题，由国家统一规定，具体的培养计划和培养工作由学校、系、教研室和导师分别负责。

总之，1963年全国研究生教育工作会议的召开和《高等学校培养研究生工作暂行条例（草案）》的颁布，标志着新中国研究生教育制度和培养制度已经基本建立，我国研究生培养模式步入正规化、法制化阶段。

（三）研究生培养模式的成熟（1977—1985）

1966年，"文化大革命"爆发，我国停止了研究生招生工作，研究生教育就此中断达12年之久。研究生教育的恢复，以1977年10月12日国务院批转教育部《关于做好1977年高等学校招生国内工作意见》为标志。该文件对全国研究生招生工作做了统一部署，确立了研究生培养目标为：应具有系统而坚实的基础理论、专业知识和科学实验技能，能独立进行科学研究工作的科技人员和马列主义理论人才。研究生毕业后，主要从事科学研究工作，或者成为高等学校的教师。从培养目标来看，培养科研学术人才依然是唯一目标。研究生培养的专业范围为：重点放在填补国家科学事业的空白和赶超世界科技先进水平的基础科学、边缘科学等研究方面，在哲学、社会科学方面，要积极招收研究生，加强马列主义理论队伍的建设。研究生的招收办法采取自愿报名、单位推荐、文化考试、择优录取方式，在省、自治区、直辖市招收委员会统一领导下，由招收的学校进行政治审查，文化考试合格后，报招收委员会批准录取。研究生学制一般为三年，其培养方法可以采取招收研究生班集体培养，可以采取指导教师负责制，也可以成立研究生指导小组，实行集体负责制。1978年1月10日，教育部发出《关于高等学校1978年研究生招生工作安排意见》，决定将77、78两届合并招生，统称1978级研究生，计划招生人数为8500人。

"文化大革命"之后，除恢复研究生招生外，更为重要的是我国研究生教育学位制度的确立。1979年9月，教育部在北京召开了"高等学校研究生工作座谈会"，会议对高等学校研究生的培养目标、学习年限以及招收条件等问题进行了认真讨论。会议提出，研究生教育的培养目标应是造就又红又专的攀登科学高峰的突击队和高等学校师资的后备军。这与"文化大革命"前的基本目标是一致的。就学习年限来说，有两年制、三年制和四年制的研究生，其不同点在于科学研究和论文撰写的深度和创见上。会议还指出，培养研究生要和学位制度结合起来，四年制研究生教育则一般包括硕士学位和博士学位教育两个阶段。

1980年2月，第五届全国人大常委会通过了《中华人民共和国学位条例》（以下简称《学位条例》）。这是新中国颁布的第一个学位条例。《学位条例》对我国学位的等级、学术水平要求及组织机构做了具体规定，如把我国的学位分为学士、硕士和博士三级；硕士学位的授予条件是必须通过硕士学位的课程考试和论文答辩，成绩合格且在本门学科上掌握坚实的基础理论和系统的专门知识以及具有从事科学研究工作或独立担负专门技术工作的能力；国务院设立学位委员会，负责领导全国学位授予工作等。1981年，国家又制定了《中华人民共和国学位条例暂行实施办法》，与此前颁布的《学位条例》等一系列规定和通知共同构成"文化大革命"后我国学位制度与研究生教育的配套体系。

1984年,经国务院批准,全国有22所重点高校试办了研究生院。研究生院的建立,标志着我国研究生教育进入新的正规化发展阶段,促进了我国研究生教育的发展。它同《学位条例》实施一样,成为新中国研究生教育发展的大事和里程碑,是直接学习和模仿美国模式的结果。除此之外,从1984年起,我国开始招收委托培养研究生和在部分高校试办研究生班。从1978年至1984年,我国一共招收了128 271人,相当于"文化大革命"前十七年招生总和的五倍多。①

1977—1985年是"文化大革命"后我国研究生教育从恢复到模式形成的重要时期。经过多年的努力,尤其是以《学位条例》的颁布为重要标志,我国初步形成了以国家为主的教学与科研相结合的研究生培养模式,即专业式。这一模式的主要特点有以下几个:

一是对于学位申请者明确提出了相应的政治条件。《学位条例》明确规定研究生要"拥护中国共产党的领导,拥护社会主义制度",即这一时期我国研究生的培养必须坚持社会主义方向,坚持又红又专,坚持德、智、体全面发展的方针。

二是在培养目标上,改变了单一学术型人才培养的要求。《学位条例》针对不同层次的学位提出了不同水平的要求,硕士学位获得者必须"在本门学科上掌握坚实的基础理论和系统的专门知识;具有从事科学研究工作或独立担负专门技术工作

---

① 周洪宇.学位与研究生教育史[M].北京:高等教育出版社,2004:345.

的能力"，博士学位获得者强调"在本门学科上掌握坚实宽广的基础理论和系统深入的专门知识；具有独立从事科学研究工作的能力；在科学或专门技术上做出创造性成果"。这一点改变了以前研究生教育单一的学术型培养目标，是社会得到发展，应用型高层次专门人才需求愈来愈紧迫的反映。

三是强调了国家对研究生教育的统一管理。如建立了国家、地方、学科或科研院所三级学位管理体制；实行严格的学位授权审核制度，由国务院学位委员会主持对博士和硕士学位授予单位的审定工作；由国家统一制定和颁布学位授予学科和专业目录，学位按学科门类授予；对于研究生的招收与分配实行计划管理，由教育部拟定研究生招生的"长远规划"和"年度计划"，报国家计委批准后，再按学科、专业分解后下达给相关院校和研究所，研究生的分配也按国家计划，实行统一分配。

四是在研究生培养方式上，《学位条例》强调采用"指导教师和教研室集体培养相结合"的方式，也即教学与科研的统一。硕士课程学习的时间不低于全部学习时间的二分之一，科学研究工作及撰写论文的时间一般不低于全部学习时间的四分之一，不同的专业有不同的比例。博士生的学习时间主要用于科学研究和学位论文的撰写，只安排一定的时间学习课程和阅读文献。这种培养研究生的方式，成为"文化大革命"后我国研究生培养模式，它标志着新的历史时期我国研究生培养模式的形成。

三、20世纪末至今的多种培养模式

20世纪80年代末，我国的研究生培养模式显现出多元化特点,主要表现在:由单一培养模式转向多种培养模式并存;由单一学术型培养目标转向学术型、应用型并存;由单一全日制培养形式转向全日制、非全日制并存。

(一)由单一培养模式转向多种培养模式并存

20世纪80年代末90年代初,我国研究生培养模式开始由单一的专业式模式转变为学徒式(主要适用于博士研究生的培养)、专业式、协作式、教学式等多种模式并存,我国研究生培养模式开始走向多样化。所谓研究生培养模式多样化,是相对某种单一模式而言,但又并非平庸的面面俱到的多样化。通常表现为在某一时期以某种模式为主,辅以其他模式所构成的充满生机和活力的多样化体系。

多种培养模式并存的表现之一是,我国的博士研究生培养在继续学徒式的培养模式之外,还引入了博士后研究制度。20世纪80年代初,李政道教授先后两次给国家领导人写信,建议在我国建立博士后科研流动站、实行博士后制度。1985年5月,国家科委、教育部和中国科学院为了贯彻落实党和国家领导人对李政道教授所提建议的批示精神,向国务院报送了《关于试办博士后科研流动站的报告》。1985年7月,国务院正式批准了该报告,这标志着博士后制度在我国的正式确立。此后,1985年由国家科委牵头,组成了全国博士后管理委员会,统一组织和协调全国博士后工作。在制度建设上,国家科委先后下发了《关于试办博士后科研流动站申请办法的通知》(1985年8月)、《博士后研究人员管理工作暂行规定》(1986年3月)、《国家博士后科学基金实行条例》(1986年11月)和《博士后经费管理使用暂行规定》(1987年4月)等文件。除此之外,全国博士后管理委员会还会同教育部、人事部、公安部、商业部等，就博士后研究人员及其配偶和子女户籍管理、劳动人事关系、住房、上学、工资、职称评审等一系列问题做出了明确规定。这些政策和规定，初步构成和完善了我国博士后制度的基本框架。为了加强对博士后工作的宏观管理，1988年，我国博士后工作划转国家人事部负责；1990年，我国开始进行国家、地方、设站单位三级管理改革试点，逐步下放管理权限。在设站工作上，1985年全国博士后管理委员会首批批准设立了102个博士后流动站，但是，这些流动站大多集中在理科。此后，设站学科从理科逐步扩展到理、工、农、医、哲、法、文、教育、经济、历史、军事、管理等12大学科门类的78个一级学科，设立流动站总数达到近800个，形成了比较完整的流动站学科网络。1994年，博士后流动站由过去的事业单位向企业发展，为区别于事业单位的博士后流动站，将设在企业的称为"博士后科研工作站"。同年，宝山钢铁公司被批准建立我国第一个"博士后科研工作站"。经过多年的发展，我国的博士后制度取得了非常突出的成绩，主要表现为培养了大批优秀人才，取得了一批高水平的研究成果。

多种培养模式并存的表现之二是，20世纪80年代末90年代初我国开始引入、探索协作式培养模式。协作式培养模式最早产生于美国。由于我国没有像美国贝尔电话公司、纺织公司、兰德公司那样拥有千余名以上的研究人员和学位授予权的研究所，因而，协作式研究生培养模式就只有实行以高校为主体的一种模式。我国这种以高校为主体的协作式，主要是指招收研究生的大学接受企业委托或定向的在职人员以及少量应届本科毕业生,由大学负责培养,企业协助的一种合作培养模式。它实行双方导师负责制,由高等学校选派主导师,聘请企业一名水平较高的高级专业技术职务者担任副导师,双方密切配合,实行对学生培养过程的总体负责与阶段重点负责相结合的体制,其目标在于培养一种高层次的应用型或开发型的研究人才。1985年,上海工程技术大学仿照加拿大滑铁卢大学的经验和做法,实施"一年三学期,工学交替"的模式试验。之后,一些地区和学校进行了更多的自发性实践探索。如1991年4月在上海成立全国产学研合作教育协会,1992年国家经贸委、国家教委、中国科学院等部门联合推出"产学研联合开发工程"。1993年2月13日,中共中央、国务院颁发的《中国教育改革和发展纲要》中明确指出,"鼓励有实践经验的优秀在职人员采用多种形式攻读硕士、博士学位"。1993年颁布实施的《关于学位与研究生教育改革和发展的若干意见》中提出:要"努力形成一批较高水平的研究生培养基地","加强教育与科研、生产(社会实践)相结合"。这就对原有的单一的培养模式提出了严峻挑战。文件颁布后,临床医学、工程、文科和理科四大领域应用型研究生培养模式开始形成,产学研合作的协作培养的研究生也出现了。1995年11月3日,国家教委发出《关于进一步改进和加强研究生工作的若干意见》,提出应"集中力量,加强研究生培养基地的建设"。要求"高等院校和科研机构联合培养研究生,建设并形成新型的教学、科研、生产三结合基地"。之后,以政府为主导,协作式研究生培养模式进入了积极推进阶段。1997年10月,教育部发出《关于开展产学研合作教育"九五"试点工作的通知》,确定"九五"期间在全国

28所高校开展产学研合作教育的试点工作，教育部还成立了试点工作领导小组，高等教育司有关领导作为领导小组的重要成员，参与试点工作的具体操作。由此，我国协作式研究生培养模式的实践探索从民间试点开始走向政府教育主管部门有组织有计划的试点。2002年5月18日，江苏省教育厅、农业厅、农业科学院和南京大学共同创建了江苏省农业科学研究生联合培养基地，这是全国第一个产学研联合培养研究生基地。① 2004年7月，上海市教委、上海市发改委等九部门决定共同建立"上海研究生联合培养基地"。2004年9月，上海交通大学举行了授予宝山钢铁公司专家研究生导师证书仪式。之后，上海电气集团与上海交通大学、同济大学、华东理工大学、上海财经大学、上海大学、上海理工大学等高校举行了联合培养研究生协议签约仪式；上海交通大学与上海电气集团举行建立全面战略合作伙伴关系协议签约仪式。由此，在协作式培养模式的实践中，学校与企业之间的合作范围越来越大，已由20世纪80年代初的"一对一"的合作，发展到今天众多高校"跨地区合作""交叉合作"。合作的内容也由初期企业、工厂提供实习场地，发展到今天学校为企业培训工程技术人才、企业为学校提供教育经费和课题项目、企业和学校作为对等的教育主体共同参与人才的培养。

多种培养模式并存的表现之三是，我国还引入了教学式培养模式，进行了专业学位教育的系列探索实践。1984年，教育部研究生司转发清华大学、西安交通大学等11所高等工科院

---

① 赵建春. 江苏创建产学研联合培养研究生基地 [N]. 中国教育报，2005-05-19（1）.

校《关于培养工程类型硕士生的建议》的通知，提出改革研究生的培养和管理办法，在工学硕士生中招收工学硕士（工程类型）学位研究生，或称工程硕士生，以培养大批适应工矿企业和应用研究单位需要的、能够独立担负专门技术工作的高级工程科技人才，并提出在合适时机设置工程硕士学位。1986年，国务院学位委员会、国家教育委员会、卫生部下达《培养医学博士（临床医学）研究生的试行办法》的通知，提出对医学研究生教育进行改革，以突出临床医学特点，培养更多、更好的高层次临床医学专门人才。将医学门类博士研究生的培养规格分为两类，一类以培养科学研究能力为主，授予医学博士学位；一类以培养临床实际工作能力为主，授予医学博士学位（临床医学）。1988年，国家教育委员会研究生司、国务院学位委员会办公室、中国人民银行总行教育司下达《"货币银行学"、"国际金融"两专业硕士生（应用类）参考性培养方案》的通知，培养能胜任金融部门中级业务经营与管理工作，并具备将来从事高级经营、管理工作基础的人才，以利于提高和改善金融部门中、高级管理干部的素质。同时，国家教育委员会研究生司、国务院学位委员会办公室、最高人民法院教育厅、最高人民检察院干部教育局、司法部教育司下达《"刑法"、"民法"、"国际经济法"三专业硕士（应用类）参考性培养方案》的通知，重在培养能胜任政法部门中级专业技术职务，具备将来担任高级专业技术职务基础的人才，以利于提高和改善我国法律专门人才的素质。1988年，国务院学位委员会第八次会议专门讨论设立专业学位问题。1989年3月，国务院学位委员会办公室、国家教委研究生司批准成立"培养中国式MBA研究小组"。

同年5月，国务院学位委员会批复卫生部，同意组建"医学职业学位研究小组"，对医学职业学位进行研究论证。1990年，国务院学位委员会第九次会议专门讨论《关于设置专业学位调研工作的情况汇报》《关于设置医学专业学位的初步设想》《关于设置和试办工商管理硕士学位的几点意见》和《关于开展建筑学专业学位研究生工作的意见》。这次会议决定在我国开始专业学位的试点工作，开启了我国专业学位教育的先河。

此后，在专业学位的设置方面，也逐步得以制度化。1992年11月9日，国务院学位委员会颁发《建筑学专业学位设置方案》，决定设置建筑学专业学士、专业硕士学位。1993年，国务院学位委员会第十二次会议确定的当年工作要点之一就是推进专业学位（工商管理硕士、建筑学和临床医学）的研究和试点工作。1995年5月30日，国家教育委员会、国务院学位委员会颁发《关于开展法律专业硕士学位试点工作的通知》，决定增设法律硕士专业学位。1996年7月22日，国务院学位委员会颁布《专业学位设置审批暂行办法》，对专业学位的设置目的、特点、层次、审批、培养、管理等做了制度化的规定。其后，陆续发布《关于开展教育硕士专业学位试点工作的通知》（1996年6月10日）、《工程硕士专业学位设置方案》（1997年4月24日）、《临床医学专业学位试行办法》（1997年4月24日），又陆续增设了口腔医学、预防医学、农业推广、兽医学、公共管理（MPA）五个专业学位。1999年，教育部和国务院学位委员会召开了首次全国专业学位教育工作会议，会后下发了《关于加强和改进专业学位教育的若干意见》。这个文件明确了专业学位的地位和作用，确立了专业学位发展的指导思想，有力地促进了专业学位教育的较快发展。2002年5月,《中国学位与研究生教育发展战略报告(2002—2010年)》(征求意见稿)中指出:"在新的社会形态下,依据社会发展不同需要,对于研究生的不同培养规格、不同的培养层次、不同的培养类型等进行模式创新和培养制度创新,要改进目前以攻读学术型学位为多数,辅之以少数攻读复合型、应用型学位状况,逐步调整到多类型并举,应用型、复合型学位为多数的新格局。要重视专业学位硕士教育的发展;根据不同的培养目标设计合理的培养过程;积极推进弹性学制的实施;规范专业学位研究生的培养。"[1] 截至2006年,各类专业学位已累计招生61万人,具有专业学位授予权的院校已达到402所。[2] 2007年1月,国务院学位委员会第二十三次会议审议通过了《汉语国际教育硕士专业学位设置方案》和《翻译硕士专业学位设置方案》。至此,我国共开设了工程硕士、工商管理硕士、应用文科硕士、建筑学硕士、教育硕士、法律硕士、临床医学硕士、公共管理硕士、农业推广硕士、公共卫生硕士、兽医硕士、口腔医学硕士、军事学硕士、艺术硕士、体育硕士、风景园林硕士、汉语国际教育硕士以及翻译硕士等18种专业硕士学位。2009年又批准设置了社会工作硕士,2010年批准设置了金融硕士、应用统计硕士、税务硕士、国际商务硕士、保险硕士、资产评估硕士、警务硕士、应用心理硕士、新闻与传播硕士、出版硕士、文物与博物馆硕士、城市规划硕士、林业硕士、护理硕士、药学硕士、中药学硕士、旅游管理硕士、图书情报硕士、工程管理硕士,2011年批准设立了审

---

[1] 周洪宇.学位与研究生教育史[M].北京:高等教育出版社,2004:362-363.
[2] 黄宝印.我国专业学位教育发展的回顾与思考[J].学位与研究生教育,2007(6).

计硕士。到2011年，我国设置的专业硕士学位达到39种。

总体而言，学徒式、专业式、协作式、教学式四种研究生培养模式在时间上虽然具有前后相继性，但它们都产生于特定历史时期政治、经济、文化传统和科学技术发展的现实条件，服务于特定的价值目标，都有一定的优缺点。学徒式是一种理想的培养研究型人才的培养模式，其培养过程要求严格，研究生质量较高，这种个性化培养模式有利于优秀人才的培养和成长，同时也有利于科技进步和发展，尤其是基础研究和应用研究的发展。然而由于其学术性的价值取向，它不适合技术型、应用型、开发型高层次人才培养目标的实现，也不利于研究生教育规模的扩大；同时它强调师生间的衣钵继承关系，因而也不利于研究生知识面的拓宽和创造精神的培养。因此可以说这种相对封闭的研究生培养模式，不适应新世纪开放的知识经济和信息时代的要求。专业式培养模式使研究生教育形式化、标准化，适应了当代社会、经济发展对研究生教育规模不断扩大的需求，适应了其多元化教育目标取向，为社会成员不同价值取向的高层次求学需求提供了可能。但由于其缺乏对学生的个性化教育，因而不利于学术研究型人才的培养。协作式的培养方式是通过大学与企业联合培养研究生，推动了大学研究生教育与企业之间的互动关系，解决了教学、科研与社会生产实践相脱离的矛盾，实现了教学、科研和生产一体化，更好地实现了其服务社会的目标。但由于其研究生培养的标准化、多元化，因此不同类型研究生教育质量差别较大。教学式培养模式是研究生教育走向多样化的重要一步，开拓了专业学位研究生教育的发展空间。这种模式的教学形式十分灵活，可以根据学习者的不同要求，采取全日制、非全日制等多种形式，而且注重理论联系实际，能够提高研究生解决实际问题的能力，比较适合应用型管理人才和技术人才的培养。虽然说，后一种模式是对前一种模式的补充、完善和发展，但先前的模式并未消逝或被替代，它们共同存在于我国研究生教育体系之中，适应于不同时期和地区特定文化和现实需要。

（二）由单一学术型培养目标转向学术型、应用型并存

培养目标是研究生培养模式的导向性要素，是对研究生教育要"培养什么样的人"在规格和素质要求方面的总体描述和具体规定。毫无疑问，人才培养目标与人才分类紧密相连，不同类型的人才具有不同的素质结构，因而人才培养目标必须根据培养人才类型的不同而有所区别。根据人才从事的工作领域，人才可以分为党政人才、企业经营管理人才和专业技术人才三大类。新中国成立以后，长期以来，我国研究生教育一直以培养从事教学和科学研究工作的专业技术人才为主要目标，在一定程度上忽视了企业经营管理人才和党政人才的培养，从而导致我国研究生教育培养目标较为单一，难以满足社会对高层次人才需求多样化的要求。例如，1980年颁布的《学位条例》明确规定了学位获得者所要达到的标准，即硕士学位获得者必须"具有从事科学研究工作或担负专门技术工作的初步能力"，博士学位获得者强调"在科学或专门技术上做出创造性的成果"。从其规定来看，无论是硕士学位还是博士学位，其培养目标都是单一的学术性人才培养标准，反映在培养模式上，往往强调论文型学位，即在培养和学位授予上偏重科研。

1985年3月，《中共中央关于科学技术体制改革的决定》

出台，该决定提出要加强科学技术队伍建设，提出高等学校不仅要与企业合作，承担基础研究和应用研究，而且要把基础研究、应用研究与人才培养密切结合起来。这就为研究生教育发展提供了方向。1986年，国家教育委员会发出《关于改进和加强研究生工作的通知》，其中提出研究生教育新的培养目标，即"既要培养大学教师和科研人员，也要注意培养应用部门的高层次人才"。硕士研究生的培养目标定位于科学研究者或专门技术人才，博士生的培养目标则定位于高级科学研究者或技术型研究人才。[①]从此，我国研究生教育的培养目标开始由单一学术型向学术型和应用型并重转变。

自1991年起，针对经济建设和社会发展对不同行业背景、不同类型、不同规格高级专门人才的需要，国务院学位委员会开始批准专业硕士学位的设置与招生。专业学位的诞生，促成了研究生培养目标的分化。专业学位是以职业为背景的一种学位，它与现行学术型学位处于同一层次，分为学士、硕士、博士三级，但学术型学位侧重于学术性，主要是为中小学、高校和研究单位输送教学和基本理论的研究人才；而专业学位突出职业性，主要培养从事实际工作或开发工作的高级专业人才。专业学位教育主要在于培养适应社会特定职业或岗位实际工作需要的应用型高层次专门人才，它的设立适应了愿意从事实践性职业，而不愿从事研究和教学的那部分人的需要，它以培养实践应用人才为目标，而区别于以培养学者为主要目的的传统的学术型学位，在入学形式、培养方式、师资队伍、论文标准

---

① 薛天祥. 研究生教育学[M]. 桂林：广西师范大学出版社，2001：148–149.

等方面，都与传统的学术型研究生培养模式存在很大区别。专业学位教育的培养目标是培养高层次的应用型技术与管理人才，它不是以研究开发人才为目标，主要服务于综合的技术和管理岗位，因而是以大专业进行研究生教育的。专业学位研究生的培养和管理与本科生有相似之处，它的课程学习教学时数多，课程教学是联系实际进行的，教学的许多内容就是实际中的问题，强调在实际工作中"有用"的知识的学习，不重视学术性问题的探讨，其学制相对较短，主要通过理论联系实际的课程进行培养，对学位论文的要求一般不高。因此，以培养专业学位人才为主的应用型研究生培养模式是一种新型的研究生培养模式，它正日益成为与学术型培养模式并存的另一种研究生培养模式。

（三）由单一全日制培养形式转向全日制、非全日制并存

全日制与非全日制是我国研究生教育中存在的两种学制形式。非全日制研究生教育是以一定的课程学分值或部分在校学习时间作为攻读学位的方式和划分标准，面向所有社会成员的研究生教育形式。它以在职人员为主要对象，以不离岗位学习为主要形式，以提高就学者专业能力、更新专业知识为主要学习目的。新中国成立以后很长一段时间里，我国高等学校招收的研究生，几乎全都是把户口迁至学校、成为全日制教育的学生，即使有部分研究生不把户口迁至学校，但也是吃住在学校，周一至周五在学校上课学习，基本上没有实行非全日制研究生教育形式。近年来，非全日制研究生教育作为一种新型的教育模式，以其学制灵活、形式多样的特点，发挥着全日制教育不可替代的作用。随着高等教育向大众化、普及化方向迈

进,以及终身教育理念的发展,其在整个高等教育体系中所占比重不断上升。目前我国非全日制研究生教育的形式主要有以下三种:1985年开始的同等学力人员申请硕士学位(1987年开始了同等学力人员申请博士学位)、1991年开始的在职人员攻读专业学位以及2003年开始的高校教师在职攻读硕士学位。①

1. 同等学力人员申请硕士、博士学位

自20世纪80年代中期以来,国务院学位委员会开始进行在职人员以同等学力申请硕士、博士学位的试点工作。这一工作不仅扩大了我国授予研究生学位的范围,而且极大地提高了在职人员学习和科研的积极性,为提高其业务素质和自学成才开辟了一条有效途径。1985年下半年到1986年上半年,该项工作首次在华东师范大学、同济大学等七个单位进行硕士学位试点,向在职青年教师158人授予硕士学位;在北京大学、北京钢铁学院、中国科学院三个单位进行博士学位试点,向8名在职教师和科研人员授予博士学位。1987年,国务院学位委员会又批准了133个学位授予单位为第二批试点单位,授予学位的学科门类也由首批的文、理、工三个发展到第二批的十个。1987年5月,上述单位中,清华大学等13个院校授予了37名在职人员硕士学位,大连工学院、重庆大学各授予了1名在职人员博士学位,而在1987年内,上述单位共授予260名在职人员硕士学位、3名博士学位。在这期间,为规范试点单位授予在职人员学位的工作,国务院学位委员会还出台了《关于在职人员申请博士、硕士学

---

① 王桂林,等. 人才强国战略与我国非全日制研究生教育的发展[J]. 学位与研究生教育,2005(10).

位的试行办法》《国务院学位委员会关于授予研究生毕业同等学力的在职人员硕士、博士学位暂行规定》《国务院学位委员会关于授予研究生毕业同等学力的在职人员硕士、博士学位暂行规定实施细则》等一系列文件,开拓了在职人员以同等学力申请获得研究生学位的学位获取新途径。

按照"暂行规定"第三条,国务院学位委员会共批准了167个博士授予单位有权授予在职人员硕士或博士学位,其中有153个单位须参加汇报验收。1998年6月国务院学位委员会第十七次会议审议通过、1998年7月发布实施的《国务院学位委员会关于授予具有研究生毕业同等学力人员硕士、博士学位的规定》,对申请人的资格和条件、申请人课程成绩的考核和认定、学位的申请和授予以及管理方式等方面,做了若干修改,国务院学位办不再承担具体的对申请人的水平的验收工作,授予单位也不再分验收单位和免验单位,而是通过评估、质量检查等方式对整个工作的质量进行监督。这表明,国家对学位与研究生教育的管理职能发生了较为深刻的变革,由统管变为逐级分管,由具体管理演变为加强宏观管理和质量监督方面,从而确保了我国研究生教育发展的正确方向和研究生培养及学位授予的质量。

从其规定看,在课程学习的学制要求上,要求自申请人通过资格审查之日起,凡申请硕士学位者,必须在四年内完成学位授予单位组织的全部课程考试和国家组织的水平考试;凡申请博士学位者,必须一年内完成全部课程考试。国务院学位办首先正式在文件(《非全日制攻读硕士学位全国考试管理暂行规则》)中使用"非全日制研究生教育"的概念,这也是适应在职人员以同等学力申请学位工作需要的必然结果。在教学方式上，许多研究生培养单位举办了一些旨在为在职人员申请学位课程做准备的研究生课程进修班。研究生课程进修班为在职人员提供一个学习研究生层次课程的场所，在教学上采用了在读不离岗的方式，成为在职人员获得研究生学位的主要途径之一。

2. 在职人员攻读专业学位

自1991年开始，国务院学位委员会先后批准设置了工商管理硕士、建筑学硕士、法律硕士、教育硕士、工程硕士、临床医学（含硕士和博士）、农业推广硕士、兽医（含硕士和博士）等专业学位。专业学位主要针对经济建设和社会发展对不同行业背景、不同类型、不同规格的高级专门人才的需要而设立，主要培养对象为在职人员，规定学习形式为脱产与在职兼读两种，后者视其修满学分与完成论文的情况，决定学习年限，在学制上一般可以放宽到五年。专业学位的设置改变了我国学位类型、规格单一的状况，为在职人员接受正规研究生教育开辟了一条途径，是我国研究生教育改革中的一项重要内容。它的产生标志着我国高等专业教育层次的上移，也标志着我国研究生教育开始融入终身教育的理念。

2002年年初，为了提高专业学位研究生教育的培养质量，国务院学位委员会和教育部下发了《关于加强和改进专业学位教育工作的若干意见》。国务院学位委员会每年就在职人员攻读硕士学位录取结果排序向社会公布，建立质量跟踪和监督。各培养单位也根据本单位具体情况，制定了各种规章制度，采取各种有效方式，来保障培养质量。但是，由于专业学位教育是以行业需求作为教学的依托，这种教育也无法覆盖所有学科专业及博士、硕士层次，更何况专业学位研究生教育一般都对参加学习的人员有从事行业和年龄的限制等。因此，仅依靠专业学位研究生教育模式的变化显然也难以构成完整的研究生层次的终身教育体系。

3. 高等学校教师在职攻读硕士学位

2003年，教育部、国务院学位委员会发布的《关于开展高等学校教师在职攻读硕士学位工作的通知》规定，通过申报，部分有博士学位授予权的高等学校可以开展高等学校教师在职攻读硕士学位工作。高等学校教师在职攻读硕士学位采取推荐和考试相结合的方式。凡具有学士学位，从事教学工作满两年以上，具有较好教学水平的高校教师均可以向所在学校提出申请，由学校推荐并报学校主管部门的人事（师资）部门审核，并与所在单位签订培养合同。在课程设置和教学方式上，高等学校教师在职攻读硕士学位参照培养单位同专业硕士研究生制订的培养方案，同时加强教育理论、教育技术和教育教学能力的培养，可根据在职攻读硕士学位的特点，采取灵活多样的教学方式，在校累计学习时间不少于一年，其中，至少应有半年全脱产学习。

高等学校教师在职攻读硕士学位是非全日制研究生教育的又一条新的途径。这对实现高等学校教师的学位层次及师资队伍素质的跨跃式提高提供了一个切实可行的办法。随后，高校教师在职攻读硕士学位得到迅猛发展，成为多数高校提高教师学位和培养师资的重要途径之一。据统计，2003年我国第一次开展高校教师硕士学位教育，录取人数为1.2万人；截至2007年，在读人数超过4万人，其中绝大多数学员已成为所在高校的业务精英和教学骨干。①

整体来看，与全日制研究生相比，非全日制研究生培养形式具有以下特点：一是非全日制研究生教育的培养对象更具有广泛性、开放性。非全日制研究生教育的培养对象是在职人员，在报考前除一定的资格审查外，其培养对象多是获得学士学位后工作三年，并在岗位上做出一定业绩，有一定科研能力和外语水平，单位同意继续学习深造的在职人员。它打破了工作单位性质、年龄、工作年限、社会身份等各种壁垒和限制，与全日制研究生教育相比受教育者的覆盖面更广，为更多有学习需求和学习能力的社会成员提供了学习机会。二是非全日制研究生培养形式也更具多样性、灵活性。非全日制研究生主要采用在职不离岗的形式，利用业余时间学习，因而其招生、培养、教学、管理、组织等形式更加灵活，如采用进校不离岗制、学校与现场双导师制、注册制、完全学分制、双休日制、短期集中授课制、夜课班制等弹性学习和管理制度，以适合在职人员学习时间、地点、方式的各种要求和特点。三是非全日制研究生办学形式更具有社会性、多元性。非全日制研究生教育属于非义务教育，较少接受政府资助，其教育经费主要由社会筹款、单位融资、个人缴费等多种方式构成。

根据国际经验，非全日制研究生占研究生总量规模比例一般在20%~50%。在截至1999年我国培养出的53万学位研究生中，科学学位的约占90.1%，专业学位的约占9.1%；其中同

---

① 刘志强.高校在职教师攻读硕士学位中存在的问题及对策分析[J].黑龙江教育，2008（9）.

等学力仅占4.2%。[①]可见，我国非全日制研究生教育有很大的发展空间。

四、研究生培养模式嬗变的启示[②]

回顾多年来我国研究生培养模式的发展历史，其主要经验在于抓了研究生教育发展中的关系调整。即通过调整中央与省级政府的关系、政府与高校的关系、高校与社会的关系、学术型研究生培养与应用型研究生培养的关系、高校与导师的关系、导师与研究生的关系，使研究生培养模式中的诸多关系逐渐理顺，并不断得到改进，研究生教育整体保持平稳、快速、健康的发展。

（一）中央与省级政府在研究生教育管理中的关系调整

"文化大革命"后，为与当时的计划经济体制相适应，我国确立了以专业式培养模式为主的研究生教育体系。在这一培养模式下，我国研究生教育实行的是政府直接管理体制，并且主要是由中央政府主管，省级政府在研究生培养工作中基本没有管理权力。关于研究生培养的宏观和微观问题主要由中央设置的研究生教育管理机构决定，规模、速度、质量监控，招生、毕业、学位授予、证书发放、就业，谁能培养研究生、谁有资格授予学位的审核、审批等等一系列问题，省级政府及其教育主管部门基本无权过问，更谈不上结合本地区情况来筹划研究生教育的发展了。而不重视地方政府的力量，不注意发挥地

[①] 黄利. 非全日制研究生教育反思[J]. 博览群书，2005（5）.
[②] 参见：程斯辉，王娟娟. 改革开放30年：研究生教育发展中的关系大调整[J]. 复旦教育论坛，2008（3）.

方政府的积极性，使得国务院学位委员会及其办公室陷入沉重、繁杂的具体事务管理中，而研究生教育的宏观规划、调控及质量监控等工作则很薄弱。

  随着研究生教育的快速发展和规模的不断扩大，管理工作日益繁重，同时研究生教育发展应与地方经济社会发展相结合的要求，都促使中央必须考虑放权给省级政府，以加强省级政府对所辖区域内研究生教育的统筹。1989年国务院学位委员会第八次会议决定，在有条件的省、自治区、直辖市试行建立省一级学位管理机构。1995年江苏、四川、上海、陕西、湖北、广东六省市先后建立学位委员会，工作富有成效。国务院学位委员会于1995年5月30日正式发布了《关于加强省级学位委员会建设的几点意见》，授权省级学位委员会结合本地区情况统筹规划本地区的学位工作；负责对本地区申请学士学位授权单位及学士学位授权学科、专业进行审批，负责对已有硕士学位授予权的单位申请新增硕士学位授予学科、专业进行审批；负责对学士、硕士、博士授予等工作进行管理；负责对研究生课程进修班进行管理和监督；负责对本地区学士学位、硕士学位授权学科、专业学位授予质量以及同等学力的在职人员硕士、博士学位授予质量进行检查评估。同年4月11日，国务院学位委员会第十三次会议通过了《国务院学位委员会授权省（自治区、直辖市）学位委员会批转已是硕士学位授予单位增列硕士点的试行办法》，授权省级学位委员会："可在本省（自治区、直辖市）区域内现已有一定学科基础和学术力量的一级学科中（个别行业性很强的学科除外），审批本省所属已是硕士学位授予单位和在本省（自治区、直辖市）区域内中央部委以及解放军所属已是硕士学位授予单位申请增列的硕士点,包括可自行审批硕士点的学位授予单位在自审学科范围外申请增列的硕士点;受理并审批上述学位授予单位已有硕士点转学科、专业的申请;撤销上述学位授予单位中已不具备条件的硕士点"①。上述两个文件的发布,是改革开放十多年后中央政府与省级政府在研究生教育管理工作中的一次关系大调整。在这次关系调整中,省级学位委员会除了获得对本地区内研究生教育的管理、监督、检查、评估的有关权力外,还获得具有实质意义的有关硕士点增列的审批权,省级政府及其学位委员会在研究生教育管理上具有一定的主体地位。但由于当时省级学位委员会成立不多,中央和省级二级管理研究生教育的体制在全国范围内尚未形成。

我国初步建立研究生教育中央、省级二级管理体制,应以国务院学位委员会1997年3月5日发布的《关于加强省级人民政府对学位与研究生教育工作统筹权的意见》为标志。该意见明确肯定:"建立省级学位委员会是积极推进高等教育体制改革,实行中央和省级两级管理、以省级统筹为主的体制的成功尝试,有利于调动地方政府的积极性,促进教育更好地为社会主义现代化建设服务。"该意见提出,省级政府可以根据需要自行建立省级学位委员会或其他形式的学位与研究生教育管理机构,同时明确了其职责。此后,除少数省区外,绝大部分省级政府都成立了学位委员会等管理学位与研究生教育工作的专门机构,具体负责省级区域内的研究生教育管理工作。在

---

① 国务院学位委员会办公室,教育部研究生工作办公室.学位与研究生教育文件选编[G].北京:高等教育出版社,1999:133.

此后的十余年间，中央和省级政府在研究生教育管理上的关系调整，循着中央放权的路径不断向前发展，中央与省级二级研究生教育管理体制基本形成。但如果给予这种管理体制准确表述的话，还只能说至今形成了硕士研究生教育的二级政府管理体制，博士研究生教育以及专业学位依然是中央一级管理。如何在这方面形成中央、省级合理的分权机制，依然需要进一步探索。

（二）政府与高校在研究生教育中的关系调整

高校（应当还包括其他非高校的研究生培养单位，后略）作为研究生教育的实施主体，理应在选择什么样的研究生进行培养，选择什么样的导师指导研究生，以及培养什么样的研究生和怎样培养研究生等基本问题上有相应的自主权。但是，在研究生恢复招生之后较长的一段时间里，由于实行的是政府主管，作为研究生培养单位的高校只是执行者，基本没有自主权。政府直接掌控着研究生教育的专业设置、经费来源、导师的聘任、招生与教学计划的制订，规定着培养规格、学制与毕业要求。而完全由政府主导、实行高度集中管理，显然不利于高校积极性、创造性的发挥，不利于高校在研究生培养过程中及时主动地适应社会的要求，不利于发挥各高校的优势与特色。因此，在研究生培养模式的发展进程中，如何处理好政府与高校的关系，调动起高校的积极性、创造性便成为至关重要的问题。

为了调动高校的积极性、创造性，提高研究生培养质量，1984年经国务院批准，北京大学等33所教学、科研力量较强、办学条件较好，人才培养质量较高的全国重点高校开始试办研究生院。1995年，经国家教育委员会批准上述单位正式建院。1995年10月9日，国家教育委员会正式印发了《研究生院设置暂行规定》，确定选择具有较高办学水平和良好的办学基础，整体实力和本科教育水平在全国同类高校中居于前列，在国内外具有一定影响的高校中设立研究生院，作为高校组织实施研究生教育工作的管理机构。该规定具体对研究生院的职责进行了明确：研究生院拥有组织学校研究生教育改革、开展研究生教育研究、制定学校研究生教育发展中长期规划和年度招生计划、制定研究生教育各项规章制度、遴选研究生导师、对研究生教育和学位授予质量进行检查和评估、参与制定学校学科建设规划、做好研究生教育管理的日常工作等重要职责。可以说，《研究生院设置暂行规定》的颁布，是政府与高校在研究生教育上的一次关系大调整。尽管就全国承担有研究生培养任务的高校而言，允许设立研究生院的高校不多，但赋予设置研究生院的高校诸多职责，是对高等学校实施研究生教育主体地位的认可，自此，高校在研究生教育中有了一定的自主权。2000年，教育部又批准22所高校试办研究生院。随着改革开放的深入，研究生院获得了单独自行审批硕士点、自主遴选博士生指导教师的权力。近年来，国务院学位委员会授权"985工程"建设学校在一级学科范围内自主审核二级学科博士点，并在北京大学、清华大学进行了改革试点，高等学校的自主权进一步扩大。总体看，目前设有研究生院的高校与政府在研究生教育上的关系有了很大调整，二者之间的关系已趋正常，政府宏观指导、调控，高校自主办学的格局基本形成。但就"211工程"建设高校与政府在研究生教育上的关系而言，还有待进一步调整；至于更多参与研究生培养的高校与政府的关系的调整，则还有较长的路要走。这些高校如何从政府那里争取研究生教育自主权？政府向这些高校如何放权，放什么样的权，放权之后能否进行有效的质量监控？这依然是需要加以研究和明确的现实问题。

（三）学术型研究生培养与应用型研究生培养的关系调整

研究生恢复招生不久，1980年2月12日第五届全国人民代表大会常务委员会第十三次会议通过并颁布《学位条例》，确定我国学士、硕士、博士学位的规格标准。在这种规格标准引导下，我国研究生教育在20世纪80年代基本处于学位类型单一、偏重理论性和学术性的状况。研究生教育尤其是硕士研究生教育，更多的是适应教学、科研人才的培养要求。随着我国社会主义现代化建设事业的快速发展，高层次应用型人才需求日益增加，研究生尤其是硕士研究生培养类型单一、偏重理论和学术性的特征，越来越表现出与社会需求的不适应性。因此，研究生教育必须进行改革，尤其是研究生培养要进行重心转移，从学术型或教学科研型，调整到应用型、复合型人才的培养上来。80年代中后期，国家开始探索工程类硕士、临床医学博士、财经政法等应用型研究生的培养，并于1990年设置了第一种专业学位——工商管理硕士。到1996年国务院学位委员会印发《专业学位设置审批暂行办法》时，又设置了建筑学专业学位（1992年批准设置试办）、法律硕士专业学位（1995年批准设置试办）。增加应用型高层次人才的培养是适应国家对高层次应用型人才需求的迫切需要，同时也是适应国家研究生教育发展趋势的要求。为了规范专业学位的发展，促进应用型人才的培养,在总结已办工商管理硕士及建筑学类等专业学位经验的基础上,1996年7月国务院学位委员会第十四次会议审议通过了《专业学位设置审批暂行办法》,明确了专业学位的性质、层次、设置要求和审批程序。这一办法的颁布,确立了我国专业学位在学位类型中的地位,使我国研究生教育学位类型单一的状况得以改变,学术型与应用型两种学位类型并存的格局基本形成,由此也形成我国研究生教育中学术型人才与应用型人才培养两种既有联系更有区别的培养模式。

学术型学位与专业学位的明确及其在我国研究生教育学位类型中的关系调整,加快了社会急需的复合型、应用型高层次专门人才的培养。《专业学位设置审批暂行办法》发布之后,教育硕士专业学位、工程硕士专业学位、临床医学专业学位、农业推广硕士专业学位、兽医专业学位、公共管理硕士学位等专业学位相继设置,如前所述,2011年我国设置的专业硕士学位已达39种,形成了比较全面的高层次应用型人才培养体系。

为了促进各行业应用型高层次专门人才的培养和成长,自1985年开始,国家为未能接受研究生学历教育但具有较高学术水平和专业技术水平的在职在岗人员,开辟了以研究生毕业同等学力申请硕士、博士学位的渠道。1986年9月,国务院学位委员会办公室发布了《关于在职人员申请硕士、博士学位的试行办法》,经过对随后试行情况的总结,到1998年6月,国务院学位委员会第十六次会议审议通过并颁布了《关于授予具有研究生毕业同等学力人员硕士、博士学位的规定》,这标志着在职人员以同等学力申请硕士、博士学位制度的正式建立。这一制度的建立,极大地调动了广大在职在岗人员继续学习的积极性,是对学术型研究生培养和应用型研究生培养之关系调整后的进一步完善。

(四)高校与社会的关系调整

高校与社会的关系经历了一个由疏远甚至隔离到逐渐加强的调整过程。1978年到20世纪90年代初,高校及其他研究生培养单位的研究生教育与社会,尤其是与社会企业生产部门的关系总体上处于疏离状态。这虽然与整个教育体制改革尤其是办学体制改革进程有关,但其中的一个趋向是:构建以政府办学为主体、社会各界共同参与办学的体制中,似乎不包括社会参与举办研究生教育。直至1993年2月13日中共中央、国务院印发《中国教育改革和发展纲要》,明确提出改革办学体制,逐步建立以政府办学为主体、社会各界共同办学的体制,"高等教育要逐步形成以中央、省(自治区、直辖市)两级政府办学为主、社会各界参与办学的新格局"[①]。国家教育主管部门才开始着手调整高校与社会有关部门团体的关系。1995年11月30日,国家教育委员会发布了《关于进一步改进和加强研究生工作的若干意见》,提出要进一步推动高等学校和科研机构联合培养研究生,明确表达了研究生培养以高校为主,但要注意发挥科研单位、企业积极性的主张,要求"加强研究生培养单位与生产企业、社会用人单位的合作,建设并形成新型的教学、科研、生产三结合基地"[②]。同时还提出,研究生培养单位可根据需要聘请实际工作部门或单位中符合条件的专家共同指导研究生、进行联合培养。自此,高校与生产企业、社会用人

---

① 何东昌.中华人民共和国重要教育文献1991—1997[G].海口:海南出版社,1998:3469.
② 国务院学位委员会办公室,教育部研究生工作办公室.学位与研究生教育文件选编[G].北京:高等教育出版社,1999:47.

单位的联系开始加强,在研究生的培养中,高校开始重视并注意发挥生产企业、社会用人单位的作用,社会生产企业和用人单位也开始关注支持并一定程度地参与研究生的培养。

但总体看,在研究生教育发展进程中,高校与生产企业、社会用人单位还没有真正形成紧密的合作关系。2002年在《学位与研究生教育》杂志公开发表的《中国学位与研究生教育发展战略报告(2002—2010年)》(征求意见稿)中就承认,研究生教育与社会的结合不够紧密,并提出了加强结合的有关思路。概括起来主要有三条:其一,政府应通过宣传教育、政策优惠、减免税收等方式,鼓励各类企业、社会团体、基金会等社会组织和个人兴资办学、合作办学、捐赠助学,最大限度地调动社会和个人参与研究生教育的积极性;其二,争取地方政府、企业部门、社会团体、民间机构以及社会个人等投资研究生教育,培养单位要通过各种方式肯定集资单位的贡献,要鼓励和支持培养研究生的高校与社会团体联合办学,建立研究生培养基地和以培养研究生为目标的科研机构;其三,要鼓励社会各界参与对研究生教育质量的监督。由于举办研究生教育的科研学术水平、师资水平要求很高,加上没有实际的鼓励政策出台,目前社会单位与高校合作举办研究生教育、社会有关单位和个人投资研究生教育,以及捐资资助研究生教育的局面还远没有形成,社会用人单位广泛参与研究生教育评估的进程仍然缓慢。因此,高校与社会之间构建相互依托、相互支持、相互合作之关系的任务依然很重,其关系调整依然有很大的可为空间。

(五)高校、导师、研究生之关系调整

高校、导师、研究生三者之间的关系是研究生教育中非常

重要的关系。高校是研究生教育活动的组织与学科专业的依托，导师是联系高校与研究生的纽带、桥梁，研究生则是高校研究生教育活动能够存在的前提与基础。研究生教育活动中高校、导师、研究生三者之间的关系具体可从两个方面来考察。

就高校与导师的关系而言，改革开放三十多年间总体上处于高校主导、导师有责无权的状况。当高校从政府那里获得硕士或博士授予学科的审批权，硕士生导师、博士生导师审批等权力之后，能否成为研究生指导教师便由高校自主决定，高校一般会根据教师的专业素质、健康状况、道德素养等方面的综合情况，来确定导师指导学生的人数和指导方式。导师虽然参与研究生培养计划的制订和研究生培养过程的指导，但导师主要是学校所定研究生培养计划的执行者，而主动参与研究生教育事务的机会和权力有限。因此，进入21世纪之后，研究生导师与高校之间的矛盾便时有暴露，出现了导师要求自主选择学生培养的呼声，有导师拒绝接受由国家或学校按统一考试划定分数为其录取的学生，甚至有导师在拒绝不成之时，声明退出导师队伍。有鉴于此，近年来由教育部主导推进的研究生培养机制改革试点工作，明确提出要建立研究生培养的导师负责制，扩大导师在研究生招生和培养中的自主权以及在研究生教育决策中的知情权、参与权，赋予导师享有学术自由、教学自由、推进研究生培养改革等方面的权利。与此同时，强化导师对研究生培养全面负责的意识，其中还包括经济责任意识，即明确要求导师承担研究生培养过程中的资助责任。可以看出，这次正在逐渐推广的研究生培养机制改革，是高校与导师之关系的一次大调整，其中高校将研究生培养中有关权力下放给导师，使导师真正成为研究生教育的主体、拥有相应的自主权是值得肯定的。但高校在明确导师责任制的同时，要求导师承担研究生培养的一部分经济责任，还有进一步研究的必要。如果不区分导师所在的学科性质，对文科、理科、工科、医科等学科的导师提出一样的经济责任，对从事基础学科研究、应用学科研究的导师提出一样的资助要求，有可能损害人文社会科学、基础学科导师的积极性，进而有违明确研究生导师负责制的初衷。

就导师与研究生之关系而言，自恢复研究生招生，就明确了实施导师制度。导师的职责主要有：指导研究生确定课题，在研究工作过程中对关键问题予以指导，保证研究生应有的工作条件，关心研究生的研究过程，审定研究生的研究成果并对研究生的水平做出评价，在制订培养计划、年度学习计划、论文写作计划等方面发挥主导作用。概而言之，就是直接指导和检查研究生的科学研究和学位论文写作，全面关心研究生德智体诸方面的发展与成长。总体看，导师制的实施，为研究生的成长提供了较有利的环境，也有利于培养质量的保证。但导师制在实施过程中主要表现为一种师徒式，有较明显的局限性；它虽然有利于研究生对导师及其所从事的专业形成忠诚，但有可能使学术研究限制在狭窄的范围内，阻碍学术交流与创新；它虽然有利于研究生与导师之间建立情感和导师树立权威，但有可能促使导师误用或滥用这种情感和权威；它虽然有利于导师个体积极性的发挥，但有可能忽视其他教师的力量，尤其是影响导师指导小组作用的发挥。随着研究生教育规模的快速发展和改革进程的加快，随着研究生自主意识的增强，调整导师与研究生的关系便成为新世纪研究生教育改革的重要内容。

为了调整导师与研究生的关系,激发导师指导的积极性和研究生学习的积极性,近年来不少高校推行导师与研究生双向选择的制度,赋予研究生相应的自主权,承认研究生有权根据自己的性格特点、兴趣特长、学习习惯和学习方法自主选择学习年限、自主选择指导教师。同时,进一步明确导师指导小组的责任,强调发挥导师指导小组集体参与指导的作用,甚至出现了以导师指导小组名义招生的改革举措。可以预见,传统的导师与研究生之间的师徒式关系正在被打破,今后研究生与导师一对一的关系更多地会被一对多的关系所取代。

第四章
发达国家研究生培养模式

发达国家的研究生教育在产生与发展过程中形成了不同的模式。学界依据不同的标准,将研究生培养模式划分为诸多类型,但在具体的实施过程中,在研究生教育发展的不同历史时期和不同区域,所形成的所谓某种培养模式是就其主要特征而言的,因为各种模式都有着一定的共性特质。当然,研究生教育的实践往往与文化传统和教育传统密切联系,即使是同一教育模式,在不同的国家也可能有不同的培养模式,也就是一定的培养模式有一定的个性特征。

本章对发达国家研究生培养模式的概论,紧紧围绕"培养什么样的研究生"和"怎样培养研究生"这两个核心问题而展开。从培养过程展开的一般序列来看,研究生培养模式的构成要素包括培养目标、招生选拔、培养方案与课程教学、指导方式、科研训练、学位论文、学位授予等。

德国、英国、美国、法国、日本这五个发达国家在高层次人才需求及竞争激烈的全球背景下,尤其重视研究生教育,且在各国不同文化生态背景以及不同研究生教育理念影响下,历经长期发展过程形成了各具特色的研究生培养模式。同时,随着经济全球化和信息化时代的飞速发展,各国在高级人才需求规格上的趋同性,以及各国之间的国际化交流程度越来越深越来越广,使各发达国家的研究生培养模式改革趋势具有一定程度的共向性。本章选取上述五个国家的研究生培养模式进行比较研究。

一、德国研究生培养模式

在德国大学科学发展理念基础上建立的研究生教育制度,体现的是一种对学术的自我追求,一种对功利与世俗的超脱性。德国研究生教育的特征,基于传统的古典大学观而具有未分化性,体现为大学里几乎所有教学和学习都被认为是高级的,因而德国实质上不存在单独的"研究生教育"这个概念,博士是大学唯一的高级学位;大学理想除了要求把科研和教学联合起来之外,还包括"通过哲学把各种经验科学联合起来","把科学和普通教养统一起来",以及"把科学和普遍的启蒙结合起来"①,德国研究生教育因此缺乏一种明确的目标和功能定向。这一特征既使德国成为现代研究生教育的发源地,创造了德国研究生教育的辉煌历史,也给其发展带来现实困境,出现了诸如学位教育因为学习年限过长而负担过重,科学后备力量培养周期过长等问题。因此,博士生教育改革与创新的要求已经提上议事日程,并得到联邦和各州政府的大力支持。

而事实上,德国研究生教育的长期发展证明了其体系仍然具有很强的吸引力,研究生教育制度具有自身的优越性。在洪堡原则的指导下,德国的博士生教育逐渐形成以师生双向自由选择为机制、以师傅带徒弟的个人负责的导师制为核心,以纯学术研究的博士论文为依归、以学生自主学习和研究所或探讨

---

① 伯顿·克拉克.探究的场所——现代大学的科研和研究生教育[M].王承绪,译.杭州:浙江教育出版社,2001:22-23.

班为主要教学方式且花费时间较长的培养模式。该模式在历史上为德国培养高规格、高质量的博士做出了巨大贡献,奠定了德国研究生教育的历史地位,曾是各国效仿的楷模。传统的德国博士生培养模式虽有其鲜明的特色和优点,但在科学技术飞速发展,各发达国家在经济、科技和教育方面的竞争日趋激烈的新形势下,其可以支撑传统培养模式的有利条件逐渐丧失,而暴露出明显的不足。如单一导师制不利于博士生在学术视野、知识结构上博采众长;无系统的课程学习,不利于博士生掌握坚实宽广的基础理论;等等。

因此,当前德国大学在历史和现实统一的基础上重新审视其传统,成为研究生教育改革的关键问题。"从传统走向未来",这是德国历史最悠久的海德堡大学1986年庆祝建校600周年时提出的口号,其中所蕴含的高教改革思想使它很快赢得广泛而热烈的反响。在这一浪潮推动下,德国自20世纪80年代中期以来采取了若干重大举措实施研究生教育改革,采他人之长避己之短,从培养目标、指导方式到学位授予各环节都做出了重大调整,以图克服上述弊端,加速高层次人才培养。

(一)培养目标:从纯理论研究者到工程应用研究者

传统上,德国研究生教育吸收了中世纪行会艺徒教育中师傅带徒弟的做法,形成了独特的学徒式研究生教育模式。在这一教育模式下,德国把博士生教育视为培养学生从事科学研究的主要阶段,其目标在于培养能从事教学和科研的工作者。19世纪中叶和下半叶,德国博士生教育目标主要是培养纯理论研究者。这一目标,反映了19世纪初新大学运动以来的大学理想和当时科学发展的需求。

到19世纪末期,由于第二次科技革命的影响,形成了技术科学。技术科学是联系纯科学与生产的桥梁,对二者的发展都起到了关键性作用。这时德国出现了一批工科大学,其中柏林大学、亚琛工业大学和汉诺威大学三所工科大学于1899年获得博士学位授予权,开始了工科博士生教育的历程。因此,博士生教育目标摆脱了纯科学观念的束缚,而转向培养工程或技术研究者或专门人才,在强调理论与实践相结合、教学与科研相结合的前提下,突出博士生的科研训练,着重培养其在工程实践中的独立工作能力和创新能力。

(二)招生选拔:严格选拔,注重能力

德国是典型的欧洲式招生方式,虽然没有统一的入学考试,招生录取的外部环境比较宽松,但事实上德国对研究生的能力考核或入学资格要求相当严格。招生选拔过程一般分为三个方面[①]。

一是确定申请者的入学资格。从理论上讲,凡学术性高等学校包括大学、技术大学、医学和兽医学院、神学院、师范学院、音乐和艺术体育学院等的毕业生,均有资格申请攻读博士学位。在这一前提下,各学术性高等学校博士学位规则对申请者提出具体要求。以慕尼黑大学物理学系对博士入学条件的规定[②]为例,慕尼黑大学物理学系要求攻读博士学位者必须具备的资格是,具有普通的或有关专业的高中毕业文凭,正规大学毕业,通过了大学或与大学同类的高校的专业考试,成绩至

---

① 参见符娟明,迟恩莲.国外研究生教育研究[M].北京:人民教育出版社,1992:284-285.
② 慕尼黑大学物理学系博士学位条例[G]// 王忠烈.外国学位与研究生教育法规选编.北京:中国人民大学出版社,1999.

少为"良好",在慕尼黑大学至少学习了两个学期。如果不是正规大学毕业或者没有通过专业考试,则必须通过申请参加慕尼黑大学物理学系组织的博士学位预考后才能被录取。博士学位预考包括一门主科和两门副科,以口试答辩方式进行,由硕士学位考试委员会主席聘请系里的三位教师担任考官。预考的三门课程需在两周内完成,若申请人博士学位预考未能通过,可申请补考一次,补考仅限于未通过的课程。预考通过后,方能进入慕尼黑大学物理学系攻读博士学位。

二是师生的双向选择。符合条件的大学毕业生并愿意攻读博士学位者,均可以申请攻读博士学位,但能否录取,则取决于是否能够找到愿意招收自己为博士生的导师。一般来说,导师招收博士生,首先要有科研课题,在科研课题和课题研究经费落实以后,导师即以招聘科研助手的名义来招收博士生。准备攻读博士学位的申请人事先选择一位指导教师,并提交一份读研期间拟从事的研究内容的计划书,经导师与申请人面谈,导师对申请者的申请材料,包括已经发表的文章和在大学里的成绩等进行初选,并进一步了解学生的学术方向、研究兴趣。这一选择过程一般通过对话或口试实现。很多教授在给本科生授课期间,对学生的学习情况已有一定程度的了解,一些资质颇佳的学生也会得到教授的青睐。有时,教授会主动与某些学生交流,介绍自己的研究方向,希望他们毕业后攻读博士学位,做自己的博士生。如果学生也有这种愿望,那么,他们以后就可以在这名教授的指导下开始博士生阶段的学习了。

三是正式申请。在师生双方达成协议的基础上,由学生向系主任提交攻读博士学位的正式书面申请,内容包括一份用德语撰写的个人学历及各年级考试成绩、语言知识证明、一份说明申请者是否有过攻博失败经历的证明（如果有，要注明时间和地点）、一份有关与导师达成的论文及工作领域协作关系的简要报告和一份导师愿意指导申请者论文的书面通知书。系博士学位委员会受理这些材料后，只对申请者的资格及教授所擅长专业与指导博士论文专业是否对口进行审查，如果一切符合要求，则博士生的资格生效，学生就可以在导师指导下开始进行科研与学位论文工作。

对招收的人数及最终录取人员，原则上是教授基于研究所的经费、申请者的科研能力及研究兴趣、方向的考虑而自行决定。此外，在一些高校学位规则中，进一步明确了博士生的录取要求，如规定导师的认可已不能作为录取的唯一条件，还必须经系学位委员会考核认可。一般来说，教授在选拔博士生时，首要注重的是其在硕士论文阶段所表现出来的科研素质和实际能力，兼顾其学习成绩。当通过面试，作为助教被录用后，尚须继续考察1~2年。如认为不堪深造，仍可解除合同，这种淘汰率平均达20%~30%。

（三）课程教学：课程无足轻重，教学注重研讨

博士生在4~5年的学习期限里没有必修课，但可以根据自己的需要和兴趣选听课程。博士生只须完成一篇有足够水平和创见的论文，并通过口试和答辩，即可获得博士学位。在德国式研究生院建立以后，一个重要改进措施是吸收美国模式的长处，设置一定课程，其形式灵活多样，包括本校和外聘专家的授课、短期讲座和研讨班等。研究生院的培养方案是：第一年主要用于课程学习，包括基础课和前沿性的专业课，课程结束后要进行考试。

但总体上来看,德国学徒式研究生培养模式的惯性牵引力仍然很强大,课程学习被看作无足轻重,也没有对课程学分的严格要求。即使有的学校为博士生开设了课程,但这些课程均属于研讨性质,且涵盖科目较少,学生只是自愿参加。20世纪80年代末,出现的以跨学科专业课题研究为特征的研究生院的培养方法,虽然也做出博士生必须接受系统的课程训练的要求,但接受这种培养方式的博士生还只是极少的一部分,比例大致为10%。

(四)导师遴选与指导方式:严格遴选教授,单一导师指导制仍发挥着重要作用

德国研究生培养非常重视导师的作用,德文中博士生导师是"Dok to vater",意思就是博士的父亲。严格的遴选程序和对学术水平的极高要求,保证了博士生指导教师的质量。虽然随着社会经济的发展,导师与博士生之间的师徒关系也在逐渐发生变化,但密切的师生关系仍然是德国研究生培养模式的一个重要特征。

1. 遴选高水平教授

根据德国各州高等学校法和高等学校博士学位规则,凡学术性高等学校的教授、名誉教授和私人讲师,包括外聘的兼职教授和已取得教授资格但尚无席位者,均有资格指导博士生。一般每一研究所只设1~2个教授席位,且为终身职。当有空缺职位时,则公开登报向社会招聘,而且特别倾向于来自企业界,既有实际工程和管理经验又有很高学术水平的人选,为避免"近亲繁殖",一般不考虑本校的人选。在德国,教授职位的取得很不容易。

第一，教授必须具有博士学位，并参加教授备选资格考试。博士学位获得者必须在大学工作五年以上，才有资格参加教授备选资格的考试。资格考试由口试和笔试组成，笔试除教授备选资格论文外，还包括公开发表的学术著作。笔试评审合格后，还要求在其所研究的学术领域的全体教授面前经受一场严格的口试，此外还必须做几次漂亮的演讲。如果这一切都得到教授们的满意，才意味着通过了教授备选资格考试，取得了教授备选的资格。但取得教授备选资格后，还只能作为私人讲师在高校从事教学和科研工作，并等待受聘。私人讲师与教授的区别，只在于受聘与未受聘的差别。

第二，私人讲师只有在教授缺额的情况下，才有可能通过招聘成为教授。当高校教授缺额需要招聘时，由有关专业领域向校长办公室提出申请，由校长办公室根据专业领域的建议发出招聘通告。按规定由专门的教授资格审查委员会从大量应聘人员中遴选三人，对三位候选人从学术水平、教学能力和个人品质等方面进行全面透彻的考察，有时还须经公开答辩，然后排出顺序，报请州政府确定最后人选并批准任命。州政府若认为三人均不合格，则将其驳回并要求重新遴选。

2. 研究生院维护个人负责和集体负责相结合的导师制

德国式研究生院的建立，为博士生培养开辟了新的路径。德国式研究生院不是一个常设机构，而是类似于课题组，围绕着某个课题组建，也随着课题的终结而解散。它一般由10~15名教授和15~20名博士生组成，教授来自不同但相近学科，在研究生院共同进行某一课题的研究。德国大学教育内部组织实行讲座制，由一名学术水平高的教授负责，下属若干副教授和助教。德国博士生教育是在讲座附设的研究所进行的，教授的权威地位在博士生培养过程中显得尤为突出，导师的指导主要包括论文选题、科研与论文写作以及论文评审等方面。研究生院制客观地将个人负责的导师制改为将个人负责和集体负责相结合的导师制，教授们对同专业或同方向的博士生进行集中指导，学生也可以向任何一位导师请教。

3. 导师指导在培养过程中发挥重要作用

（1）学位论文选题指导。博士生的中心任务是承担课题，进行科学研究，用较多的时间从事课题研究。博士生学位论文的内容通常是研究课题所需要的实验部分或者子题目。教授在申请到研究课题，登广告公开招聘科研助手时，一般要注明通过科研工作，研究者有可能进行博士学位论文研究，进而获取博士学位。因此，博士生被批准攻读博士学位时，事实上就已经明确了科研的主攻方向以及学位论文的选题。德国的一些大学如图宾根大学、柏林自由大学等，要求博士生在提交入学申请时，就同时提交论文计划。论文计划类似于开题报告，在计划中申请者阐明研究目的和意义，进行文献综述，列出工作计划和时间安排表。

导师在学位论文选题上起着较大的作用。联邦德国教育和科学部1986年的统计结果表明，在数学、电子学、化学、生物学和机械制造等专业领域，约有70%~80%的博士学位论文题目均来自导师的建议。而在经济学、法学、政治学等专业领域，来源于导师建议的博士论文题目也占到总数的50%左右。①

（2）学位论文的过程指导。博士生在确定论文题目后，开始进入科研和论文撰写阶段。在这一阶段，由导师根据博士生学位论文选题的特点，以及与科研项目的接近程度采取灵活的方式进行指导。根据1986年的统计，约有26%的博士生每周一次或多次与导师见面，接受导师对论文工作的指导；20%的博士生为每月一次，21%的博士生为每季度一次，15%的博士生为半年一次，而另有约14%的博士生与导师交流的次数更少，平均为一年一次。而经常得到指导的博士生，其完成论文的时间平均只需3.4年；三个月接受一次指导的博士生，完成论文平均需要4.4年；而一年也难接受一次指导的博士生，完成论文则平均需要5.8年。②由此可见，师生关系的亲疏、接触次数的多寡直接影响着博士生出成果的快慢以及博士生学位论文的质量。当然，导师的指导不是代替博士生的科学研究和论文写作，而是主要体现在研究方法、材料与数据的收集和整理、论文体例的确定、理论分析和得出结论以及论文写作技巧等方面的指导。

（3）学位论文的全面审查。博士生在申请答辩时，系博士学位委员会需指定两位或两位以上的论文评阅人对其论文做评审，只有当论文被评审通过，才准予博士生参加论文答辩。在博士学位委员会指定的两位论文评阅人中，导师常常是第一评阅人。在给博士论文评阅过程中，导师还可以对论文提改进

---

① 符娟明，迟恩莲.国外研究生教育研究[M].北京：人民教育出版社，1992：286–287.
② 符娟明，迟恩莲.国外研究生教育研究[M].北京：人民教育出版社，1992：287–293.

或修改意见,发挥其最后对博士生培养的指导作用。

(五)科研训练与学位论文:科研活动以论文研究为中心,重理论与实践相结合

德国博士生教育重视博士生的理解力和创造力,认为学生是教育过程的主体,需要充分发挥其能动性,重视学生的独立科学研究。同时,研究生教育是培养研究者的活动,而研究者的实质在于能独立地进行科学研究和发现。博士生的中心任务就是科研、撰写博士论文,同时,博士生作为导师课题组的主要成员和讲座内的助教,直接参加科研实践和教学实践活动。

1. 强调自主学习,独立创新

德国的博士生培养主要是通过让学生进行科研和为教授当助教的形式,靠学生独立学习和钻研,来提高其科研能力和实际工作能力。在传统意义上德国认为,为博士生教育开设一定的课程,反而限制了学生的思维,而科学研究的任务自然会驱使学生自觉地去了解和掌握研究领域的基础知识、已有成果、最新研究方向和研究方法等,这样更有助于促进学生的主动性学习和创造性研究,有利于提高人才的培养质量。这种研究生培养模式是一种导师指导下的自学形式,导师的指导有利于师生间的学术交流和学生对研究方向和研究方法的把握,而自学形式更有利于学生主动性和创造性的发挥。这对高层次人才的精英教育是非常理想的,尤其适合对博士生的培养。不过,针对这种培养方式并不很适合研究生的规模发展和应用型研究生的培养等问题,目前德国已开始注意应用型研究生的培养问题。

2. 通过助教、助研等形式，加强科研训练并重视理论与实践相结合

德国高等教育从大学阶段开始就十分重视基础、重视实践，研究生的培养更强调理论与实践相结合、教学与科研相结合，突出博士生的科研训练，着重培养其在工程实践中的独立工作能力和创新能力。博士生在4~5年的学习期限里，主要学习途径是参加学术活动、参加导师主持的科研项目或导师组织的博士生讨论会。尽管博士生也参加一些专业的研讨课及选修少数课程，但在制度上并没有课程或学分要求，也没有专门的研究生课程。博士生一旦被录取，就在导师指导下，开始博士论文专题的科研工作。在开始的1~2年内主要是协助导师上课，如带实验、改作业、答疑等，以后几年主要是撰写博士论文。而事实上，德国博士生的学习和工作是以博士论文为中心进行的。博士生在入学时就已经选定论文题目，随后不论当助教或听课，或是参加科研活动，都是围绕着论文展开，博士论文是博士生最主要的学习成果和研究成果。

德国博士生绝大部分来自在高校中的兼职人员，即担任助教或助研，从而形成占主导地位的助教或助研博士生培养体制。博士生担任助研工作，一般是承担所在研究所的一部分科研或辅助的科研任务，特别是作为导师课题的主要成员，承担其中的部分任务。这种助研工作有利于博士生独立的科研能力的培养，有时，其博士学位论文就是助研工作的一部分。博士生担任助教，主要是为本科生开设某些辅助性课程，并要求带实验和指导本科生的毕业论文或毕业设计。这种助教工作，不仅可以解决研究生学习期间的费用问题，以及让学生有更充足的时间专心从事科学研究,而且也有利于教学工作和博士论文或科研项目的充分结合。同时,德国的博士生通常都是在职攻读,即在本系、本研究所担任各种各样的教学和科研工作,受雇于学校或参加科研项目,边工作边写论文。

3. 科研课题紧密结合生产实际

研究生所从事的课题大多密切结合生产实际,除少量由德国研究联合会(DFG)资助的基础课题外,主要为应用科学技术课题,因而大部分研究可获得工业界资助,研究课题也都需解决实际应用问题,其成果应具有直接的社会效益。博士生培养,特别是工程技术方面博士生培养的突出特点是"注重实践,独立创新",毕业后大部分走向工矿企业部门,直接为公司企业新产品的更新换代和新技术、新工艺的研究开发服务,因此,他们为使德国工业技术能在世界上保持先进水平,发挥了骨干作用。

4. 从学位论文答辩到学位授予要经过严格的审查程序

学位论文撰写是对博士生进行科学研究全面、综合训练的重要方式,是培养博士生创新能力,综合运用所学知识发现问题、分析问题和解决问题能力的主要环节,也是博士生创新精神、实践能力和科研水平的集中体现。不过,在完成学位论文、进入答辩环节之前的这段时间里,还需要经过比较繁复的程序。

(1) 博士资格审查。在博士生完成博士学位论文,准备提交答辩之前,德国的一些高校规定,论文必须全部或部分发表过才可以提交答辩,而有的学校规定论文中的任何一部分都不得发表才可以参加答辩,也有的学校对此没有限制。在博士学位论文符合规定,并经导师同意后,由博士生向院系提出申请并提供所要求的各种材料,院系委员会审核各种材料准确无误后，就由院系主任批准申请人开始论文的答辩过程。博士生开始博士申请过程的第一步是博士资格审查，在这一环节，博士生需要首先向系主任书面报请批准攻读博士学位，并附上如学历证明、博士生身份的证明、独立完成论文的说明等材料。具体材料有：一份注明学历，如有必要，还需注明就业情况的简历；具有所规定的大学毕业文凭及在所申请攻读博士学位大学学习的证明；如果使用的考试语言不是德语，需提供系主任批准使用的考试语言的证明；可交复印的博士论文一式八份，以及一份论文提要的复印件；申请人关于是否有人指导和由谁指导博士论文的证明；申请人保证他独立完成博士论文的证明，说明除了已注明出处的材料外，他没有用其他的材料，并标明引自参考书的文字或内容的段落；如果博士论文不是用母语写成，还需申明是否有人和有谁协助其对博士论文进行修辞；申请人关于他是否从未通过类似博士学位考试的申明；申请人关于他是否向其他的考试委员会呈交过博士论文的全部或主要部分的申明；官方出具的关于申请人的品行证明。

另外，德国有些大学还可以让博士生建议学位论文评审人选。例如柏林技术大学规定博士学位论文的评审人可由博士生本人提出建议，在提交申请材料时，还可附上聘请两位博士论文评审人的建议，并陈述理由。

以上这些材料提交后，由系务委员会审核，如果情况说明不清楚，或者要求提供的材料不全，系主任应以书面形式要求申请人在适当期限内补齐材料，如果提交的所有材料准确无误，则由系主任批准申请人进入评审与答辩过程。

（2）论文评审。博士学位考试委员会与博士学位评审委员会主管论文评审工作。博士学位评审委员会由本系所有的教授以及具有任教资格的专职教师组成,系主任担任评审委员会主席。在对博士生所提交的申请材料进行审核后,系主任立即向博士学位考试委员会成员各发一份博士论文。系主任在向考试委员会成员分发博士论文的同时,聘请两位博士论文评审人,博士生导师担任第一评审人,委员会中的另一名成员为第二评审人。如果论文的内容属于边缘学科,系主任必须委任一名相关学科的教授作为第二评议人。评审人应在两个月内提交对论文评审的鉴定意见,鉴定意见上应注明考生成绩,多数大学采用5分制,1分最好,5分最差,及格分数在3.5~4.5之间。鉴定意见还应当提出对论文的评估建议,即通过、通过但在发表前应做修改、退回修改以及拒绝博士论文。两位评审人对博士学位论文的鉴定意见一致时,将进入评审的下一环节,如果两位评审人的鉴定意见分歧较大,则由系主任委任第三名评审人,然后三名评审人遵循"少数服从多数"的原则做出决定。

在收到评审人的鉴定意见后,系主任首先将评审人的鉴定意见送给博士学位考试委员会中未被聘为评审人的成员之间传阅,并要求他们在一周之内对博士论文提出意见,按规定写出符合实际和有论据的评语,并提出评分建议。同时,系主任将评审人对论文的鉴定意见复印后与论文一起放在系办公室展示两周。在展示期间,系里的每一位教师特别是博士学位评审委员会的成员,均有权审阅博士论文,并写出符合实际的评语。

如果评审人的鉴定意见、博士学位考试委员会成员的评分建议以及评审委员会的评语均没有反对意见,那么博士论文则视为已通过。如果所有的建议均为不及格,则博士论文被拒绝通过。在博士学位论文被拒绝的情况下,应向博士生书面陈述拒绝的理由,并告知学生进行法律咨询的途径。在评审人的评分建议一致,也未出现考试委员会成员及教师对之有不同意见的情况下,评审人的评分则作为博士论文的评分。相反,如果在鉴定意见或评语中对博士论文有不同意见,则要求博士学位考试委员会召集会议,对是否通过、通过但在发表前做修改、退回修改和拒绝博士论文,对博士论文的评分,或是否在本系教师中或校外聘请其他评审人等问题进行讨论并做出决定。

考试委员会在召集会议时,必须有多数委员出席才能举行会议,对博士学位论文的决定采取公开投票的方式,不能投弃权票、无记名票和请其他人代为投票,最后按照多数票的意见做出决定。如博士论文既未通过,也不是被拒绝,则意味着博士学位考试委员会要求博士生对论文进行修改或补充。博士论文被退回要求申请人修改时,系里保留一份博士论文存档,要求博士生在两年之内呈报修改后的博士论文,也可以呈报重新撰写的博士论文,如原博士学位考试委员会成员还在任,修改后的或新撰写的博士论文仍须提交他们评审。如果论文评审通过,则应至少提前八天书面通知申请人准备参加口试和答辩。

(3) 口试和答辩。学位论文评审通过后,博士生一般既要参加论文答辩,又要进行专业领域的知识性口试。各高校对口试与答辩两种形式可以只取其一,也可以结合进行。现在许多高校都将口试和答辩分开进行,例如汉诺威大学就是将答辩和口试分两次进行。口试与答辩是对博士生学术水平的一次重要检验,它不仅要求博士生必须写出一篇高水平的学位论文,同时要求博士生对本学科和相关学科的知识有广泛的了解,

"这种方式对于促使博士生同时兼顾学术上的'深'与'广'具有非常积极的意义"①。

答辩委员会主席由系主任担任，成员包括论文评阅人及本系教授委员会成员。负责口试的考试委员会由系主任或代理人、导师、一名本系教授及两名副课教授共五人组成。答辩内容涉及论文本身和与论文相关的专业知识，口试并非仅仅是论文的答辩，而是对博士生专业知识的全面考核。口试内容包括博士生所学专业的主修课程和两门辅修课程，只要其中有一门不及格，则整个口试失败（可在一年内补考一次）。有的学校还要求答辩前须做一个一级学科范围内但与博士论文内容完全无关的学术报告，以考察其知识面，甚至还规定答辩前须有在国际重要刊物上正式发表的论文。这些措施给博士生施加了相当大的压力，激励他们平日勤于探索，扩大知识面。

如果口试和答辩通过，博士生将得到一个由论文成绩和答辩及口试成绩加权所得到的总分数，前者占80%，后者占20%。答辩或考试不及格者均可在半年至三年内重新答辩或补考一次，合格者颁发学位证书，授予学位。

（4）博士学位授予。博士学位考试通过后，在博士生得到博士学位证书之前的这段时间，博士生还不得使用博士头衔，还需要博士生在接到临时通知的一年之内，将博士论文以适当形式发表并完成上交义务后，才能得到博士学位证书。博士论文的发表形式有多种，如正规的出版社以著作形式发表、在杂志上以论文形式发表、将原稿印刷内部发表、以微缩胶片形式

---

① 陈学飞，等. 西方怎样培养博士——法、英、德、美的模式与经验 [M]. 北京：教育科学出版社，2002：163.

发表等。论文发表时,必须注明是某校某院系某导师的博士毕业生的论文,以及博士生参加口试的日期,并且还需向大学上交成书或者影印件,或者博士论文全文发表在杂志上的样本,或者博士论文通过书商以著作的形式发行的样本。博士论文发表后,院系主任将向博士毕业生授予博士学位证书。

二、英国研究生培养模式

英国的研究生教育在很长一段时期里是一种典型的精英教育。其规模相对较小,入学制度较严,恪守历史传统,关注导师对学生的指导和培养,重质量甚于数量。但是在第二次世界大战以后,尤其是近年来,英国研究生教育制度发生了巨大变化。在传统的研究生学位基础上,增加了许多新型学位。硕士以上的学位统称为高级学位,高级学位一般包括文科硕士或理科硕士、哲学硕士、哲学博士等。通常,硕士学位是按照学习方式来区分的,分为研究型学位(Research Degree)和课程硕士(Taught Master)。前者以专题的深入研究为主,论文的科研水平要求较高,合格者授予"文学硕士"(MA)、新型的"科学硕士"(MSc)和从硕士向博士过渡的学位(M. Phil)等研究型学位;课程硕士是通过教学为主的学习方式获得的学位,但也有一定的科研要求。大多数学生把哲学硕士学位作为继续攻读哲学博士学位的过渡阶段。哲学博士学位是已经获得学士学位和硕士学位之后授予的高级学位,而设置于1992年的工程博士则是一种在工科领域授予的层次与哲学博士学位相当的专业学位。

(一)培养目标:因大学类型和学位类型不同而异

由于各类大学建立的背景、办学宗旨、学术传统不同,且

英国研究生教育一直没有国家统一的、明确的教育目的，因而造成不同类型的大学，其研究生培养目标的多样化：①

古典大学（或称为重点大学）要求学生掌握专业领域内的基础理论知识，对本专业领域中的前沿课题有敏锐的洞察力和理解力，强调培养研究生独立进行科学研究的能力，其目标是为大学和科研机构培养优秀的教师和高级科研人员。新大学和城市大学强调学生综合能力的培养，包括适应能力、理解能力、沟通能力和团队精神等方面的训练，其目标是为工商企业的革新培养高级专门人才。技术大学和多科技术大学更强调培养学生解决实际问题的能力，要求学生能把理论知识和社会实践活动紧密结合起来，在工业、经济等方面解决具体的应用性问题，并侧重于培养工程技术、经济管理等领域的应用型专门人才。

在英国，同一层次不同类型学位的培养目标也具有很大差异。工程博士学位的目标，是培养经济建设、企业发展需要的实践能力较强，又通晓商务、管理、环境、社会、市场等非技术知识，具有较强组织领导能力、沟通协作能力、项目管理能力等职业发展能力的应用型、复合型、高层次工程管理人才和工程技术人才，要让他们真正担当起带领英国企业参与激烈国际竞争、取得竞争优势、复兴英国工业和经济的重任。②而传统上的哲学博士的培养，以学术研究为取向，偏重理论和研究，

---

① 陈学飞，等. 西方怎样培养博士——法、英、德、美的模式与经验[M]. 北京：教育科学出版社，2002：99.
② 钟尚科，等. 英国工程博士专业学位研究生教育的研究[J]. 学位与研究生教育，2006（7）：69.

培养的主要是高等教育领域内从事学术研究的人员或者职业研究者。硕士研究生教育则逐渐演变为一种专业性、职业性、过渡性教育，尤其是课程硕士学位，可以视为让学生扩展某个领域的知识及获得与就业目标或职业有关的实际技巧和经验的一种机会，也可视为博士研究生所做课题研究的入门梯。

（二）招生选拔：资格审查与面试相结合

1. 申请资格：无考试要求，重能力或经历考察

英国以最低本科成绩等级、论文、面试等一系列要求替代考试。无论本地学生还是外国学生申请攻读硕士研究生，只要具备本科学历并拥有学士学位，经大学有关部门审查，获得入学资格的机会是比较大的。申请者若获得一、二等荣誉学士学位，一般只需经导师面试后即可入学。学士学位课程成绩较低的申请者，必须要有两位学者的推荐信，经招生单位审核考试（一般考核大学中的3~4门主干课程），并经系主任或导师面试后才能注册入学。当然，申请名牌大学的研究生入学资格相对来说则要难得多。

申请攻读哲学博士学位者，一般应具有硕士学位，并且，学生在提交申请材料时必须交上一份研究计划，或是论文提纲，或是已经发表的论文。学院、系和导师除了审查申请者的学习成绩记录和履历之外，十分注重学生提交的论文研究计划，从中可以分析申请人是否具备学术素养、潜能和研究能力。一般说来，古典大学对论文的要求甚高，技术大学和多科技术学院要求申请者结合实际提交一份研究提纲即可，城市大学和新大学的要求则介乎二者之间。

专业博士学位是具有职业性质的学位，一般分布在人文和自然科学以外的工学、商学、管理学学科。申请专业博士学位者的资格，以工程博士为例，需要具备基本条件[①]：在英国学术机构相关学科获得第一级或第二级中较高级荣誉学士学位[②]或同等资格；不符合前述条件者，必须出示成绩证明；若没有被认可的学位，则需要有重点企业相关工作经验的证明，或在企业拥有稳定的重要职位等。

2. 面试

面试是英国研究生招生工作中一个必不可少的环节。面试可以十分正式，也可以是非正式的。导师可以详细询问学生的学术背景和能力，学生也可以通过面谈了解导师的学术能力、性格及其他方面。面试的方式及严格程度因学院和导师而异，并无统一规定。

院、系学术委员会和导师对申请者的资格进行审查，符合条件者经过规定程序便可注册为硕士候选人或博士候选人，从而正式取得攻读学位的资格。

（三）培养方案与课程教学：培养方案多样化，渐趋重视课程教学

从研究生培养方式来看，英国越来越重视课程学习，尤其关注课程内容的综合化，重视和论文相关的课程学习，而且特别鼓励博士生跨系、跨校选课，以提高研究能力和增强专业的、社会的广泛兴趣。

---

① 钟尚科，等．英国工程博士专业学位研究生教育的研究[J]．学位与研究生教育，2006（7）：71．
② 英国高等工程教育的学位体系分为学士、硕士和博士学位三级。学士学位包含两种类型：荣誉学位和普通的学士学位。荣誉学位高于普通学士学位，且分为三类——第一级荣誉学位（最高级别的）、第二级荣誉学位（下设较高级和较低级）和第三级荣誉学位。

1. 因学位类型之别，对课程学习的重视程度不一

在英国，硕士学位可以通过两种方式获得，一是通过修读课程，二是通过科学研究。课程硕士生致力于学习比本科阶段更加深入和专门化的知识。主要是学习研究生课程，注重知识的获得与应用，研究相对处于次要地位，通过考试合格并提交一篇专题学位论文，表明已接受初步的科研训练。例如，伦敦大学的文科硕士学位开设的国际史与区域研究两门课程：国际史课程需经过史料研究、理论及专题资料方面的考证，并要求提交一篇不少于1万字的论文，同时要求掌握一种除英文外的其他欧洲语言。区域研究是新兴学科，其课程内容超越了一个学院的范围，因而具体教务工作由伦敦大学评议会负责。而法学硕士学位规定，必须在法学院研究生院学习一年以上的课程，从51门课程中选修4门并成绩合格，或者选修3门成绩合格，并就被认可的法学课题做出不超过1.5万字的小论文，经审查合格才能授予学位。[①]

近年来，英国为提高修课式研究生教育质量推出了一项重大举措，就是增设了高级课程，它包括高度专业化的课程、扩大知识面的课程、加深知识了解和新学科开发的课程、结合新实践的课程。通过课程的调整，强化研究生教育质量。在研究生人数日益增多，社会对人才规格要求日益提高的背景下，系统的课程学习在英国研究生教育中的地位越来越突出。

总体说来，修课式研究生的课程范围很广，大致可以分为以下四类：第一类是高度专业性的课程，明确导向某种专业领

---

① 北京师范大学外国教育研究所.国外学位制度[M].北京：地震出版社，1981：26-28.

域的工作,如行政管理等。这类课程不建立在本科课程的基础之上并高于本科课程,它只是在本科结束后进行,也招收没有本科学位的学生。本科学位只是学生学习能力的一种标志,因此,该类课程不是严格意义上的研究生水平课程,属于修课式研究生的课程范围。第二类可称为"第二次本科课程",该类课程以本科课程为基础,但不是进一步提高课程的水平,而是拓宽课程知识的范围。该类课程与本科课程衔接,并利用本科课程所传授的知识,但就其水平而言,仍属于本科水平,严格地讲也不属于研究生水平的课程。第三类以本科课程为基础并进一步提高课程的水平。该类课程的目的是为了让学生进一步获得专业领域内的重要知识并初步训练相关技能。最后一类是针对有工作经验的修课式研究生的课程。

  英国对哲学博士学位一般没有统一的强制性课程要求,博士生的学习方式主要是科学研究,有些专业也要求研究生参加一些指定课程的学习,并要进行考试,成绩合格是授予哲学博士学位的条件之一。英国工程博士生的培养吸收了美国专业博士培养的特点,设置了相当数量的课程,课数占总培养计划的25%(约一年),作为正式培养计划的一部分。课程学习达不到标准者,不允许继续攻读学位。其课程设置采取模块化组织形式,一般由工程技术类专业课程模块和商务、管理类职业发展课程模块组成。两类课程时数之比约为1∶2。[①]

2. 教学形式多样,课程考核严格

  英国大学教育不论是本科教育,还是硕士研究生或博士研

[①] 钟尚科,等.英国工程博士专业学位研究生教育的研究[J].学位与研究生教育,2006(7):71.

究生教育，均不指定教材，原则上也不发放教材，个别课程除外。但是，教师提供若干本参考教材和与课程相关论文的索引给学生，同时提供相应的大纲性资料和一定量的在相关学科中具有影响或有争论的论文给学生。学生须在教师给定的框架内学习和了解相关内容。教师不要求学生掌握某门课程的全部，只要求学生学习和掌握该门课程的主要理论和模型，以及在今后工作中有实用价值的部分。其理由是其他的部分，学生可在以后的工作实践中去学习。教师的授课一般不是按照一本书的章节进行而是根据内容去组织讲义和授课。因此，学生不得不阅读多本教材并同时跟踪与课程相关的比较新的理论发展和实践应用情况。

学生的能力培养还体现在以下几个教学环节之中[1]：一是课堂演讲；二是团队合作训练；三是案例分析；四是作业或课程论文，作业的内容多以现实商业经济活动为背景。评分一般按50%的权重记入该门课程总成绩。研究生层次的作业一般规定在3 000~5 000字左右。一般情况下，每门课程的成绩由两部分组成，一部分是考试成绩，另一部分是作业或课程论文。两部分的权重一般各为50%，但无论是哪一部分，其分数都必须达到一个最低分数线的要求，否则不能计入总分。若考试或作业不及格，则该门课程的成绩均为不及格。作业必须要有参考文献，且参考文献要求按美国哈佛大学的规则处理。有些课程的不及格率高达60%或更高比例，教师并不会因此而调整分数，每门课都有一定的淘汰率。但另一方面，学生可以因不满教师给定的成

---

[1] 王衡生.论创新教育与高校研究生创新能力培养[J].高教探索，2003（1）：35.

绩而提出申诉,甚至可要求外校作为第三方来重新评分。在部分大学,规定没有补考,因此不及格即意味着不能毕业,拿不到学位。

3. 专业博士培养方案多样化[①]

(1)"全面技术"型培养方案。为培养出面向工业界的博士,英国工程及自然科学研究协会(ESPRC)在曼彻斯特推出了"全面技术"型的培养方案,其培养目标是使优秀的科学家和工程师早日胜任企业的高级职位。该方案吸收了传统方法的优点,要求学生在将自己的研究成果公布于众的过程中接触社会,使自己的专利转化为产品,从而使研究与企业实际紧密结合。此方案涉及的研究方向有:建筑、化学、土木、控制系统、腐蚀与防护、电子、电气、仪表分析、管理、材料、机械、理论及应用物理、环保。

此方案实施三年培养计划:第一年,学生获得理科硕士学位,或完成理科硕士的工作并写出申请哲学博士的论文。在这一年,学生应参加大量的课程学习;第二、三年,学生应花一年以上的时间在企业实践,并参加学校中的一些讲座和讨论会,最终按传统方式完成毕业论文(入学时已获得理科硕士学位者可两年毕业)。企业可通过资助某一项目参与此方案,具体研究内容应保证企业的利益。实际上,校企双方都能从联合培养中得到收益。企业的收益是研究课题可直接转化为企业的成果,留在企业工作的博士接受了正规的商业管理训练,企业对于商业及工业各部门有了纵向的了解。大学的收益是更详细

[①] 曾攀,等.美、德、英工程类型研究生的培养[J].高等工程教育研究,1999(1):64-65.

地了解了企业的需求,提供了一个更有效的渠道来共享知识和技术方面的信息。

(2)工程博士培养方案。工程博士培养方案的目标是培养具有坚实专业基础的优秀年轻工程师。该方案实行四年制培养计划,在四年时间内,既完成工业课题的研究,又学习管理课程,从而把传统的博士培养和企业的实际需要联系起来,因此,工程博士生毕业时已经具有企业生产经验和职业训练,可以很快胜任管理层的职位。同时,不愿意接受这种培养方式的博士可以仍按传统方式培养,主要从事科研工作。

在学期间的第一年,博士生参加一些小组活动,以培养集体精神。然后,从10月到12月,搜集与研究相关的背景材料,确定总体研究规划。随后的六个月中,在进行研究工作的同时,每周需要有一个下午的时间完成管理课程的学习,并在第二年之前做出管理方面的第一阶段学位报告。第一年的最后三个月,总结一年来的工作,详细制订后三年的工作计划。而且工程博士应做为企业研究队伍的一员,负责一部分财政问题及部分的项目管理。第一年结束时,博士生应提交一份报告,详细介绍所开展的研究工作及所学的课程,另外还应通过口试,考核一年来的工作。第二年,与第一年安排类似,区别在于博士生需要做一个研究项目的进展报告,企业的高层管理者和大学的代表将出席。另外要在这一年完成全部四个阶段的管理学位的学习。第三、四年集中精力于研究工作,并参加少量的报告会,参观一些工业组织,学年末同样要进行总结汇报,最终完成毕业论文(若入学时已是理科硕士,可在第三年末毕业)。

4. 重视研究方法论课程，强调第一手调查研究[①]

在英国，所有研究生包括博士研究生做学位论文前都要学习一门课，即"研究方法论"。这门课的目的是指导学生怎样用正确的方法去做研究，包括第一手和第二手的研究、定量和定性的分析，甚至如何按哈佛文献规则做注释。课程结束时，学生必须提交一份关于怎样做学位论文的报告，其中文献回顾部分要求占到整个报告的50%。若该门课程不及格，同样不能进入学位论文阶段。课程成绩按一定比例计入学位论文总分。博士研究生则要用一年的时间来学习"研究方法论"。学位论文原则上都要求有第一手的调查研究，没有第一手的调查研究，即使第二手研究再充分也难过及格关。如果在学术杂志上发表论文，则第一手调查研究资料被认为是最基本的要求。

（四）导师遴选与指导方式：选拔条件重科研能力，导师团队指导

要使研究生能创造性地开展研究工作，必须由富有创造性精神的导师来指导。因此，为了保证指导任务能够有效完成，导师的指导资格必须经过学校的遴选。英国研究生培养突出的是导师团队及其指导教师的协力作用，而淡化导师个人因素。

1. 导师遴选

导师遴选的基本条件如下：主导师必须要有博士学位，且正在从事研究工作。担任主导师的教师必须是学校正式的教师，而副导师可以是正式或兼职（包括试用期内）的教师。主

---

① 王衡生. 论创新教育与高校研究生创新能力培养[J]. 高教探索，2003（1）：36.

导师通常要具备三年以上的大学教学或研究经历。访问教授、访问学者或退休教师不能作为主导师，但可以作为导师团队成员。主导师必须至少指导过一名或一名以上的研究生论文。当与校外机构有协议时，校外合作导师的遴选要符合以上要求。第一次担任指导任务的导师，要求参加学校或学院举办的新导师培训计划，进行导师基本规范要求的专业进修培训。

同时，英国在选择导师时特别注重导师的科研创造能力，以能否培养出具有高科技能力的研究生作为评判导师教育工作的主要指标。在研究生培养过程中，以课程学习为先，导师的选择开始于课程学习结束后进入学位论文阶段。

当然，不同类型的研究生导师承担的职责不同，因此选聘条件稍有区别。一般而言，研究生导师需要具备在各个方面指导研究生学习与研究的能力。因此，对其资格的审查，包括研究经历、研究生课程教学、对研究生的学术指导、学术成果的出版及出任学术职务的情况等等。其中，学位及学位的等级是一个极为重要的遴选条件。英国诺丁汉大学规定：没有获得博士学位的讲师不能担任博士生的首席导师或者充当唯一的导师。但如果这位讲师的研究业绩与专业背景相当出色，完全能够胜任导师之职，那么院长可以向学校争取特批的名额。相对于学位方面的要求，更主要的是导师候选人实际拥有的学识与专业素养是否能够胜任研究生的指导工作。

2. 导师团队及指导教师

导师团队包括一个主导师，1~2名副导师。主导师全面负责管理及指导学生的研究计划。副导师的作用是协助主导师，承担部分指导工作，提供专业意见，并在主导师不在学校时承担指导工作。副导师的专业素养要求没有主导师高，但要具有一定的相关专业的研究资历。

当高校和研究机构有正式合作研究项目时，研究生除校内导师外，还配有校外合作导师，共同指导研究生的研究项目。在某些工科专业，还配置了企业导师，企业导师能够帮助研究生获得在高校无法获得的工业设备或工艺数据，以满足科技成果在工业应用的研究需要。一般而言，校外导师和企业导师均要通过正式协议来确定。

导师团队的任务是在学术和生活事务上指导研究生。为了保证研究计划的顺利完成，除了导师团队，每个研究生还配有一名指导教师。他们的任务是向研究生提供生活、学习和心理方面的指导，在友好亲切的气氛下提供建议。当学生有某些方面的困扰或难题，要与导师之外的其他人交流，指导教师就是最好的人选。

3. 硕士研究生培养淡化导师因素

英国大学的硕士研究生培养主要采取授课形式进行，同一专业的学生常常十几人乃至几十人在一起上课，入学后无指定导师。导师的出现一般在完成课程学习后，进入学位论文阶段，才由学生自由择师或由所在系调剂。

学生不是通过标准化的程序进行训练，而是在导师的指导下学习。讲师及其以上职称者都具有指导研究生的资格。导师的主要职责是指导研究生确立研究生课题，对研究工作中的关键性问题进行指导，保证研究生应有的工作条件，关心研究生的研究进程，审定研究生研究成果并对其水平做出评价等。导师指导的方式是不一样的，指导的风格因导师个人特征而不同;有的导师以学科为中心;有的导师以学生为中心;有些导师实行放任主义,把事情交给学生,学生有要求时再与学生接触;有的导师注重指导,与学生经常接触。指导的时间也是不同的。例如,伦敦大学教育学院国际与比较教育系,以每篇作业两次辅导计,四篇作业加上学位论文,一个学生学习期间的辅导达十几次。

4. 联合指导:学术指导教师与联合培养企业结合的双导师制

导师制是英国传统博士生培养模式的标志性特点,双导师制是工程博士专业学位研究生教育培养模式的显著特点。所谓双导师制,是指在培养过程中由大学指定的学术导师和联合培养企业指定的企业导师双方共同指导。学术指导教师最基本的职责是保证学生的学术发展方向,确保工程博士生的培养在学术水平上达到博士层次。联合培养企业指定的企业导师,其基本职责有两个方面:一是为学生从事的研究项目提供技术和鼓励支持;二是保证本公司目标在工程博士生研究项目中的实现,保证企业的长期利益和商业收入,而不能仅仅是学生的试验场地。工程博士生的培养约有四分之三的时间(约三年左右)在联合培养企业进行。

这里的双导师制并不是指导师只有两人,如伦敦大学规定每一个学生应有三位导师,即两位学术指导教师,一位来自联合培养企业的资深指导教师。学术指导教师掌握精深、渊博的科学知识和研究成果,企业指导教师掌握丰富的实践工作经验。双方导师共同参与博士生的培养计划,直到课程的选择、实习训练项目的制定、论文的写作等,定期召开评议会,检查、监督工程博士生的学习进度、发展状况等,可以保证工程博士生培养计划的顺利进行。①

事实上,即使在传统学位类型的研究生培养上,英国多数大学也已经注重实行双导师制,一般就是指一个"大导师"和一个"小导师"。前者具有教授职称,主要在大的问题方面对研究生做原则指导,并利用自己在学术、职务上的地位为研究生的研究工做提供方便;后者一般是具有哲学博士学位的中青年讲师,他们虽然资历较浅,但精力充沛,学术思维活跃,主要对研究生进行具体指导。

(五)科研训练与学位论文:理论与实践相结合,突出类型与层次差异

英国培养研究生的传统做法,是注重研究生自学和从事科学研究,而导师在研究生培养过程中起着重要作用。研究生从论文选题,到制订实验计划、阅读书刊等,都是在导师的指导下进行的。导师要求研究生阅读大量书籍、杂志和资料,然后订出研究计划。

1. 课程学习、实习和课题研究相结合

英国十分重视研究生科研能力的培养,使课程学习、实习和课题研究等结合起来。例如,斯托拉斯库莱大学的船舶和航海技术系开设的一年制硕士学位课程计划,分成两个阶段:第一个阶段(六个月),除了修读课程外,还穿插进行专题案例研究,并到工厂调研,做选题准备;第二阶段(六个月),主要进行课题研究,写出论文。计划中的"专题案例研究"是一种理论联系实际的专题讨论,其目的是使研究生在综合应用课程的学习中获得知识,结合阅读参考文献资料,培养和提高分析、解

---

① 钟尚科,等.英国工程博士专业学位研究生教育的研究[J].学位与研究生教育,2006(7):72.

决问题的能力。在专题讨论中，研究生以企业"顾问"的身份对来自生产和管理等方面的问题，以及发展策略进行分析研究。在教师的组织和指导下，各小组进行分析研究和讨论，最后将各自研究的结果，以及对企业今后的发展设想提出全面报告。谢菲尔德大学土木系1980年有80个科研课题，其中哲学博士生承担了36个，硕士生承担了22个，研究生所承担的课题数占总课题数的80%。①

2. 重视高校与工商企业联合培养

为了培养研究生的实际工作能力，英国大学重视与工业部门、企业和政府研究机构联合培养研究生。这主要体现在工程研究生的教育中。1992年，英国开始实施"研究生联合培养计划"，以鼓励各大学、企业、研究团体间的广泛联合。"研究生联合培养计划"是由工商部门和工程及自然科学研究协会联合发起的。②工业组织、研究机构及技术部门的联合是一种培养研究生和向企业输送科技的新方法。1992年成立了五个联合培养点，每年各招收10名研究生，1995年又增加了三个联合培养点，一次的招生量达到200名。例如，曼彻斯特大学的工程研究生培养，主要与现场的专业技术人员和管理人员合作，开展科研工作，同时学习管理课程，参加技术讲座。每个研究生有一个学术方面的导师和一个企业中的合作者，学习内容包括研究一项有技术价值的工业课题，评价所做工作与企业发展战略的关系，研究市场和环境的影响等。英国工业界对研究生教育的资助，主要是通过科学和工程研究委员会与工业部门联合

---

① 冯增俊. 现代研究生教育研究 [M]. 广州：广东高等教育出版社，1993：85.
② 曾攀，等. 美、德、英工程类型研究生的培养 [J]. 高等工程教育研究，1999（1）：63.

设置多种研究生奖学金项目进行的。目前,除了教育和科学部的理工研究委员会为课程研究生提供奖学金外,政府还专门设立理工科合作奖学金,为从事工程技术科学研究的研究生提供资助,但研究课题必须以实际工程为背景,且这种奖学金面向硕士研究生和博士研究生。

这种联合培养的特点是:研究生主要的时间花费在科研技术组织上;研究生受到正式训练,成为优秀的企业人才;研究课题由科研技术组织和接受企业赞助的大学共同决定。总之,商业化环境有助于加速研究进程,帮助研究生更快地适应企业工作。

在博士生联合培养的方案中,博士生的努力目标不再停留于争取奖学金或在国际会议上发表论文,而是学会如何控制整个企业的运转。企业、大学、工程及自然科学研究协会以及英国贸工部改革机构各派代表组成管理协会,全面负责选题、评估、课题进展及整个计划的实施。企业和大学各有一名导师指导博士研究工作,导师负责选题并定期向管理协会汇报。在资金方面,工程及自然科学研究协会提供每年 7 000 英镑奖学金,企业每年提供 300 英镑以奖励优等生,英国贸工部改革机构提供基金,保证学生在企业环境中进行研究工作,学习管理、金融、市场等课程,并进行人际能力的训练。在其他方面,企业和大学可以通过电子邮件保持联络,企业和大学间签有协议,以处理知识产权问题,研究课题应保证不仅具有学术价值,还要给企业带来效益,企业员工可接受工程博士培养并作为大学的访问学者。

3. 学位论文的基本要求因学位类型不同而异

攻读文学硕士或理学硕士学位的研究生,凡以课程学习为主要途径的,其学位论文可以是小型学位论文,也可以是科研报告;凡以研究工作为主要途径的文学或理学硕士和哲学硕士学位研究生,学位论文是主要的考核内容。例如苏赛克斯大学要求学生提交一篇四万字的论文,伦敦大学要求学生完成一篇比博士学位论文稍短的论文。硕士学位论文虽然不要求答辩,但也有严格的学术要求,而以下条件必不可少:(1)符合明确的格式规范。(2)文献回顾。检索与论题相关的研究成果。(3)建立在第一手资料调查基础上的研究发现。所有的结论和建议都是基于文献回顾和研究发现这两部分而产生。(4)表明研究方法。

哲学博士学位和工程博士学位论文在内容要求上极为不同。工程博士学位论文一方面要求兼具创新性和实用性。工程博士专业学位研究生教育源于专业实践应用,要求学位论文能解决实际生活中与社会需要密切相关的、企业等待解决的问题,这些问题可能涉及工业技术、社会、人文、环境等方面。另一方面,在商业性方面的要求也比哲学博士学位论文高。而哲学博士生教育基于学术研究,对学位论文的要求特别强调学术创新、知识原创或拓展学科领域前沿,而对于攻读哲学博士学位的研究生,完成学位论文要经历很艰辛的过程,其学位论文要求之严格表现在:(1)论文大部分内容必须是攻读博士期间的新成果;(2)要有新的发现或自己独创的见解,对某专业领域有卓越贡献并充分证明是有独创性的;(3)要求用英文写出,文字流畅,符合规范;(4)历史学、人类学的论文包括注解、文献目录、附件资料在内不得超过10万字;地理学、哲学、经济学不得超过7.5万字;(5)在论文中必须注明哪些是由于导师指导取得的科研成果,哪些是独自研究的成果,并需要导师的证明。①

4. 学位论文答辩

学位论文答辩一般由2~3名主考人负责,并由校内外有关专家组成。论文答辩是对研究生进行全面考核的重要环节,答辩内容主要考察学位论文所涉及的有关问题,也可以是其他基础知识,答辩时间一般为1~3小时。主考人通过研究生的论文及其答辩表现,判断学生是否具备成为一名训练有素的研究者的基本素质。答辩结束后,由主考人共同商议并将结果转告给导师及系学术委员会。答辩结果分为四种:通过;不通过;基本通过,但需做小的修改,允许再答辩一次;暂不通过,可以对论文进行补救后再答辩一次。对哲学博士学位论文答辩的要求比哲学硕士学位论文严格得多,如果主考人认为学位论文没有得到哲学博士学位水平,可以做出只授予哲学硕士学位的决定。如果学生认为答辩结果不合理,可向系学位委员会提出申诉,委员会认为理由正当可接受申诉并另请主考人审查后做出裁决,否则驳回申诉。除非有特殊原因,一般情况下申诉成功的可能性不大。值得一提的是,在同意授予工程博士学位后,学生就丧失了同时授予哲学硕士的资格。

三、美国研究生培养模式

1826年,哈佛学院为攻读硕士学位的学士学位获得者开设了较高层次的专门课程,从而正式揭开了美国研究生教育的序

---

① 北京师范大学外国教育研究所.国外学位制度[M].北京:地震出版社,1981:30-31.

幕。第二次世界大战以后，美国在经济、科技、社会急速发展的时代需求下，高度重视研究生教育，不断求变求新，从而取得令世界瞩目的成绩。首先，是把早期源自英国的学院制与从19世纪自德国引进的德国大学讲座制相结合，形成了建立在学院制基础上的研究生院制，从而使研究生教育正规化、专业化。其次，是在原有学位层次的基础上横向拓展，形成多层次多类型的学位结构，而且大力发展专业学位，培养应用型人才。最后，积极在大学的基础研究优势与企业的设备和研究需求之间寻求最佳结合，通过联合培养的方式，为工商业界培养高层次应用型人才，尤其是开发型人才。以上创举，创造了美国研究生教育发展的世界领头羊地位，并一直为其他各国仿效。

(一) 培养目标多元化：不同层次和类型的学位各取所需

美国研究生教育的学位结构，在纵向上分为硕士和博士两级，在横向上分为学术型和专业型两类学位。在美国，专业学位的比重大大超过学术型学位。从学位分类体系上分析，美国的研究生教育更注重应用的专业学位，许多学科往往同时设有学术型学位和专业学位。不同层次和不同类型的学位，其培养目标和培养过程均有很大差异。

1. 硕士层次

美国硕士研究生教育的目标首先是培养从事严谨的学术研究的高层次研究和高新知识技术的传播者（即科研工作者和大学教师），其次是培养在社会中能够多方面发挥作用的高水准的专门职业人才。在实践中，美国硕士研究生培养则往往注重实用，各高校与工业、农业、商业以及各类新兴产业紧密相连，担负着为国家技术和经济总体发展目标提供人才的重任。

例如，华盛顿大学所确立的研究生培养目标侧重于以下几个方面：一是为学生提供高质量的教育服务，帮助他们为将来的择业做准备，使之拥有多方面的选择机会；二是使研究生拥有一定的"附加值"，即为学生就业求职提供具体、特殊的课程与能力培养，使之拥有某种特长或技能，成为择业的致胜法宝。该校研究生的培养教育目标不是一成不变的，具体规定主要通过学校相应的评价委员会来审定，在目标确立过程中运用多种评价手段，包括学生毕业问卷调查结果和研究生就业去向数据等等，以便为校方提供全方位参考。

工程硕士教育计划是一种实践取向的硕士培养计划，实质上是本科计划的延伸，向学生提供一年研究生水平实践取向的教学和设计经验，为将来在工商业界就业做好准备，培养工程实践者。学术型硕士则主要是通向哲学博士学习的阶梯，强调研究工作，着力培养教学和研究人员。这两种不同取向的硕士教育计划在模式、规格和目标上的差异，也反映在它们的入学标准、运行方式、最终成果等方面。

在大多数高校中，对于那些以职业教育为培养目标的硕士研究生而言，在毕业时不须提交学位论文，只要通过相应的综合考试，或达到学校相关的学分与其他要求即可获得学位。

2. 博士层次

美国博士生教育的主要目标是培养高水准的研究型人才。尽管培养出来的博士具有较为广泛的职业选择，但大多数博士生毕业后在高校或研究机构从事研究工作。例如美国公共行政专业博士生的培养目标具有两种不同的层次：首先，在学习上具备能够解决复杂公共事务的综合知识、能够解决问题的分析性和经验性知识；其次，长远目标是为公共行政研究培养后备学者，使毕业生成为本学科或相关领域的"研究者"；最后的目标才是为公共部门提供高级管理人才。①

从专业学位与学术型学位的层次和类型之别而言，博士培养目标亦是大相径庭。在此以美国工程博士和哲学博士为例。工程博士是一种专业学位，在学位层次上与哲学博士学位相当，但两者又是性质不同的两类学位：工程博士是一种应用型学位，强调工程实践，要求学位获得者在应用研究方面有所创新，能将科技成果在工程实践中转化应用来解决实际的工程问题，重视在实践中的操作应用，而不是追求知识理论体系的完美性；哲学博士学位是一种学术型学位，强调学术研究，要求学位获得者在科学知识、学科领域研究方面做出原创性贡献。为此，工程博士的培养目标与哲学博士也不同：哲学博士主要是为高校及科研机构培养高层次的教学及科研型人才；而工程博士的培养目标是为企事业等职业团体培养高层次、复合型、应用型专门人才，要求工程博士生必须具备较强的工程应用实践能力和组织领导能力、管理能力、协作能力等职业发展能力。工程博士培养最高水平的工程技术专家，学位获得者不仅要掌握专业技术，在工程实践中具有较强的科学技术应用能力，而且要对社会、管理、商务等非技术知识有深入了解，具备较强的公共服务和管理能力等职业发展能力。

概言之，美国研究生教育突破了德国模式传统的、单一的、重纯科学的、纯理论的研究生教育框架，体现为多元化的教育

---

① 陈振明，等.国外公共行政专业的博士生培养模式及其经验[J].学位与研究生教育，2008（11）：57.

目标。学术型学位研究生的主要培养目标是培养学者和创造新知识和探索未知领域的人才；专业学位研究生的主要培养目标是培养应用型人才，充分地学习和掌握专业知识和技能，服务于社会需求和个人发展。既追求科学探索，培养大学和研究机构的教学科研人员，提高高等教育学术水平；也要为社会提供智力服务，促进整个社会、经济的发展，培养兼具理论性或基础性与应用型或开发型的研究人才，既包括应用理工科研究人才，也包括应用文科研究人才。

（二）招生选拔：招生考试制度与申请制度相结合

从招生选拔制度来看，美国研究生的选拔采取招生考试制度与申请制度相结合，并在录取环节相当重视导师对研究生的面试。

1. 以研究生入学考试（Graduate Record Examinations，简称GRE）为核心的美国研究生入学考试制度

以GRE为核心的美国研究生入学考试制度是世界公认的研究生入学考试的成功模式之一。考试分数在研究生入学中扮演重要角色，在保证研究生生源质量上发挥着重要作用。在研究生申请入学资格时，几乎所有学校录取博士生都需要提交GRE成绩，40%的大学硕士生录取对此不做要求。美国研究生招生考试制度的特点[①]可归纳为以下几点：

（1）研究生招生考试管理权凸显民间性和专业性。美国的研究生招生考试，并不是美国教育行政主管部门主持或举办的全国统一考试，而是由若干大学的研究生院相约实施而成。几

---

① 罗利佳. 美国研究生招生考试制度分析及其启示[J]. 世界教育信息，2007 (8)：72.

乎全美所有研究生院都使用GRE考试成绩作为录取研究生的必要条件。从学校层次来讲，美国大学的研究生院只对考生的报考资格进行审核，录取考生与否主要决定于招生导师所在院系的教师联合会。

(2) 考试内容注重能力考查。美国的GRE考试包括三个部分：第一，一般测验，主要测试考生的语言能力、数学能力和分析能力，目的在于根据大学毕业生的基础知识和能力水平，对应试者在高级阶段从事学术研究的能力做出衡量，不涉及任何专业的特定要求；第二，专业测验，主要测试考生对某一专业的基本要领和基本原理的掌握程度，但更多的是测试考生运用专业知识和原理分析、解决问题的能力，目的在于测量考生在某一学科或专业领域所取得的知识水平和能力的高低；第三，写作评价，它主要对考生的语言和思维进行比较全面的考查。从美国的GRE考试内容中，我们可以看出美国研究生招生考试主要是测试一个人已经发展起来的能力，并不特别指向于某一学习领域的技能。它既有考查每个考生能力的一般测验，也有考查学生专业知识的专业测验，对能力和知识有比较全面和合理的考虑。

(3) 考试录取标准强调综合衡量。尽管GRE成绩在美国研究生院录取新生时几乎是必备条件，但并不是唯一甚至不是最重要的条件。美国大学在招收研究生时，最重要的是考查申请者本科学习时的成绩，其次是推荐信和GRE成绩。具体说来，考生在申请攻读硕士学位时，除GRE成绩之外，还要提供如下几项材料：第一，提供大学本科阶段全部课程学习成绩，且规定各门课程的平均成绩在3分以上；第二，提供由2~3名教授签名的推荐信，推荐信要对申请人的学术水平、工作能力和从事科学研究的能力给予客观评价；第三，考生的申请书，要表明申请此专业的目的、学习计划等，有时还要提供相应的工作经历。报考特殊专业，如建筑学、音乐的考生，应提供一些诸如设计图纸、本人创作或演奏曲子的磁带等。几乎所有学校都是根据考生大学本科学习成绩、教授的推荐信以及GRE成绩等进行综合平衡，然后决定是否录取。

2. 申请制度：入学资格重在科研实践能力的考核

在入学条件上，美国高校选拔研究生除参考美国考试服务处举办的研究生入学考试（GRE）成绩外，还采取申请制度，要求申请者提供符合条件的资料，并且尤其强调导师的面试情况。

（1）学术型学位研究生的申请资格。美国学术型研究生以连贯制培养为主，即硕士生教育作为攻读博士学位的中间阶段。因此，研究生招生选拔一开始就以培养学术研究人员、理论研究的创造者为标准，注重全面考察，重视考生的全面素质、能力发展、研究水平，不"唯分数论取舍"。

研究生在申请入学时需要具备以下条件：①提供大学本科或硕士期间所学各门课程的学分及成绩。若以满分为100分，则一般学校要求平均成绩在75分以上。名牌大学根据自身学术水平及申请人的情况对学习成绩提出更高的要求。博士招生对象多数具有硕士学位，少数人仅持有学士学位，但具有工作经验者也可以纳入考虑范围。②提供2~3名教授推荐信，推荐信需要对申请人的学术水平、工作能力和从事科研能力等予以客观评价。③提供大学期间或工作期间的科研成果。对于外国学生，还需提供英语语言考试的合格证书，如托福成绩。

④面试，根据以上要求进行综合评估，决定是否给予参加面试，面试是为了当面考查学生的表达能力、应变能力、分析能力等各种能力，测试申请者所掌握的基础理论的广度和深度，了解其科学研究的基本设想和主要倾向。以耶鲁大学为例，面试的内容包括两个方面：一是导师与学生见面，随便交谈，涉及面极为广泛，着重了解学生的反应能力、好奇心、科学素养等方面情况；二是用三天时间让申请者与在校研究生一起工作和生活以熟悉研究生生活，从而确定自己的意愿，找准自己的方向。

这种考核方式虽然没有"硬性"的考试成绩作为依据，却可以对申请者进行更客观、更全面的考试，使导师能够招收到符合自己专业领域需求并真正具备学术潜力的学生。一般来说，具有明确的研究兴趣和扎实的专业基础是主要的选拔标准。许多高校录取新生时，强调重视考查应考者的创造性能力，当然也有一些高校要求考查应考者的实践表现，重视实际能力的考核，因此不仅要求对应考者进行面试，教授的推荐也起着重要作用。

申请者除需要递交求学意向书、本科和硕士成绩单、导师推荐信之外，一般还被要求提供其硕士论文摘要和一份将来博士论文的研究计划。学术部门审阅学生的申请时，会特别注重学生的研究重点和教职员的优先权。

(2) 专业学位研究生的招生标准。专业学位研究生教育重点在于培养社会所需要的高级专业人员，以培养领导能力、调配能力、沟通能力、临床能力等实践能力为主，因此在招生标准上更注重考生的专业知识和实际能力。各校录取研究生的灵活度极大。一般而言，申请进入专业学院如医学院、法学院、工商管理学院的学生，除必须有优秀的大学成绩单以及导师的推荐信，还要求通过相关专业的入学测验。这些专业入学考试有法学院入学测验（LSAT）、医学院入学测验（MCAT）、管理研究生入学测验（GMAT）、药学院入学测验（PCAT）和牙医学院入学测验（DAT）等。其次，许多学校注重考生的工作经验，如哈佛大学MBA录取的考生平均工作经历为四年，芝加哥大学MBA录取的考生平均工作经历为五年。也有些专业不要求入学考试，如口腔正畸学临床研究生，没有统一的入学考试，但至少需要两封来自教授或同事的推荐信，要求大学期间牙科成绩在全年级前10%~20%之内。面试过程也强调个人经验、成就、组织能力等。如哈佛大学在专业学位招生面试时，提出这样的问题："你是否有过失败的经验？从中得到什么教训？你的想象力、抱负如何？"这些问题与面试学术型研究生所提及的问题完全不同。

（三）课程设置与教学方式：重视课程学习，教学方式多样化

在研究生培养过程中，美国研究生教育像重视科研一样重视课程学习，目的是夯实基础，拓宽视野。美国学者认为现代科学知识更新迅速，研究生只有通过学习不同课程，不断充实新知识，才能把握学科前沿动态，充分发挥研究生科学研究的创新能力。美国的每个学校都有自己的一套课程体系和编号目录，开课的课程都有明确的授课目的和明确的教学计划，如授课的专题和大纲、教材、参考书目等。通过互联网和课件中心的服务，学生能根据课程的教学大纲和授课教师的情况，而方便快捷地选课，并下载课程资料。各高校无论是针对硕士生还是博士生，都有严格、系统的课程教学，在教学计划的安排上具有灵活性，教学内容丰富，涵盖领域广，课程内容强调前沿，教学方法强调研讨式。学生可以根据自己的基础、特点和兴趣，参考本系、本院和其他各大学的课程设置，制订出符合自己需要的个人学习计划，并由一名研究生顾问负责审查。其中有些课程是本系的，有些是跨学科和跨系的，有些课可以学一年或半年，有些课程则可根据自己的需要学几个章节。

1. 课程设置规范、系统

美国的每所高校都有自己的研究生课程体系。课程大体上分为公共核心课程、专业课和选修课三部分。在核心课程体系中，尤其突出方法论教程。以公共行政专业博士生的基本课程体系为例：该课程体系分为核心课程和专门课程两部分，前者是指所有博士生都必须修习的基础性课程，后者则由博士生根据自身的兴趣选择。核心课程一般可以分为三个部分：一是公共行政学的基础理论，如公共行政学理论、公共组织理论等；二是研究设计和方法论课程，如定性分析、高级定量方法、研究设计、统计分析等；三是学术研讨会，一般定期召开，是博士生学习一个异常重要的环节。此外，公共行政学院还会提供4~10个方向的专业课程，每位博士生可以根据专业兴趣选择两个方向进行研修。每个方向会形成一个导师组，下设十个左右具体课程，并由其中一位教师担任协调者。美国研究生大量的课程学习是由各系的全体教授来讲授。在学习过程中，不同的教授每周前来介绍他们的科研专业，从而帮助学生了解和掌握其所在领域的整体发展趋势。

此外，注重课程学习与课程训练，也是专业学位研究生教育的特色所在。专业学位研究生的课程学习侧重理论与实践的结合。大致可分为三类：核心课程、主攻课程和研讨课或实习。核心课程主要提供理论基础和基本方法，课程涉及面宽泛，包括职业管理、伦理、社交类知识；主攻课程就是专攻方向，课程内容通常与学生毕业后就业意向的业务需要紧密联系；除核心课程与主攻课程外，各校为培养学生的实务、沟通、临床等实践能力，同时安排一些实习、研讨课、演讲课、模拟课等多种授课形式，许多高校还通过邀请实务界的资深人士来校授课或演讲，为学生提供进一步了解实务的机会。

2. 重视基础理论和跨学科课程学习

在课程学习中，美国的研究生教育尤其重视基础理论课程学习，基础学科课程授课时数达到50%，而专业知识只占20%~30%。近年来，为了适应科学技术在生产、管理和教学中日益广泛的应用，以及学科综合的趋势，美国在研究生课程上更重视跨学科、相关学科和新兴学科的设置。比如学术型学位研究生教育的课程内容相当系统，包括外语课、科学研究方法论、数学统计分析、基础理论、专业知识以及跨专业选修课。

概括说来，美国研究生的课程学习具有以下特点：（1）重视学习生涯上的自我选择与就业的自我规划，研究生的课程设置与学生的学术倾向和基础能力紧密结合。（2）注重基础课程教育，在研究生培养计划中开设许多基础理论课程，以求巩固学生的知识结构，来为其下一阶段更具挑战性和创造性的科研工作奠定基础。在美国比较著名的理工科大学和学院，用于学习数学和其他基础科目的时间日益增多，而用于学习过程所必备的实际知识的时间,则明显减少。(3)强调文理渗透和选修课的重要性,通常还会要求在研究生培养过程中增设许多跨学科课程,以此来鼓励研究生进行跨学科课程的学习和跨学科研究,尤其是博士生的课程日益显示出高度专业化和跨学科特点。许多高校通过以下途径加强了博士生的跨学科课程学习:开设一系列跨学科课程;鼓励博士生进修不同领域的课程,由他们自己进行综合;建立各种发展跨学科课程的中心或机构。

3. 课程内容更新快

最新的前沿知识是研究生创新的基础。而美国研究生教育的课程内容更新快,特别重视前沿知识的讲解。课程内容随科学发展而不断变化,有利于研究生掌握学科前沿动态。特别是针对一些交叉学科,为了适应其发展的需要,其核心课程和专业课程的内容更要具有不断更新的特点,从而不断更新研究生的知识结构,促进创新思维活跃发展,提高研究生的创新能力,也带来交叉领域科技创新成果的繁荣。比如,麻省理工学院研究生教育设置的新课程,不但给本国研究生教育带来重大的发展空间,而且也广泛地被世界上其他国家的大学所采用(如我国清华大学经济管理学院),从而促进了世界相关领域内研究生课程的更新。这些新课程包括管理沟通、国际经济学、国际管理学、国际市场学、国际化与战略、国际贸易、国际商务谈判等。

4. 课程教学方式与教学层次多样化

教学方式多样化,主要包括传统的教授主讲方式、研究生的研讨班和导师直接指导下的科研实践这三种授课方式。其中,研究生的研讨班显得尤为重要。研讨班上,任课教授主讲时间占五分之三,其余的五分之二是在任课教授指导下的研究生专题讨论。常常预先确定一位主讲人,讨论会上,该生就某一个课题经过研究后提出自己的看法,再由大家发言、提问,主讲人进行解答、辩解,最后共同讨论。研讨班对增进学术型研究生独立的科研能力、学术思辨能力和发挥创造力有着直接效果。例如,德州农工大学(Texas A & M University)计算机学系给研究生进行理论课程的教学时,教师讲授得少而精,留给同学的作业则多而活。课堂均不大,人数在20人左右,同学们有足够的时间和机会与教师交流,万一课堂上还有问题没弄懂,课后和教师讨论的机会也很多。对于每周三节的课程,任课教师至少安排了三个固定的时间段(每个时间段一个小时左右)答疑,如果错过了这几个时间段的答疑,还可以跟教师单独预约。其次是设置了讨论课程,讨论课程是研究生阶段的必修课程。具体设置情况是:每年至少开一学期,每周一次,每次时间约75分钟,每次均聘请某个领域的专家、教授授课。而针对专业学位教育的出发点是培养实用型人才的特点,其课程教学也充分体现出理论联系实践,案例教学法是主要的授课方式。如哈佛大学商学院两年制工商管理硕士课程班主要通过八百个案例来组织教学。

　　此外,教学层次多样化也是美国研究生课程教学的特色之一。像美国伊利诺伊大学那样全面开展各种层次研究生教育的学校是比较常见的现象。该校在研究生教学中,同时开设了远程教育、周五班和暑假班等。其中远程教育形式是独树一帜的。学生通过这种形式的教育,同样可以获得相应的硕士学位或研究生证书。周五班在开学以后的每个周五上课,学生用一年半到两年的时间完成课程，考试合格即可获得硕士学位。暑假班专门是为一些想获得图书馆情报学硕士学位的教师设置的，考虑到教师在暑假期间比较空余，因此相关课程大部分集中于暑假进行。加州大学洛杉矶分校还提供硕士后教育，规定至少完成九门课程的学习并提交论文，因此也称为"九课程教育"。

5. 学分要求

研究生在进入研究生院时，入学手册上有一系列可供选修的课程，硕士学位标准是修完30~36个研究生课程学分，包括9~10个副修学分。博士学位修习的课程要求一般为12~15门课，学习时间大多为两年。例如，俄勒冈大学博士学位的最低学分是70学分，其中一半是课程学分，即要学11~12门课，使得课程学分达到33~40学分，另加一篇博士论文（约30学分）。

当然，不同学校对博士生课程学分有不同的要求。比如伊利诺伊大学除了要求完成一定学分的课程外，还要完成研究报告和学位论文。其中，已经获得硕士学位的博士生要修满12个学分的课程，完成8个学分的研究论文；没有获得硕士学位的博士生要在课程中再额外选修8个学分课程。而北卡罗来纳大学规定，有硕士学科背景的博士生要求完成36个学分的基础课程、阅读课程、研究项目和学位论文，没有硕士学位背景的博士生要求修满72个学分的课程。

（四）导师遴选与指导方式：实行导师与指导委员会相结合的制度

美国实行由指导小组共同负责研究生的学习和科研的指导形式。这与美国研究生学习呈阶段性特点、导师的遴选标准和学生选择导师的过程直接相关。

首先，美国的研究生导师遴选更注重学历和学位，可以指导研究生的导师资源非常丰富。在美国，只要获得博士学位并受聘于有权授予博士或硕士学位的单位，就具有指导研究生的资格。招收研究生的系大多数教师都有资格做研究生导师。攻读过学位的人对于研究的方法、过程都相当清楚，受过系统的训练，而且设有研究生院的高校要求所有教师都要有科研项目和相应的科研成果，这就保证了导师指导的专业性和研究生参与科研能力训练的可能性。在导师资格认定标准——选拔标准上，要求学历与科研能力并重，教师聘任较为公开，竞争十分激烈，严格的聘任机制和激烈的竞争保证了大学教师的高素质。

其次，研究生入学后开始半年或一年暂不定指导教师和研究方向，而是进行较长时间和较多门数的基础课程学习。系里设一位由教授兼任的研究生顾问，由他了解每个研究生的具体情况，然后对个人课程的选择、学习期限，乃至选定导师等提出建议。学生和教授自身也能通过长达半年左右的教学双边活动，进行相互观察和了解，最后进行双向选择，导师和研究生之间更多的是合作者与合作者的关系。

具体说来，在对研究生的指导过程中，除导师以外，还成立一个指导委员会。研究生指导委员会是一个全面负责研究生培养工作的组织，硕士生指导委员会由3~5人组成，博士生指导委员会由5~7人组成。不过，有些学科领域研究生并不一定都需要一个指导委员会，有的只要有一位导师就行了。研究生选择导师主要考虑的是自己的兴趣和导师的兴趣是否接近，也可先把自己的兴趣与要求告诉系里的研究生指导委员会，由委员会帮助研究生选择与其兴趣相同的导师。另外,美国研究生一旦发现导师(指导委员会)不再适合自己的需要,可以提出更换导师(指导委员会)。导师(指导委员会)对研究生的指导包括课程教学、论文写作、科学研究和社会实践。所以,美国在导师聘用方面制度较为灵活,聘用对象的范围较广。许多院校常根据不同学科的发展要求,在相关企业、其他院系、其他学校甚至其他国家聘请导师。学术型学位研究生教育的导师(指导委员会)对研究生的指导,主要偏重提高研究生的学术水平,强调科研训练,培养研究生的科学精神和科学素养。专业学位研究生教育的导师(指导委员会)成员之中的一部分,既是教授又是企业经理,案例来自教授的亲身实践,对研究生的指导注重理论与实践相结合。

(五)科研训练与学位论文:教研产一体化

美国研究生教育相当重视科研训练,其主要方式是实施本科生与研究生的贯通培养,将科研与教学相结合,实施教研产一体化等。论文研究则是科研训练的主要组成部分,学位论文尤其是体现博士生学习和培养质量的最重要依据。

1. 科研训练

第一,实施本科生与研究生的贯通式培养,以本科生教学计划为基础进行研究生教育。在同一学科中,许多教师同时担任本科生和研究生的教学工作,学校允许本科生与研究生一起进行科学研究,甚至破格成为编外研究生。

第二,美国研究生教育注重教研产一体化。美国的研究型大学与企业界联系紧密。据统计,每年美国企业界面向大学的科研赞助都在15亿美元以上。许多与信息产业挂钩的公司,如英特尔公司、王安电脑公司等,在进行科研赞助的同时也利用高校丰富的人才资源和科技设备为其创下了丰厚的利润。许多大型科研项目在分解后常常被大型企业承包,相当一部分理工科研究生导师不但是杰出的科研带头人还是优秀的企业家。美国各大学重视研究生参加各种科研活动,甚至让有关研究生参加并承担大量国防科研任务和国家需要的重大科研项目。例如,麻省理工学院德雷帕实验室多年来吸引了近千名研究生参加"阿波罗"导航与控制系统的尖端研究。麻省理工学院研究生教学计划的要求是:在研究生教学计划中要列出参加科研工作的领域,研究生经导师批准提出研究题目和立项;研究生在整个学习期间,都必须参加科研工作,并有一个学期专门进行科研活动;设立研究生科研专家小组,由一名有威望的教授领导,进行研究生科研活动的指导。美国大学是美国主要的科研力量,承担了绝大部分的基础研究任务,所以大量研究生有机会参与科研项目,每年都有不少科研项目是由博士生完成的。

第三,注重科研的国际化。美国借助其雄厚经济实力与良好发展环境,进行了广泛的国际学术交流,使各学科的科研成果得以从开放的环境中汲取丰富的营养。其具体形式有:直接聘请国外著名专家加盟本国科研机构,从事研究生的指导教学;与国外名牌大学联合开办课程,共同培养研究生等。美国导师非常注重博士生的实际研究能力,包括实地调查和实验等。一个重要的特点是导师们往往希望博士生独立地开始新方向,而不是继承他原有的成果。同时,美国政府对博士生教育投入较大,几乎可以保证博士生生活无忧,博士生的精力主要花费在自己的研究领域和专题,也容易出成果。

2. 对学位论文的要求,则因学位层次和类型的不同而有所不同

(1) 硕士层次。目前,美国研究生院和专业学院存在越来越不要求硕士生撰写论文的趋势,一些教授认为硕士生由于科研能力差,即使要求写论文也不可能做出富有创造性的成果,不如不写论文,多学习课程,扩充理论基础知识。因此,一些大学只要求硕士生提交一篇类似文献综述的小论文、实习报告或课程设计等作品,但要求所提交的作品必须表现出独立进行科研的能力和创造性。不过,美国通常将硕士学位教学计划分为两大类:一类是论文硕士,须提交学位论文。学位论文要求系统概述前人在某些方面所做的研究工作,就内容而言,它只是一篇综述,不要求有个人独立见解。另一类是课程硕士,除了比论文硕士多修六个学分之外,还要完成一个以上的科研项目,据此写出调查报告,而调查报告主要考查作者的独立工作能力,对专业知识的掌握及研究方法的运用。

(2) 博士层次。无论是学术型或专业学位博士生,在修完大量课程,通过资格考试成为博士候选人后,便开始进入论文研究阶段。为了确保研究生教育质量,美国高校在博士生的培养过程中实行严格的资格考试制度。博士研究生入学之后用两年时间完成课程学习,并随时进行课程学习中的测验和考核,以保证课程学习质量,随后参加博士生资格考试。资格考试一般由学生根据其课程进度提出申请,经导师同意后,组织3~5名专家组成考试委员会,考试包括笔试、口试、文献分析、课题申请报告或研究计划、论文等不同方式,其淘汰率一一般为5%~20%。"对于大多数博士生而言，准备学位论文是博士生教育中最为关键的阶段……学位论文的主要目的是展示学生独立从事研究的能力。"①美国研究生院协会（Council of Graduate Schools，简称CGS），要求博士论文应对于科学知识有创造性贡献，应体现学业成就，还能表明博士学位申请者在该领域有独立研究和解决重大问题的能力。

博士候选人经过一段时间文献资料的查阅、设定实验计划、确定研究思路，在导师组成员的指导下完成学术论文。学术型学位与专业学位博士论文的要求各有侧重，但都强调必要的创新性。前者要求在理论上的创新性，后者则要求在实践探索方面的创新性（如工程方面有创新性设计，教育方面对重大教育实践问题的探索性研究等）。对于基础学科注重其学术价值性，对于应用学科强调其经济价值性。美国研究生院协会的一项政策规定，博士论文要求达到两个主要目的：一是表明申请博士者具有取得学业成就的训练与经验，在该研究领域具有独立解决重大问题的能力；二是它对知识有创造性的贡献。美国博士生的学位论文要通过如下程序，才能决定是否最终能拿到学位而圆满完成学业，还是被淘汰出局。②

第一，博士论文选题。美国博士生在制订修业计划时一般就开始考虑学位论文选题，在资格考试确定后正式确定选题。凡获得博士候选人资格的博士生，在进入学位论文研究阶

---

① 怀特 J D. 公共行政的学位论文与出版社 [M]// 怀特 J D, 亚当斯 G B. 公共行政研究: 对理论与实践的反思. 北京: 清华大学出版社, 2005: 117.
② 黄飞跃, 等. 培养模式改革是研究生教育规模和质量同步发展的必然要求 [J]. 高等理科教育, 2004（6）.

段时，要由系里指定或由博士生和导师商定选择3~5位教授组成的一个学位委员会负责博士生的论文指导，该委员会中必须有一位是外系或外校的教授。选择题目大致有三种方式：一是学生完全根据自己的兴趣选择题目；二是学生在教师的大课题中选择自己较感兴趣的部分进行研究；三是由导师指定论文题目。无论哪种形式的选题都是在论文专家委员会的指导下进行的。

第二，博士学位论文研究计划的审核。博士论文选题确定后，应准备学位论文研究计划，并向学位委员会提交研究计划以供审核。学位论文研究计划的评定有明确的标准：一是研究计划能预期将对该领域知识和实践做出贡献；二是学生能有效、按期实施、完成研究计划。以哈佛大学为例，学生将完整的研究计划提交给学位委员会，学位委员会的三名成员担任主要评审人，组成论文研究计划委员会。学生的导师一般不参加评审和讨论。评审委员会的三名主要评审成员不一定是本系、本院的教师，也不一定是学位论文涉及领域的专家，并对外保密。一篇论文研究计划如果第一次提交时未能通过，第二次提交时就要由另一个三人评审委员会评审。这个委员会一般只能包括一位、最多不超过两位前一个评审委员会的成员。这样可以促使学生尽量使用平白简练的文字，使其专业以外的人能理解其研究设计。这样还可以避免人情、人缘等因素先入为主地卷入。学位委员会对学生研究计划逐篇进行讨论，讨论由三名主要评审员主持。如果评审委员会一致认为该论文研究计划可以通过，讨论的重点则会集中在学位委员会该给学生哪些建议上。如果一位或一位以上的评审人认为该论文研究计划存在较大问题,学位委员会则先要就该研究计划能否通过达成一致意见进行讨论。在评审论文研究计划时,评审委员会参考学生以前的学习成绩和教授对其一些小论文的评价。

第三,口试。学位论文研究计划获学位委员会认可后,博士生必须参加由指导委员会举行的口试。口试通常在研究计划获得认可后两周内举行。博士生指导委员会成员都必须出席。口试的主要目的是详细讨论计划,对研究计划提出问题和建议,并制订审阅和提交论文草稿的时间表。口试结束后,博士生应尽快向导师提交"理解备忘录",其中详细记有博士生的论文评审人在口试时就研究计划所做的修改和扩充达成的一致意见。待博士生导师和其他审阅人接受这份"理解备忘录",并且学位委员会正式通知博士生本人之后,才能算是成功通过口试。

第四,论文撰写过程。在论文撰写阶段,由导师和3~4位与课题研究相关领域的专家组成的论文指导委员会开始对博士生的论文进行指导工作。委员会在半年或一年至少开一次会。在会上,博士生汇报在过去时间内自己论文研究的成果并提出进一步的研究计划。汇报中,委员们可以随时提问和指出错误,分析可能遇到的困难,以供学生进一步的思考。每次检查后,由委员会主席写出评价学生研究进展的书面报告,经博士生导师、论文指导委员会成员和学生本人签字后送研究生院,存入学生档案。博士生在写论文过程中遇到比较大的问题时,或做阶段性总结时,则需要事先向导师预约时间,汇报、讨论问题。一篇合格博士生的论文要求在该领域有新的发现,要体现出较强的科研能力,要具有理论价值或实践价值,必须有比较系统的专题研究成果。有学者把美国博士学位论文的要求归纳为五个方面的特征：一是独特的贡献，二是创造性，三是理论和实践上的意义，四是经得起时间的检验并具有保存的价值，五是有出版的价值。博士学位论文在美国学术型博士生培养过程中占据着非常重要的位置。"如果没有论文，评价一个学生是非常困难的。论文是成就的历史记载，是博士培养计划的核心所在。"[①]

第五，论文答辩过程。从论文写作到完成论文答辩大约需要2~3年。博士论文由导师和指导委员会审阅一致认可后方能进行论文答辩，答辩是为了考察学生对相关文献、研究问题、相关领域知识的把握。博士生一般在答辩前一个月把论文样本放到系图书馆供教师和学生查阅，如果没有人对论文的内容和格式提出较大的异议，就可以进行论文答辩了。答辩委员会（包括指导委员会成员和数位非成员教授）主持博士生论文答辩会。论文答辩委员会一般都会邀请系里教师和研究生参加，实行公开答辩，委员会主要针对论文存在的问题、疑点、相关知识提问，只要时间允许，旁听的教师和学生也可以提问。论文经过答辩后，由答辩委员会进行投票表决，由赞成票与非赞成票的比例来判定通过或答辩失败。有的学校规定答辩两次失败则不能授予博士学位。博士生通过论文答辩后，还要根据答辩委员会提出的问题对论文进行修改，并将修改后的论文递交学位委员会，至此才算完成了攻读博士学位的所有学业要求。当然也有一些高校的某些专业不举行论文答辩仪式，博士生的论文经评审委员会全体成员的签名认可即可通过。

(3) 哲学博士与专业博士学位论文的标准不一。对于哲学

---

① Pavl D. Issac, Stephenv Quinlin, Miney M. Walker. Faculty Perceptions of the Doctoral Dissertation. *The Journal of Higher Education*, Vol. 63, No. 3, May/June, 1992: 24.

博士学位和专业博士学位，学位论文要求的标准有较大差别。美国研究生院协会1984年将哲学博士论文归结为三个作用：①它是一种创造性的研究或学术工作，能丰富人类知识宝库；②它是一种教育体验，可表明学位申请人熟悉专业领域的研究方法和掌握工具的技能；③它可以表明学生有能力针对一个主要的学术问题进行研究，并得出有用的结论。当然，博士论文不是学术顶点，而是引导研究生成为学术和科研工作者的一个起点。哲学博士学位是一种学术理论研究的学位，培养终身从事创造性活动和研究的学者，获得者一般在高校从事科研或教学工作。专业博士学位属于应用型学位，是专为不搞学术理论研究但又有创造能力，在实践探索方面有创新性的人而设，如工程方面有创新性的设计，教育方面对重大教育实践问题的探索性研究等，获得本学位者大多从事实际工作或开发研究工作。因此，专业博士论文性质有别于哲学博士学位的标准，属于应用性，针对今后所从事的职业选择论文题目，力求对本专业的某一传统理论、方法做出一些改进或阐述，不必像哲学博士论文那样以原始研究为基础。

四、法国研究生培养模式

在法国的高等教育中，没有独立的、界线分明的硕士研究生教育阶段，大学中也没有研究生院建制，通常把获得大学本科毕业文凭后的继续学习，看作是法国研究生教育的开始。大学后教育即统称为博士生教育。博士文凭是受聘为大学教授和研究机构高级研究员职位，以及担任专科医生（包括牙科医生和药剂师）的必备条件。虽然为了符合国际大学教育中的通行做法，引入了研究生教育这一概念，并使用一个复合词代表研究生，直译为"大学生—研究人员"，但法国人习惯上把大学后教育称为博士教育。①

历史上，"博士"最早产生于13世纪中叶的法国巴黎大学，最初是加入教师行会的资格证书。随着博士学位获得者地位的提升，博士学位成为一种学术和社会地位的标志，甚至有种种特权。博士学位证书是一种任教执照，博士和教授并无高低之分，因此把13世纪至18世纪的博士培养称为教学型博士培养模式。随着学科分化，法国的博士培养开始出现高级学科和低级学科之分。1896年，法国颁布《高等教育法》，要求大学开展科学研究，改变以往仅在大学以外的机构开展科学研究的传统，并在医学、理学、法学和文学增加了科研的内容和学位论文的规定，从而有效促进了法国博士由传统向现代的转变，因此把19世纪的博士培养转型称为研究型博士培养模式。20世纪初，法国大学对教师人才的需求、国家对基础研究高级人才的需求，以及社会其他领域对高级专门人才的广泛需求，使博士教育得到了蓬勃发展。法国的博士生培养转型为研究型、专家型的培养模式。法国于1973年设置了博士工程师文凭和国家博士文凭。博士工程师文凭要求在自然和科学工程领域具有宽厚的理论基础，又具有科学研究和解决实际问题的能力。国家博士文凭要求取得第三阶段博士学位者继续从事研究，具有较高造诣、较高科学文化素养和研究能力。

1984年，法国通过新的《高等教育法》。该法规定对大学

---

① 陈学飞，等.西方怎样培养博士——法、英、德、美的模式与经验[M].北京：教育科学出版社，2002：45.

的博士培养制度进行改革，取消原有几种博士学位，统一为一种博士学位（Doctorat unique）①。新博士学位的培养目标由过去培养单一的研究型博士，转变为培养研究型、复合型和从事应用研究型的博士；由以往通过撰写论文进行具有独创性的个人的科学研究，转变为具有获得知识、技能和在实验室或研究中心集体工作的能力。因此从20世纪80年代至今，法国博士培养进入多样性、综合化的博士培养模式②。

（一）培养目标：多元化

法国的研究生教育学位有硕士、专业硕士和博士学位。硕士学位是在综合大学本科四年毕业、成绩合格而授予的学位，而大学本科三年学习结束、成绩合格授予的是学士学位。专业硕士学位包括经济与社会、应用外语、科技、管理科学、信息管理、教育等学科，学习年限与一般硕士一样。

---

① 根据1968年生效的法国《高教教改法令》，由国家承认并授予的博士学位共有三种：一是第三阶段博士学位。指在获得硕士学位的基础上（即完成大学本科第一、二阶段），经过一年的课程学习，取得"高级研究文凭"（DEA），然后在2~3年内，在导师指导下进行研究及撰写论文，答辩通过后而获得此学位。二是工程师博士学位。这是一种专业应用型博士学位。获得工程师文凭后，经一年的学习，获得"高级专业研究文凭"（DESS），再用两年时间完成某项课题研究并撰写论文，成绩合格者即可获得工程师博士文凭。三是国家博士学位，它高于前两种学位。攻读这一学位的基本条件是已获得第三阶段博士学位或工程师博士学位，但对极少数确实具有卓越才能的学生，经导师推荐，校长批准，允许在取得"高等研究文凭"和"高级专业研究文凭"后，直接攻读国家博士学位，获得这一博士学位的难度相当大。为了与国际接轨，在1984年颁布的《高等指导法案》的指导下，法国对学位制度进行了改革：取消"第三阶段博士""工程师博士""国家博士"等不同的博士，而统一为"某某大学博士学位"。统一后的博士学位，攻读期限为3~5年，分两段进行：第一阶段是课程学习，成绩合格者获得DEA文凭；第二阶段为博士论文撰写阶段，论文答辩通过后获"某某大学博士学位"。

② 洪冠新．法国大学的研究生教育模式[J]．北京航空航天大学学报（社会科学版），2007（12）：7．

欧洲高等教育和研究空间①创立之后，法国规定了一种新的文凭形式——硕士文凭。硕士文凭旨在满足各种类型机构的多样化需求。硕士文凭的目标是使大学能够组织学士学位和硕士学位之间的教学。课程设置的目标是获得一个新的国家文凭硕士，其水平相当于学士之后完成120个欧洲学分。此阶段，在与学生前一阶段所受培训相同的领域，为学生组织多样化的专业学习，为学生的渐进式定向提供便利：学生要么以职业为导向攻读职业硕士，要么以研究为导向攻读研究硕士。

传统上，法国博士生教育的目标主要是为大学培养师资力量，为科研机构培养研究人员，而工业界的领导职位多半由名牌大学的老校友担任。20世纪90年代以来，法国博士生传统的培养目标发生了变化，由过去培养单一的研究型博士转变为既培养学术研究型的博士，又培养应用研究型博士，前者是传统概念的博士，强调通过撰写博士论文进行独创性的个人的科学研究；后一种博士生培养，重点在于使其获得知识技能和具有在实验室或研究中心集体工作的能力。②可见，法国研究生教育是培养未来教学和研究人员的关键阶段，又是直接参与科

---

① 建设欧洲高等教育和研究空间是一个政府的创举，始于1998年索邦大学（巴黎），继于1999年博洛涅、2001年布拉格、2003年柏林，基于各国的共同意愿，这项由四国（德国、英国、意大利和法国）推出的政策关系到"大欧洲"的40个国家。目的是使欧洲大陆成为一个有利于学生、教师和研究者自由流动的广阔空间，使这一空间在世界范围内具有可见性和吸引力。在保护各国自己文化的同时，选用的方式以为一种渐进式适应创造有利条件为目的，以便在国家的层面引导必要的变革。每个国家从此意识到除了在世界范围内保证高等教育和研究的可见性和质量之外没有其他出路。正是这种二维性——国际和国家的——在过去的十几年中使几乎欧洲所有国家达到如此高的参与程度。

② 陈学飞，等．西方怎样培养博士——法、英、德、美的模式与经验[M]．北京：教育科学出版社，2002：49．

学研究的支柱力量。

(二) 招生选拔：从论文、导师、学校三方面考查

法国的本科教育过程，尤其是后期阶段，都强调本科生参加科学研究，注重其研究能力的培养，因此，法国研究生招生没有统一的入学考试。研究生候选人首先向相关学科主管研究生工作的负责人提出书面申请，经过有招生资格的指导教师同意，系方做出取舍决定后，被录取者的资料被报送校方批准、备案。研究生的录取主要通过档案审查，根据候选人在第一阶段及深入学习文凭阶段学习的总成绩、学习评语等，一般总成绩在良好以上者才有资格申请，必要时需要面试。面试往往是教授与学生进行交谈，了解考查学生的研究能力、研究方向等等。外国学生申请攻读研究生，他们在自己国家获得的毕业文凭要通过法国大学的学位对等委员会的审定，然后由指导导师决定是否录取。

博士生教育阶段也不设入学考试，被看成是研究生阶段的自然延续，但考查却很严格，需要经过论文关、导师关和学校关。①所谓论文关是指，为了考查申请者的专业水平和研究能力，法国大学会要求申请者写一篇二十页左右的专业论文。申请者必须通过这篇论文，向导师展示自己知识结构中的"精华"。为了通过这一关，申请者首先需要确定专业和导师，然后根据导师的意见，通过查阅相关资料和书籍写出论文。导师通过对申请人论文的审阅，从中发现该生在研究方面的某些发展潜力，判断申请人能否在未来被培养成某个学科领域或行业

---

① 李晓娟，吴志功. 法国博士生培养模式及其启示 [J]. 中国高教研究，2007 (11)：41.

的高级专门人才。一位在巴黎索邦大学攻读文学博士学位的人说,区区20页的论文看起来不长,他却为此借阅了一百多本书籍。① 随后,申请者还要通过导师关。除了要根据申请者所提交的论文对其做出初步评价之外,导师还要对申请者进行面试。面试的目的主要是为了做到"不以论文定成败",那些论文出色但面试反应迟钝的申请者会被淘汰,而论文平平但面试出色的申请者可能会被录取,导师在招生中具有较大的发言权。因为导师认为申请人的基本素质、研究能力、教育背景、爱好以及表达能力均能在面试中充分展示出来,而后者更能反映研究候选人的综合素质。最后,申请者还要面对学校的最终考核,即学校关。学校的考核由一个评审团负责,其成员既有校方代表,也有相关专业的其他教授。学校考核实际上是一种监督机制,以防止导师招生时出现某些偏差行为。

总体说来,法国研究生选拔比较注重研究者的研究能力、研究方向和个人品性等综合素质,大学通常采用考查学生在原学校的学习成绩加面试的方法录取新生,每个学校有确定的招生名额,录取满了就停止招生。但对博士生而言,更突出一个"专"字,即专业能力和研究能力的考核,申请者即使有偏科现象,但只要他的专业水平过硬,同样可能会被录取。

(三)课程设置与教学方式:重课程学习,为研究服务

2005年法国全国统一实行新的学制"LMD"(简称"358学制"),取代20世纪80年代以来实行的高等教育的三段制。所谓"358学制",即进入高等教育阶段,经过3年以上学习可获

---

① 陈跃.法国博士研究生教育的特点及其启示 [J].中南民族大学学报(人文社会科学版),2004 (3):170-172.

得学士文凭（Licence），经过5年学习可获得硕士文凭（Master），经过8年学习可获得博士文凭（Doctorat）[①]。

1. 硕士阶段教育的课程教学因类型不同而异

法国硕士阶段教育分为两种：研究硕士和职业硕士。研究硕士实际上是"博士预科"，只有研究硕士毕业才有可能读博士，因此博士属于纯研究人才，他们不需要任何工作经验。而职业硕士从硕士阶段起所接受的教育就与研究硕士完全不同。两类硕士教育具有泾渭分明的课程设置和师资配备。

研究硕士的课程，其课程名称一般都很复杂，让人一看就知道是常人所难以理解的高深理论研究。比如爱克斯马赛保险学院的研究硕士课程，其名称最短、最好理解的一门课叫"缔约自由权及保险合同"。相反，职业硕士和大学文凭的课程设置则简单明了，还是以该学院的职业硕士课程为例。它们或按保险门类分类：人身险、寿险、财险、责任险、车险等；或按保险知识分类：保险合同、保险经济学、保险企业等。在师资配备上，研究硕士课程的授课教授一律是博士水平的专职教授，而职业硕士和大学文凭课程，除了基础知识课的授课教授是专职教授外，其余的授课教授多为外聘，他们个个具有丰富的保险经验，在保险界地位显赫。

2. 博士生的课程教学集中于深入研究学习文凭阶段（DEA）

博士学位是法国现行学位制度中的最高学位。法国博士生的培养分为两个阶段，即深入研究学习文凭阶段和撰写博士

[①] 张福远. 法国高等教育"358学制"及对中国留学生的影响[J]. 世界教育信息，2005（6）：18–19.

学位论文阶段。

深入研究学习文凭阶段是博士生培养的组成部分,只有获得本阶段文凭才有资格申请撰写博士学位论文。这一阶段学习期限一般为一年,少数专业或在职研究生,经校长批准后延长至两年。深入研究学习文凭阶段的课程难度很大,其淘汰率也相当高,平均为40%,某些专业的淘汰率甚至高达80%。[①]将课程学习(包括独立学习与研究能力的培养)作为博士研究生培养过程中独立的一个阶段,以DEA文凭进行资格认证,并实行严格的淘汰制,这使博士研究生的课程学习更为规范和制度化,以避免流于形式。这一阶段课程教学大体由以下三部分组成。[②]

第一部分为共同基础课程。即不分专业,根据大的学科领域划分,隶属于某一大的学科领域的若干专业开设内容相同的共同基础课,为其今后进行专业研究打下较为坚实和广博的理论基础。课程结束时,要进行难度很大的书面考试。试题的综合性强、涉及面广,涵盖了课程的基本内容,着重考查学生思考能力与解决实际问题的能力。

第二部分为研究课程。即分专业开设专业课及专门技术课程,这类课程要反映国际上的新发现、新观点、新学说,其中也包括教师本人在该专业研究方面的新观点及新成果。这类课程的考试方法包括笔试及口试。

第三部分为实验课程。即在某一实验室,包括公司企业的实验室中做实验,并要将实验的设计、过程及结果等写成一篇

---

① 王炜,徐小强.法国博士研究生的培养与质量保障[J].高教发展与评估,2007(3):44-50.
② 李晓娟,吴志功.法国博士生培养模式及其启示[J].中国高教研究,2007(11):41.

小型论文。开设这一课程的目的在于培养与考察学生的实际操作能力与研究能力。所做的实验及小型论文的选题常常与其后的博士论文有内在联系,小型论文经答辩后可在学术刊物或学术会议上发表。

在这一阶段的学习中,课程设置中的共同基础课不分专业而按大的学科领域设置,这为博士研究生具备宽广而坚实的基础理论和知识提供了有力的保证。此外,研究课程和实验课程(文科及专业学位例外),注重各学科专业的前沿性和前瞻性,以及博士研究生研究能力和动手能力的培养,这给专业课程中的教师授课、教学大纲的制定、参考书目的选择、教学评估指标的制定等都提出更高的要求。尤其是实验课程所要求的小型论文的选题、设计、过程、结果,以及小型论文的撰写与答辩,可以看作是日后博士学位论文撰写与答辩的"预演"。这些都为博士学位论文所应具备的科学性、可行性、创新性打下了坚实的基础。

(四)导师遴选与指导方式:指导教师资格审定,导师小组联合指导

1. 指导教师资格及其审定

根据法国国家规定,大学教授和科研机构高级研究员,以及持有指导研究资格[①]的副教授和取得指导研究资格者,一般都被认为具有博士生指导教师资格。

---

① 指导研究资格,不是一级学位而是一个资格文凭,设置的目的是培养学术带头人。法令指出,指导研究资格必须是:(1) 具有从事高水平科研工作的能力;(2) 能独立地开拓新的研究领域;(3) 能在相当宽的科学和技术领域范围内把握研究方向和制定研究战略;(4) 能独立地指导青年研究人员。

指导研究资格，要求在取得博士学位，并经过一段时间的工作实践后，才可申请。取得这一资格的主要依据是，申请者必须证明自己在某一学科领域具有独特的思想推理方法和独立从事科学研究的策略，以及指导青年研究人员开展研究工作的能力。法国学术界认为，指导研究资格与1984年以前的国家博士文凭①的学术地位相当，但在指导青年研究人员方面提出了一些新的要求。

申请指导研究资格者，可以根据本人的研究成果，撰写一篇高水平的研究报告，并通过学术评审委员会答辩。这个研究报告不同于博士论文，一方面，它更多的是表现申请人高质量的研究成果，学术上较高的造诣，理论上更具创造性和科学性，也更加成熟，同时也表现申请人很高的科学文化素质和写作能力；另一方面，它在篇幅上一般要比博士论文短得多，较少的只有几十页。学术评审委员会（由3~5名资深教授和研究生主任组成）在对申请人的研究报告进行评估和答辩后，对符合条件者可授予指导研究资格，每年10月1日，各校向教育部上报学科授予的新的指导研究资格人员名单。②

大学副教授或相当于这一职衔的研究人员，也可以申请博士生指导教师资格，但必须通过答辩委员会的公开答辩，证明本人具有指导博士生的能力，然后由校长在听取校学术委员会意见之后进行遴选。被认可有资格指导博士生的副教授人选名单，由教育部正式行文，在全国统一公布。在法国，受聘大

---

① 1984年以前，法国国家博士文凭是受聘大学教授或科研机构高级研究员的必备条件之一。
② 参见：陈学飞，等.西方怎样培养博士——法、英、德、美的模式与经验[M].北京：教育科学出版社，2002：66–68.

学副教授者必须具备博士学位,能否胜任指导博士生工作,关键在于申请人是否具有指导研究能力。

2. 博士生培养组负责博士生培养工作

在博士生培养方面,政府将组织专家一起研究设计培养博士生的最佳方案,将深入学习阶段的教学小组和博士阶段的教学小组并入同一个单位,共同组织学术讨论,进行相关的教学活动。

法国的博士生培养也采用导师制,通常由一个博士生培养组负责实施。培养组由一名负责人和若干名组员组成,该负责人由校长根据校学术委员会建议,在教授和相当于此身份的人选中挑选。其他成员将依据条件,可由大学教师、研究人员和科研机构的研究人员担任,必要时也可聘请合作培养单位的校外专业人士参加。博士生培养组包括一个教学小组和一个或几个研究小组。教学小组和研究小组是一种综合性学科组合,目的是培养相互交流、协作的能力,并且保持博士生培养在某个学科领域具有宽广的研究范围,避免将博士生培养变成狭隘的专业培训。这种多学科的综合培养方式,适应了当今科学技术相互交叉、自然科学和社会科学互相渗透的发展趋势,使未来高级人才面对飞速发展的高新技术,更具有主动性和广泛的适应性。

法国采取博士生培养小组共同指导博士生的培养方式,其指导范围涉及课程、论文、科研和社会实践等方面。这种导师集体指导的方式顺应了现代科学技术的发展趋势,有利于跨学科创新型人才的培养。

(五)科研训练与学位论文:科研为本,论文出新

法国把培养博士生的创造力放在极其重要的位置。通过

科学研究和撰写科学论文，培养未来研究人员和高等学校"教师—研究人员"[①]；同时也通过研究培养今后从事其他职业的人。总之，法国认为，无论博士今后从事何种职业，通过科学研究培养这种途径，会有助于打开创新的大门，有助于培养人的创造性思想和个性特征，发展个人的创造力，以及对于复杂情境的判断力和应变能力。博士论文是博士生学习和研究的结晶，是其综合能力和素质的体现，也是衡量博士生质量水平的主要标志。法国对博士生的论文从形式到内容都有严格的制度、严格的程序、严格的控制，十分重视博士生培养的科研性和学术性，把创意和创新作为论文申请的核心内容，在论文申请、论文评审、论文答辩等方面保持了较高的淘汰率。

1. 撰写博士论文阶段

博士生在完成深入研究学习文凭阶段之后，便开始在实验室进行研究工作并撰写博士学位论文，期限一般为2~3年，也可延长至4~5年。在这一过程中，博士生要学会利用参考书，运用几种语言阅读科学文献，在大学实验室进行科学实践活动。除通过独立地、创造性地开展课题研究外，还要求所写的任何学科的博士学位论文都应该是对未开发领域进行的探索，而这种探索必须具有新的内容。为了达到培养目标，保证博士生培养质量，法国高校十分重视对撰写学位论文的指导，强调指导计划的详细性和周密性，要求研究生在导师指导下选定研究课题，制订实验工作及论文撰写计划，导师与学生定期见

[①] 法国将大学教师统称为"教师—研究人员"，其意是说明大学教师应身兼双重任务，既从事教学，又要开展研究。参见：陈学飞，等.西方怎样培养博士——法、英、德、美的模式与经验[M].北京：教育科学出版社，2002：49.

面，对研究生进行指导、检查和答疑。博士生在指导教师和博士生培养组的指导与帮助下，通过开展科学研究，完成博士论文。博士生还可以在法国国家科研中心（CNRS）、国家农科所（INRA）等国家重点科研机构的实验室以及大型企业的研究中心开展研究工作和撰写博士论文。

2. 严格审查博士学位论文

博士学位论文是博士生培养的终结性结果。它是博士生研究能力、创新能力、书面表达能力以及掌握和运用知识能力等科学与文化素养的综合体现。法国对博士学位论文的要求与审查严格且具体。关于博士论文长短方面的规定，因学校、指导教师和学科不同而有所不同。一般说来，社会科学类论文一般要求为四百页左右。在撰写自然科学领域博士学位论文中，许多重要工作都在实验室完成，对论文的长短没有明确规定。审查论文的主要标准是评估其质量和价值，论文必须是一个"有特色的科研成果"。其论文至少包括三个方面的内容：一是对所研究课题的简要回顾，对研究现状以及对该课题的基本理论的理解进行综述；二是围绕该课题研究所进行的实验工作基本情况的介绍，包括主要实验方法的基本理论依据；三是客观阐述实验结果，并将实验中的发现从理论上进行概括和分析，从而提出自己的观点和结论。研究者只有通过寻找新的概念、新的方法、新的算法、新的原理或者新的装置，运用新方法解决新问题，才能得到好的评价和高分。

3. 公开进行博士学位论文答辩

博士生应在预计答辩前的三个月或更长一些时间里，将论文提交给指导教师聘请的至少两名教授或具有指导研究资格的审查人审阅,其中一人为校外教授,也可聘请外国同行专家。资格审查人根据论文的初稿向答辩委员会建议是否允许答辩,然后,校长根据审查人的书面审查报告,批准是否进行答辩;同时,向教育部呈递申请答辩报告,教育部一般在一个月左右批复。批复同意后,被批准答辩的论文可打印成册,分别呈送论文答辩委员会各成员提前审阅。

博士学位论文答辩委员会由校长指定,答辩委员会组成的一般规定是:博士生论文答辩委员会一般由4~6人组成,总成员一般不得超过8人。其成员是:主席(本学科专业的教授或知名学者)、报告人(指导教授)和其他成员,一般均为教授、国家科研中心的主任;也可请讲师或工程师,但他们必须具有指导研究资格。

答辩一般公开进行,如有特殊情况(如涉及国家机密)不能公开答辩,应由校长根据有关法令决定以何种方式进行。答辩时,除答辩委员会成员和博士候选人外,其他各界人士均可到场旁听,但不能提问。答辩前,论文内容概要应在校内张榜公布。博士生的答辩时间无严格规定,一般3~4小时。首先由博士生用半小时左右的时间简要陈述论文主要内容及成果,然后开始答辩。答辩后,由答辩委员会主席主持开会讨论,对论文提出意见及进行评定。答辩委员会通过博士生的陈述及答辩,判断论文是否为"具有特色的科研成果"。主席就此次论文答辩情况,写出一份报告,由全体成员签字。经过评估和商议,成员认为论文符合要求,随即宣布授予博士文凭,并在该文凭注明评语和等级。一般说来,只要是经答辩委员会同意答辩的论文,都可以获得通过;否则,答辩委员会将事先告之博士候选人尚不能答辩,并允许博士候选人对论文修改后再做答辩。按规定,新的博士文凭应冠以授予该文凭的大学名称或共同授予该文凭的学校。该报告除通知博士生外,还要在颁发同一专业博士文凭的其他院校公布。①

五、日本研究生培养模式

日本的研究生教育产生于19世纪末,一百多年来,先后经历了几个阶段的发展变革。日本的研究生教育引进了德国的讲座制和美国的研究生院制,创建了美国式的研究生院,同时也发展了自己的"产官学"一体化的研究生培养模式和工业实验室为主的研究生教育和科研模式。

大学研究生教育在日本称为"大学院生教育",研究生院叫作"大学院"。日本研究生教育形式较为多样,各高校根据自己的办院条件及实际需要进行不同形式的研究生教育。到目前为止,日本研究生教育形式主要有以下四种类型:硕士课程和博士课程并存,只设硕士课程,只设博士课程,设五年一贯制博士课程。而设五年一贯制博士课程又包括两种方式:一是"一贯制型",即大学本科毕业生进入研究生院接受为期五年的教育,这五年都属于博士课程教育,不硬性划分为硕士课程和博士课程两个阶段,这有利于系统地安排培养计划,使学生的学习和研究具有很强的连续性。二是"累积型",它将研究生教育分为前期两年硕士课程和后期三年博士课程。学生完成两年硕士课程教育后可以直接进入博士课程的学习,但在特殊

---

① 葛芝金.国外研究生培养过程的特点[J].江苏高教,1996(3):65-67.

情况下也可以硕士毕业进入社会职场。

(一)培养目标:层次化

研究生培养目标层次化,是日本研究生教育发展的主要特点。日本研究生教育层次由硕士教育和博士教育两级构成,通常这两级教育称为硕士课程和博士课程。硕士课程是日本研究生教育的初级层次,主要招收大学本科毕业生或具有同等以上学力者入学,学生一般在研究生院接受两年教育,学习一定的课程,获得必修的学分并接受研究指导,通过最终毕业考试及硕士论文审查者,授予硕士学位。博士课程是日本研究生教育的高级层次,招收硕士课程毕业生或具有同等以上学力者入学,学生一般在研究生院接受三年教育,也必须学习一定的课程,获得必修学分,接受必要的研究指导,通过最终考试及博士论文审查,授予博士学位。同时,日本还设立了一种"特别研究员制度",培养对象为各学科34岁以下的毕业博士生及在校博士生,由主管机构发给符合条件的博士生一笔可观的科研补助金,资助他们在国内或国外的大学或研究机构从事研究,从而培养一批年轻的学术带头人。

硕士生教育倾向于对学生应用能力的培养,强调专业化,主要培养具有专业领域的研究能力或高度专门性职业所需的高层次能力的社会从业人员,具有很强的职业教育性;而博士生教育则重点突出对学生科研能力的培养,注重学术研究,要求博士生的研究要有新的学术贡献,形成独立从事科研的能力。20世纪80年代后期,博士研究生教育以培养学术研究人才为主旨,同时也强调解决实际问题能力的重要性,要求研究者在专业领域能独立地进行研究活动,或具有从事其他高度专门业务所需要的高度研究能力及基础性的丰富学识。

总之,日本研究生教育的职能自20世纪90年代后迅速向多样化拓宽:培养高层次从事科学研究工作的学术带头人、培养产业界所急需的开发型人才、培养地区企业专门职业型人才,此外还包括为在职人员的回归教育以及为全体国民的教养教育提供多种机会。

(二)招生选拔:严格入学考试制度,强化资质审查

源于日本传统讲座制,为维护讲座的威望和对科研生产的重视,研究生院建立了一套严格的招生、入学考试制度,来选拔有才能的研究生。面向社会各个方面各个层次想进入研究生院学习的人,日本实行多种研究生院入学考试制度,依各校的情况而互不相同,灵活性较大,招生工作由各校自主负责。

1. 报考资格弹性化

尽管从20世纪80年代以来,日本研究生院逐步放宽了报考资格,但还是坚持从严把关的原则。各研究生院自行组织招生考试,各高校根据自己的实际情况制定研究生院规则,规定报考资格。许多研究生院尤其是名牌大学的研究生院对报考资格相当重视,如东京大学规定该校博士研究生的资格是:该校应届硕士毕业生,在该校取得硕士学位者[①],在国外相应教育机构获得相当于硕士学位者,外校硕士学位获得者和应届硕士毕业生,该研究生院认为具备硕士学位同等以上

---

① 日本研究生教育实行毕业与学位授予相分离的制度,研究生可以是硕士或是博士课程毕业,但毕业不等于取得学位。

学力者。①

日本大学审议会在《关于研究生教育制度的弹性化》咨询报告中认为，随着学术研究的迅速发展，培养具有高度研究能力与创造能力的研究人才成为当务之急，为此应该使那些具有优秀研究潜能的学生尽早进入研究生教育阶段。大学审议会建议对于那些在大学学习两年以上，并修足接受研究生教育所必需的本科课程学分的大学生，应给予他们参加研究生入学考试的资格。同样，在博士研究生考试资格方面也应该采取灵活的政策。如对于那些虽没有硕士学位，但本科毕业以后从事过两年以上研究工作且取得一定研究成果的人，允许他们参加博士研究生的入学考试。

从入学条件看，较之既往的研究生院，专业研究生院更注重招收具有实际工作经验的社会工作人员。

2. 入学考试注重能力选拔，强化资质检查

日本大学招收硕士研究生的基本条件是大学毕业获得学士学位，报名时除提交必要的学历证明以外，多数学校同时要求提交研究计划书，计划书须写明研究的内容、目的、意义等，有些学校还要求学生提交与研究内容有关的小论文。

硕士研究生入学考试需要经过三个环节：专业课考试、外语考试和面试②。这三种考试方式所考查的内容都与研究生学习阶段的要求紧密相联。这样既有利于招生单位有效选拔出适合到本专业进行学习研究的人才，也有利于学生尽早进

---

① 北京师范大学外国教育研究所. 美国和日本的研究生入学考试——研究生入学考试国际讨论会专辑 [C]. 北京：北京师范大学出版社，1987：134–135.
② 闫晶晶. 日本国立大学硕士研究生入学考试的特点及启示 [J]. 煤炭高等教育，2008（1）：102.

入研究者的角色。(1)专业课考试。在专业课考试中,命题者注重考查学生的研究潜力、灵活运用知识的能力,以及考生的个人思维能力、阐述自己观点的能力,而非侧重考查复述权威观点的能力。(2)外语考试。外语考试所考查的内容往往与所报专业密切相关,侧重考查考生的翻译能力及专业外语水平。题型一般是:给出一两篇在内容上紧扣所报考专业的外文文章,紧扣文章内容提问,题干采用日语,回答也要求用日语。原因是日本教授认为,能读懂外文文献并转化成自己的语言是研究生需具备的重要能力。(3)面试。面试成绩占总成绩中的比重较高,整个面试环节也很有特点。各招生单位一般要求考生在报考时提交一份研究计划书,其内容为考生计划在未来研究生阶段从事何种研究,采取何种方法,预期达到何种效果。面试内容是本专业的教师针对考生提交的"研究计划书"提出各种问题。通过这一方式,导师既可以了解考生的研究兴趣和研究动机,也可以考查考生的语言表达能力、思维清晰度、研究计划的可行性和研究潜能,进而直接选出适合自己研究方向的学生。

　　研究科所和导师对博士生招生有绝对大的权力。根据研究科的规定,入学申请者在下述内容的范围内进行考查:笔试、口试(包括面试)、学位论文或相当于学位论文的研究成果、学业成绩或就业经验、研究计划等。硕士论文尤其是主要的审查内容,申请者必须在提交硕士论文后才能参加博士招生考试。

　　近年来日本更多的大学注重笔试在综合评定方面的价值,即主要以学生在大学的学习成绩和GRE、托福等英语统一考试成绩来判断学生的学习能力,以本科阶段毕业论文的质量、研究计划书或小论文为判断其专业知识水平的重要依据,学生只要通过本科阶段的认真学习和训练就可达到要求。

此外,成绩优秀的大学生在三年级结束后就可以直接进研究生院,1995年有145名大学三年级学生直接进入研究生院;大学毕业后从事两年以上的研究工作者具有报考博士后期课程的资格。1995年有146名大学毕业后从事两年以上的研究工作者没有经过硕士课程就直接考入博士后期课程。

(三)指导方式:讲座制与导师制

日本对硕士生侧重于通过课程来指导,对博士生侧重于通过科研来指导。不论硕士生还是博士生,其研究工作实行讲座制度,重视培养学生的实际能力和创新能力。

讲座是日本高校进行教学和科研的基本方式,硕士生的论文工作和博士生的研究工作都是在讲座里进行的。讲座的成员包括1名教授(主持讲座)、1名助理教授和2名助教(一般都是取得博士学位者)组成。在一个讲座里一般培养3名博士生、8名硕士生(分两个年级)、7~8名学部四年级的学生。博士生在教授指导下进行科学研究工作,同时协助硕士生的论文指导工作,硕士生要协助指导学部高年级学生的论文工作。在一个讲座里,教师、研究生、学部高年级学生形成梯队,教学与科研紧密结合。在讲座里,师生经常开展学术讨论会,硕士生、博士生在讲座内要定期轮流报告自己的研究情况,由大家质问和评讲,集思广益,共同解决有关问题。讲座最大的特点是实行导师制,强调科研,研究生往往是在协助导师进行科研的过程中提高科研能力的。

导师对学生要进行全面指导,从课程选择到确定研究方向都要给出具体的意见,学生的决定必须得到指导教师的同意才被认可(有时要得到研究科科长的同意)。对论文的指导,研究室是采用论文轮讲的方式进行,教师集体授课来指导学生,即学生由研究室集体指导。通过邮件预约的方式,学生可以找教师交流、答疑。此外,随着学科门类增多,知识面的扩大,跨学科专业的发展,许多研究生院开展合作,采取集体培养方式,学生可以接受其他学校、其他教师的指导,可以参加各种形式的座谈会、报告会、讨论会。

(四)课程设置与教学方式:课程学习综合化,讲授强调研讨

日本研究生教育具有硕士课程和博士课程两级,硕士课程可独立为一级教育,也可以是博士课程的前期教育,而博士课程历来是日本研究生教育的主体。在日本,对课程的学习有非常严格的制度规定,研究生必须修满30个单位以上的学分。日本很重视培养学生的实际操作能力和创新能力,科学研究是研究生培养过程中不可缺少的环节。日本高等学校多与企业进行产学研合作,研究生在导师的分配和指导下或在学校内或深入企业中进行科学研究工作,有的工作报告即是毕业论文。

1. 注重课程学习和课程的跨学科性和综合性

传统上,日本研究生培养承袭德国的做法,比较强调严格的学术训练,而不设专门课程,使科研与教学分离,造成研究生基础不牢、后劲不足的弊端。近几十年来,日本研究生院加强了研究生的课程学习,硕士生和博士生入院学习都有一定的课程学习计划和学分要求,强调"课程制",由多位教授按照事先制订的课程计划授课,以此来拓宽研究生的知识面,研究生只有修完规定的课程学分才能参加最终考试[①]、毕业和取得学位。在学分规定上，学术型学位与专业学位之间有所差别，从毕业条件上看，专业学位与其他的研究生教育在学分要求上都是要求最低30学分（唯"法科大学院"要求最低93学分），如正在计划中的"教职大学院"要求45学分以上。

研究生院没有统一的课程，根据规定各研究科自行设置课程。课程的类型分为讲义、练习、实验或实习，其中练习和实习等课程备受重视。学生力图打破课程间的界限，根据导师的意见，灵活而有针对性地选择不同层次的课程，也可以根据研究需要，选择其他大学研究生院的课程或海外研究生院的课程，而依照学校或研究科的规定获得学分。[②]

2. 教学方式：讲授结合研讨，培养自学能力

日本的硕士研究生教育提倡学生独立学习，导师的作用主要体现为对学生的引导以及为其创造宽松的研究环境。在教学方法上，尽量摆脱教师一言堂的形式，调动学生主动学习和思考。专业学位研究生教育尤其强调与职业紧密联系的实践性教学，要求重视案例研究、实地调查、多方讨论、多媒体教学、远程学习等灵活多样的学习方式。

（1）轮流讲座。[③]课程阶段广泛采用轮流讲座的教学方式，首先由任课教师指定教材或文献，要求学生事先阅读，每次上课时先由分担该章节的学生进行讲解或提问，学生们进行讨

[①] 日本研究生毕业并获得学位，需要经历论文选题、最终考试、论文审查、论文答辩等环节。
[②] 胡璇.日本博士生培养模式研究[J].医学教育探索，2007（8）：731.
[③] 沈滢，张云辉.从日本研究生教育特点看我国研究生教育改革[J].沈阳建筑大学学报（社会科学版），2008（1）：104.

论，教师仅对一些疑难问题加以提示和深入讲解。学生在收集、阅读资料的过程中会发现问题，从而促使他们认真思考，培养学生发现问题、思考问题的能力。

(2) 各种形式的研讨会。这种研讨会是以学生为中心的另一种教学形式。它主要是由研究生轮流在研讨会上提交书面研究报告，汇报课题研究的进展，介绍存在的问题和下一步的工作设想，一般每位研究生在一学期内要进行三四次这样的报告，指导教师和研究室内的其他成员都参与讨论并阐述自己的观点和看法。这种研讨会实际上是课题研究的交流和促进会。通过研讨会导师可以检查学生的工作，调控研究目标和方向；其他学生也可以了解研究室的研究动态，扩大彼此的研究视野；报告者本人也感到有压力，从而更加自觉地进行研究，研究能力也就会随之逐渐提高。

3. 教学方法：启发式、实践性

教授在课堂上很少讲解一些基本概念，一般要求学生选课前具备相关的基础知识，或者课前预习。教授在课堂上基本上是提出问题，然后引导学生去分析问题，共同探讨问题的解决方法。例如，针对"废旧产品的重用及其环保作用"这一课程主题，教授要求学生列出需要从哪些方面来考虑这个问题，学生列出了下列方面：技术、物流、消费者、效益、法律，等等。然后又分别让学生对每一个方面进行探讨，列出每个方面的一些有利因素和不利因素。就这样一步步深入地探讨这个问题，最后再让每个学生写出各自的结论，课后作业还要求提交一份简短的研究报告。教授在这堂课上纯粹是一个"导演"的角色，但学生们对这个问题的理解却很深入。

此外,针对专业学位研究生教育,教学方法则强调与职业紧密联系的实践性教学,要求重视案例研究、实地调查、多方讨论、多媒体教学、远程学习等灵活多样的学习方式。

4. 教学内容:源于授课教授的研究

授课教授在课程的相关领域一般有长期深入的研究,课程的教学内容也以授课教授的研究方向和内容为主,主要介绍教授本人在相关领域的研究经历和内容,及该领域最新的国内外研究现状。由于这些教学内容来源于教授本人的研究实践,讲解时能够深入浅出,生动有趣,最后引出相关需要解决的问题及其研究进展,启发学生去思考。在教学过程中教授把在科研中的一些经历和经验也顺便介绍给学生,对研究生开展研究工作无疑是很好的启发。教授有时也在课堂上对一些难题进行分析,与学生一起进行探讨,学生们也都积极思考和踊跃发言,使得整个课堂气氛就像是在研究课题。正因如此,研究生课程一般没有教材,教授每次印发一些讲义给学生,有些讲义就是教授本人发表的学术论文,或一些学术期刊上最新发表的研究论文。这些论文多数是英文,如果学生看懂了,英文阅读水平也会有所提高。

5. 注重实验与实践

工科课程的教学,除了与研究工作相结合的内容和启发式教学方法之外,实验或去工矿企业的实践也是非常重要的。例如,东京大学有些研究生的课程,有一半课时是做实验或去工矿企业参观实践。一般来说,研究生课程主要是充分利用校内的实验室,当然多半是授课教授本人所在的实验室,多数教授允许选课的研究生课后到其实验室进行交流和做实验。去工矿企业参观实践也非常普遍,教授往往只告诉学生要参观的工厂地址和集合时间,学生自行前往,日本的许多企业很愿意接待学生参观实习。

6. 灵活而严格的考核

因为课堂教学是独特的学习机会,因此严格要求学生不要旷课和缺课,上课时都要求签到。每次课后的作业基本是要求学生写研究报告,多数教授就是按照这些报告给学生课程成绩;也有一些教授要求课程教学完毕之后提交最终研究报告,然后综合平时报告和最终报告来给学生成绩。东京大学的教授都很严格,每份报告都会仔细审查,并给出评审意见。专业课很少有闭卷考试,学生都是带着研究的兴趣去完成报告。

(五)科研训练与学位论文:"产官学"一体化培养,推崇创新

日本研究生教育具有以下主要特点:一是各种形式的研讨会定期、定点举行,形成了日本高校以研究室为中心来培养研究生科研能力、进行科研训练的颇为高效、颇有特色的研讨会制度;二是多实行高校与企业进行产学研合作,研究生在导师指导下在学校或深入企业进行科学研究,重视科学研究能力的培养;三是学位论文要进行一定的研究工作,要拿出相应的研究成果;四是研究生教育的组织管理实行"产官学"一体化模式,在管理和培养上研究生院与国立、公立及民间科研机构共同进行。为此,日本研究生教育对科研训练极为重视,并且对研究生的科研训练多是依托科研机构进行。

1. 研讨会的形式

第一,专题报告形式的研讨会。这种研讨会每周一次,每次2~3小时，研究室的教授、副教授、助教和全体学生参加。研讨会主要由研究生主讲，内容是提出关于某个专题的报告或者实验工作的讨论，并要求参加者对主讲人提问。为了做好主讲工作，研究生不仅要查阅大量与自己研究方向相关的文献，而且还要追踪并把握学科发展的方向与前沿，从而促使研究生在课题研究过程中，随时全面跟踪国内外最新动态，广泛收集资料，开拓思路，起到激励和培养研究生创造性的作用。

第二，研究报告形式的研讨会。例如在北海道大学理学部，每年4月份有"最初报告"，由主讲的研究生向大家介绍自己的论文题目、内容、技术路线及可行性分析等，教师及研究室的研究生当场讨论，以利于研究生把握好研究题目。每年10月份有"中间报告"，汇报的内容包括实验经过、实验结论及预期计划等。要求学生在研究过程中随时查阅最新刊出的文献资料，及时论证实验结果，以决定实验是否进一步深入或中止。次年3月份有"最终报告"，每位学生，甚至是教师，都是主讲，向大家介绍课题的研究历史、研究结果并讨论，在场的听众质疑。通过每学年三个阶段的研讨会，既提高了研究课题的质量，也锻炼了研究生的思维应变能力。

第三，文献报告形式的研讨会。在研究生查阅的大量英文文献中或在研究室订阅的常用英文杂志中，主讲人精选出一篇能反映学科最新研究前沿或能代表本学科研究经典的文章，彻底准确无误地翻译，并将其核心部分进行整理，印刷成资料，在主讲前分发给参与者。通过该种形式的研讨会，参加者可以在较少时间内掌握本专业最新前沿知识和经典知识，也拓宽了主讲者的专业知识面。

如果没有极其特殊的情况，研讨会的时间、地点和主讲人不会发生变更。学生的学习和科研活动因为研讨会的安排密度之大、时间之短而紧密地围绕着研究室的科研主线进行，由此提高学生的科研能力和科研水平。日本高校的科研以研究室为单位，每个研究室都很注重保持各自的特色与研究传统，在给研究生确定研究方向时提倡"小题深作"，而避免"大题浅作"，不追求一蹴而就，而是通过持之以恒的方法逐渐确定在某一研究方向上的优势地位。

2. "产官学"一体化培养研究生

日本在20世纪30年代就开始寻求高校和企业的科技合作，经过几十年的发展，建立起了联合研究制度、合作研究制度、合同研究制度等多种形式的横向联合。日本高校引入市场机制，努力建立教学、科研、开发利用与生产实践一元化体系，引入竞争机制，让高校与生产科研内部以签定培养合同等形式发生直接联系。这种产学研合作被称为"产官学"一体化，实质上凸显的是日本产学合作的官方主导特征。日本的"产官学"一体化模式，就是研究生院与国立、公立及民间科研机构合作科研、合作教育，实质是协作式研究生培养模式的进一步发展。[1]这一方式将具有先导性的基础科学研究和尖端科学研究相结合，既促进了科学研究的综合、发展，同时也带动了研究生教育学科结构、专业设置、课程设置和研究课题的更新换代，促进了研究生教育，尤其是博士生教育质量的提高。

---

[1] 马安伟，等.日本研究生创新人才培养模式探索[J].中国冶金教育，2006 (5): 72.

3. 工业实验室为主的研究生教育和科研模式①

在日本，工业实验室已经代替大学成为主要的科研中心和研究生教育基地。工业公司为科研人员提供资金、课题和就业机会，反过来公司也因此获得更大发展，因此有更大热情和实力在内部进行研究生教育工作。这种以工业实验室为主的研究生教育和科研模式提供了一种以工业为基础的连接科研与教学和学习的典型。日本博士学位获得者中有大约一半是通过论文博士途径获得的，很大一部分博士学位获得者所完成的论文工作不是在大学进行的，而是在工业实验室完成的。②日本工业已经建立起一个惊人的实验室和设备的应用研究基地。③例如，一些最主要的制造业公司每年招聘一百名以上的硕士研究生，公司对他们进行训练投资，把他们和开发人员派到国外研究生院学习，然后回国进行科研，提交论文，从而在工作和研究中获得博士学位。在职人员也可以在工作岗位上通过长期努力工作、结合实际将研究成果写成博士论文，向有博士学位授予权的大学提出申请，大学组织有关讲座进行考试，考试合格后通过论文答辩就可以获得博士学位，即"论文博士"。④

4. 研究生教育与学位授予分离，加强学位论文的质量

日本研究生教育与学位授予不具有直接的关系，研究生可以是硕士课程或博士课程毕业，但毕业不等于取得学位。日本

---

① 马安伟，等. 日本研究生创新人才培养模式探索[J]. 中国冶金教育，2006（5）：73.
② 廖湘阳. 研究生教育发展战略研究[M]. 北京：清华大学出版社，2006：149.
③ 廖湘阳. 研究生教育发展战略研究[M]. 北京：清华大学出版社，2006：154.
④ 孙大廷. 移位于工业：日本高级人才培养模式的形成及影响[J]. 现代教育科学，2008（4）：97.

的学位授予极其严格,尤其是博士研究生,要获得学位非常困难,毕业后还要在学位论文基础上苦干几载,拿出确有独创性的研究成果才行。

日本的硕士研究生教育重视并强调研究生的实践创新能力培养。研究生导师积极争取利用与科研机构、企业的合作之机锻炼学生,努力为学生创造条件,使他们有机会进入科研机构进行短期的研究学习,面对面地接受资深专家的指导,借助社会力量来增长学生的见识,提高学生的研究水平。而在应用技术型专业领域内,更多的是与企业建立长期合作关系,把研究运用到实践中去。日本文部科学省也十分重视学生的实践训练,从2006年起启动专项资金资助理工科学生在学期间到企业进行约三个月的训练,开展研究、开发、企划立案、经营等工作。

(1)论文选题。研究生导师鼓励学生进行有个性的创新研究,通常是让学生自主选择研究课题,题目力求新颖和独创。通常情况下,一个研究课题往往在研究室内连续多年进行,学生可以从不同起点、不同侧面入手研究,在进行一段前期准备工作后,就要举行开题报告会进行论证。报告人须在会上介绍题目的背景,国内外以及本研究室的研究进展、存在的问题,自己研究的目的、使用的方法与手段、预期成果等。参加报告会的导师和专家会对其可行性和创新性进行审查分析,只要是有新的创意理念并且可行,都会得到肯定和支持。在日本取得硕士研究生入学资格并不困难,但要顺利完成学业则必须付出艰辛的努力。

(2)最终考试。研究生毕业必须通过最终考试,它是综合性的,以论文为中心,并就相关科目进行口试或笔试。此外还有外语考试：对于硕士毕业生，由审查员指定一门外语对其进行口试或笔试以检查是否具有与其毕业相应的外语能力；对博士毕业生，由审查员指定两门外语对其进行口试后笔试，检查是否具备进行专门学术研究所需的外语素养。

（3）毕业论文审查。日本研究生院对研究生的论文提出了很高的要求。一是平时学习期间必须写出两篇左右的小论文，理工科学生可以用实验报告代替。博士研究生在学期间不仅需要写出数篇论文，如果要申请学位，还必须在公开出版的学术刊物上发表1~3篇有分量的文章。另一个是毕业论文，无论是硕士生还是博士生毕业时都必须提交毕业论文并接受论文审查。毕业论文的题目和内容通常是导师所在讲座科研方向的组成部分。日本研究生院对毕业论文的审查相当严格，由教授组成审查委员会。硕士研究生的毕业论文审查须先经导师同意，再经所在的研究科批准，并提交校长。导师还要把提交的论文报专业会议讨论，由专业会议指定包括导师在内的三名论文审查员审查。博士研究生提交毕业论文，在审查论文之前，要向导师提交论文，由导师主持召开论文研讨会，此后将论文提交专业会议，由专业会议投票决定是否接受论文审查，若半数以上通过，则专业会议选出五名以上教师来负责论文审查。

（4）先预答辩，后正式答辩。日本各学校都规定硕士研究生须在专业刊物上发表学术论文方可获得取得学位的资格，因此导师对于研究生的论文倾注了大量精力。导师对学生撰写的论文几乎是逐字逐句审核，反复与学生讨论，不断提出修改意见，常常用两三个月的时间进行审查，直至认为达到投稿水平为止。而对于毕业论文的审查则更加严格，通常先预答辩，然后按照要求修改，正式答辩合格后方可定稿。这样的做法最大限度地发挥了学生的研究潜力，在研究工作中培养了学生严谨的科学作风，保证了研究生教育的质量。

（5）学位授予标准。[①]硕士学位授予标准是"授予视野广阔，修得精深的学识，具有在专业领域方面的研究能力或从事需要高度专门性的职业等所必需的高度能力者"。硕士学位除了授予在专业领域方面拥有研究能力者之外，还可授予具有高度的专门职业能力者，因而成为一种职业资格。博士学位的授予标准是"授予在专业领域方面具有作为研究者独立开展研究活动所必需的研究能力及作为其基础的丰富学识者"，博士学位具有"能力证明书"的性质。这是日本研究生教育由重学历逐渐向重能力转向的表征。

需要提及的是，最终考试并接受毕业论文审查是研究生毕业的必要条件。而毕业与学位是分离的，毕业时能否获得学位，取决于对课程学习、科研成绩、最终考试、论文审查等诸因素的综合考查。尤其是博士学位授予方面深受传统的影响，文科的博士一般在毕业时很难获得学位，而医科、理工科则容易得多。

[①] 周洪宇. 学位与研究生教育史[M]. 北京：高等教育出版社，2004：230–232.

下　编

第五章
学术型研究生培养模式及其改革

从研究生教育发展的历史及当前情形来看,研究生培养模式大致可以分为学术型研究生培养模式和应用型研究生培养模式两种。学术型研究生培养模式就是指以把研究生培养成为学术型人才为鹄的的培养模式。概况来讲,学术型研究生培养模式发端于19世纪德国柏林大学,后来影响到英国、美国,之后又传播到世界其他国家,对推动世界各国研究生教育的发展起到了不可低估的作用。学术型研究生培养模式初期以德国大学为代表,20世纪50年代以后则以美国研究型大学为代表。

我国研究生教育起步比较晚,自20世纪30年代初才开始招收数量很少的研究生,主要集中在中央研究院和少数国立大学,新中国成立前全国总共培养了二百多名研究生,那时还没有招收博士生。新中国成立后,在国民经济恢复初期,国家已经考虑到要恢复研究生的招生与培养工作。1951年6月,教育部与中国科学院联合发出了《1951年暑期招收研究实习员和研究生办法》,新中国研究生教育开始起步。自1951年至1965年,整个国家培养的研究生还不到两万名,而且还没有授予学位。自1978年3月开始,全国正式恢复了研究生的招生工作,从此揭开了新时期研究生教育发展的序幕。而1998年以后,研究生教育规模持续快速增长,1998年是7.2万人,2001年是

15.6万人，2002年是19.5万人，2003年是27万人，2004年是33万人，2006年达到43万人，2007年达到105万人，自1999年起研究生招生每年增速为27%。据统计，目前在校研究生人数达到120万，研究生教育总规模仅次于美国。

发展到今天，学术型研究生培养模式的内涵已经被广泛承认，特征也较明显，问题也暴露得比较充分，尤其是在当今社会经济发展观照下，亟须进行改革。

一、学术型研究生培养模式的内涵

学术型研究生教育以培养学术研究型人才为主要目标。除担负着传递高深学问的历史重任外，学术型研究生还担负着科学研究、创新理论和发展知识的责任。这尤其是博士生教育的主要任务。该项任务是通过广博深厚的知识累积、系统的理论研究，对本学科能够做出创造性贡献，承担起发展学科的责任。

学术型研究生教育实现研究型人才培养目标必须依靠完整的培养环节。首先是通过严格的选拔制度招收具备较好科学研究基础、浓厚学术兴趣的学生，之后通过宽广而扎实的课程学习以及完整的科研训练，最后递交一篇具有一定创新意义的学位论文并通过答辩才算走向科学研究之路。

学术型研究生教育是按学科专业进行培养的一种专业教育，是建立在本科教育基础之上的更高层次的专业教育，它以专业为基本单位开展教育教学活动，研究生通过课程学习掌握某一专业领域的基础理论和系统的专门知识，并围绕该专业领域开展研究与创造活动。"学科交叉地带"常常是科学研究创新的活跃地带。这就要求，学术型研究生既要有精湛的专业知识,又要有广博的相关学科知识,只有这样才能适应科技发展对学术创新的要求。

二、学术型研究生培养模式的特征

(一)学术型人才的培养目标

学术型研究生培养模式最为重要的特征就是培养目标指向人才的学术型质量,主要以培养从事科学研究和探索、发现科学规律的学术型人才为主,目的在于为高等学校、科研院所和社会各行各业培养教学和研究人员。我国《学位条例》就明确规定,硕士学位具有从事科学研究工作或独立担负专门技术工作的能力;博士学位具有独立从事科学研究工作的能力,在科学或专门技术上做出创造性的成果。放眼世界,现代研究生教育发源地的柏林大学开展研究生教育之初就尊崇洪堡的主张:"学生以大学教授为导师,协助教授进行科研,然后在研究过程中受到教育并培养自己在学术上的爱好。"[1] 洪堡所指的科学是"纯科学",而在洪堡看来,"所谓纯科学就是建立在深邃的观念之上,不追求任何自身以外的目标,进行纯知识、纯学理研究的科学"[2]。因此而发展的学术型研究生培养模式,就是让学生以探究科学规律、客观原理为己任,主要从事基础研究,侧重理论与学术研究,最后达致学术型研究型人才的规格。据此获得学位的研究生,必须对某一学科进行高深研究,

---

[1] 李其龙. 联邦德国高等教育改革动向与趋势[M]// 国家教育委员会教育发展与政策研究中心. 当代国际高等教育改革的趋向. 北京:高等教育出版社,1988:188.

[2] 刘宝存. 洪堡大学理念述评[J]. 清华大学教育研究,2002(1).

并在学科知识的发展上做出贡献。

(二)宽广而扎实的课程学习

学术型研究生培养模式以培养从事科学研究的学术型人才为目标。在课程设置上希望通过宽广而扎实的课程学习,切实掌握本学科的基础理论知识,为将来的学术研究打下坚实基础。拥有宽厚的学科基础理论和系统的专门知识是研究生发展科研活动的先决条件。

美国在研究生教育质量方面的优势与其重视研究生课程学习是分不开的。也正是对研究生课程学习的重视,使得美国后来居上,超越德国而成为世界头号研究生教育强国并保持至今。美国的硕士生基本上没有对学位论文的强制要求,多数高校修满学分即可获得学位;博士生入学以后,需要进行两年或两年以上的课程学习,考核合格后才能转入论文写作阶段。

当前,开设众多课程、加强基础理论知识的培养是适应科技发展需要的一大趋势。而这样就可以使研究生参加工作后面临新事物时,不仅知其然,而且能够探索其所以然,并具有不断更新知识和增强发现新知识、创造新知识的才干。因此,具有宽广和扎实的基础理论知识,对于学术型人才是极为重要的,这为他们面对科技挑战,进一步深入学习打下了重要基础。科学技术的飞跃发展很难预料几年后原有知识怎样适应学科发展,而有了宽厚扎实的基础理论知识,就会具有适应科技知识更新和专业转换的能力。

(三)严格的学位论文要求

学术型研究生目的是培养从事科学研究的学术型人才,因而对学位论文的要求特别严格。尤其是对于代表最高学位的博士学位论文,更是如此。德国在博士学位设立之初就规定,博士论文必须是具有重大价值的科学研究成果,并且能够显示博士生进行独立学术研究的能力。论文应该能够证明作者个人的科研能力和具有继续从事科学研究的潜力,所以它绝不是各种资料、数据和科学观点的简单罗列和堆积,而应该在科学研究的基础上提出自己的观点,并且对某一领域的科学发展做出贡献。在德国研究生教育模式向世界其他国家辐射的过程中,这一对博士论文具有创造性的传统被普遍沿用。法国要求所有的博士论文,无论哪一类学科都应该是对未开发领域进行的初步探索,而这种探索必须具有新的内容。英国要求博士论文要具有独创性,"博士学位是授予对知识有独创性的人的"。世界各国对博士论文的要求尽管具体表述可能不尽一致,但核心内容却高度统一,即"一篇博士论文应对于它所研究的领域做出独创性的学术贡献。即它不能重复他人已经做过的工作,理想的状况应是开辟一个新的研究领域"[①]。

英国教授菲利普斯曾将博士论文"独创性贡献"的表现归纳为如下15种:

(1)第一次用书面文字的形式把新信息的主要部分记录下来;

(2)继续前人做出的独创性工作;

(3)进行导师设计的独创性工作;

(4)在即使并非独创性的研究工作中,提出一个独创性的方法、视角或结果;

(5)含有其他研究生提出的独创性的观点、方法和解释;

---

① 薛天祥.研究生教育学[M].桂林:广西师范大学出版社,2001:272.

(6) 在证明他人的观点中表现出独创性；

(7) 进行前人尚未做过的实证性研究工作；

(8) 首次对某一问题进行综合性表述；

(9) 使用已有材料做出新的解释；

(10) 在本国首次做出他人曾在其他国家得出的实验成果；

(11) 将某一方法应用于新的研究领域；

(12) 为一个老的研究问题提供新证据；

(13) 应用不同的方法论，进行交叉学科的研究；

(14) 注视本学科中他人尚未涉及的新的研究领域；

(15) 以一种前人没有使用过的方式提供知识。①

三、我国学术型研究生培养模式存在的问题

与发达国家学术型研究生培养模式相比，我国学术型研究生培养模式发展至今，出现了诸多问题。

（一）招生录取僵化单一

目前我国学术型研究生培养模式在招生录取制度方面实行的基本是初试（国家统一考试）和复试（高校自主考试）相结合的制度，在录取上不仅划总分的分数线，还划单科分数线；初试上线后，才从高到低，以1:1.2的比例与导师见面，进行复试；复试成绩又只能以30%左右的比例与笔试成绩合计，最后从高分到低分录取。虽然这种做法表面上较为公平，但也表现出僵化单一的不足，颇为导师们所诟病。特别是2007年以来，教育学、心理学和历史学三个一级学科下所有专业的专业课考

---

① 陈学飞. 传统与创新：法、英、德、美博士生培养模式演变趋势的探讨[J]. 清华大学教育研究，2000 (4): 9–20.

试实行全国统考,统一命题、统一考试、统一批阅。而相关负责人则表示,"历史学、教育学和心理学三门学科专业课参加全国统考只是一个开始,随着研究生入学考试改革的不断深化,各高校研究生招生实行全国统考将是未来趋势"。研究生招生考试的统一化趋势引起许多研究者担忧。有研究者将此称为研究生招生考试的高考化,并认为考研已经成了人生当中的"第二次高考",其危害是,使很多考研者的大学生活不过是高三生活的继续。

这种全国统一考试,统一考试时间、统一考试科目、统一录取分数线的弊端是什么呢?首先,统一考试时间还是一考定终身,这就剥夺了考生向多所大学申请和考试的权利;其次,统一考试科目,不利于对特殊专业和偏科学生的考核,有悖于不拘一格选人才的原则;最后,统一录取分数线剥夺了教授选拔学生的权利。

为了改变统一考试的弊端,后来在部分高等学校实行推荐免试制度(或称保送制度)。推荐免试生制度从1985年开始实行,至2009年具有推免生资格的高校已达230所,推免比例也不断提高。推荐免试制度有利于打破唯考试分数的应试倾向,有利于选拔特殊优秀人才。然而,随着推荐免试的名额逐渐取得优势地位,而且推荐免试的学生范围逐渐向重点大学倾斜,事实上一般大学的学生试图进入重点大学就读的机会被大幅度挤压,这显然是不公平的。此外,推荐免试生由于缺乏严格的监督机制,也很容易成为腐败的温床。

一是不利于选拔部分专业性较强的学生。学术型研究生的选拔应该注重考生的专业素质和专业能力,选拔出适合从事科学研究的专门人才。而现行的招考制度,考查的是考生知识的广度,知识的深度和考生的专业素质不易鉴别。

二是国家划定统一最低分数线。初试的分数线由国家统一划定,而国家划定统一最低分数线还是一种计划经济的思维模式,主要是不要太超过规定的招生名额。但是,这种分数线依据何在?作用又有几何?从来也没有人能够说得清楚。

三是导师完全丧失自主选择权。研究生导师在刚性的规范制度面前无奈。而我国现行的研究生招生选拔机制是只有初试成绩过线的考生,才按一定比例取得复试资格,复试成绩在考生的综合成绩中所占比例又过小。特别是在博士生招生考试中,对于那些初试结束后及时组织复试的单位来说,考生即使在复试中表现出色,平时的科研成果突出,而倘若初试成绩不过线,还是无缘被录取。当然,在有些培养单位,对这样的考生也可以破格录取,但毕竟最后被录取的只是极少数。这种"初试成绩决定一切"的博士生录取办法,对导师来说,是一种实质上的不公平。正像潘懋元先生所说的:"作为导师,只能眼睁睁地看着潜质优异、学有所长的考生落选。'失英才而不得教育之',是作为导师者最痛心的事。"[①]

(二)千人一面的培养计划

研究生入校后都要在导师的指导下按照培养方案的要求制订个人培养计划,这是研究生培养工作的基础,但我国目前在研究生培养计划制订上呈现出千人一面的状况,不能适合每个人的特点,这已经成为学术型研究生培养模式的突出问题。

---

① 潘懋元.得天下英才而教育之[J].医学教育探索,2006(10):901.

比如《清华大学攻读硕士学位研究生培养工作规定》：

> 硕士生入学后，指导教师应按照所在学科硕士生培养方案的要求，根据因材施教的原则，结合硕士生本人的具体情况，指导硕士生制订个人培养计划，包括课程（及环节）学习计划和论文工作计划两部分，并提交院（系、所）研究生管理部门备案。

虽然有规定要根据个人情况，制订符合个人特点的培养计划，但实际上因为培养方案中对研究生的课程设置比较严格，研究生学习完规定的课程已经修满了学分，哪还有时间和可能去按照兴趣选修课程呢？如此，培养计划千人一面就不可避免。

（三）有待改进的课程设置

目前我国硕士研究生课程教学管理实行的是学分制。课程体系一般由四大部分组成：公共必修课、专业基础课、专业课、选修课。从课程总量上看，硕士研究生要修15门、35个学分左右的课程。从课程结构上看，硕士研究生的课程分为公共基础课、专业基础课、专业课和选修课。从课程内容上看，包括马克思主义理论、外语课、计算机类、专业基础课以及本研究方向的专业课程。从各类教学内容在教学体系中所占的比重来看，公共基础课程计14学分，约占课内总学分的38%；专业基础课程计8学分，约占总学分的22%；专业课程计9学分，约占总学分的24%；选修课程计6学分，约占总学分的16%。这种课程设置弊端如下：

一是课程覆盖面较差,造成研究生知识面狭窄。目前,我国在学位设置上,主要是按照二级学科设置学位点,并以此为基础来设置课程,导致学生学术基础薄弱,适应性差,毕业后连同一一级学科内的二级学科课程甚至都无法承担,直接制约了研究生的学术深度。

二是研究方法类课程极为缺乏。课程中有关研究方法、方法论和研讨性课程比较少,直接制约了研究生的培养质量。在一项调查中,博士生对于自己"目前最为欠缺的知识"的回答,研究方法类占据首位,64.7%都认为缺乏这类课程。① 缺少培养研究生治学能力和获取知识能力的课程和环节,就使得研究生今后的学术发展步履缓慢。

三是忽视跨学科课程和学术研讨。在课程教学体系中,一个比较薄弱的环节是,我们比较重视正规的研究生课程,而忽视一些非正式的课程。我国的研究生课程设置中对研究生的跨学科课程、讨论班或专题研讨班缺乏详尽的规定和要求,也没有提供有利条件,使这类课程流于形式,收效甚微。国外研究生培养的实践证明,跨学科课程和研讨班在拓宽研究生知识面、促进思想交流和拓展学术视野方面是行之有效的。

四是公共课程与专业课程设置比例失衡。目前硕士研究生课程设置中,学分要求一般在35个左右,其中公共课程占了总学分数的1/4,考虑到社会实践、研究生实习等也要计学分,用于专业方面课程的学时和学分就都非常有限。公

---

① 罗尧成,谢安邦."相关和集中"博士生个体课程体系建构的理论思考[J].中国高教研究,2008(7):28-30.

共课程课时较多，客观上挤占了专业课程学习的时间，影响了专业课程的设置。培养单位为了按时完成培养计划，普遍采用减少专业课程门数和内容等方式，导致专业课程数量不足，学分要求相对偏低，不利于研究生宽广深厚专业基础的形成。

（四）导师指导严重不足

导师是研究生培养质量的第一责任人。目前，我国在研究生培养方面一个比较突出的问题就是导师数量短缺、质量低下，导致导师指导不足。导师指导严重不足这一问题主要体现如下：

一是研究生导师水平下降，声誉降低，有所"贬值"。20世纪70年代末开始招收培养研究生并授予学位时，对导师的遴选是很严格的；博士生导师要经过全国同行专家评审，由国务院学位委员会批准。到了90年代后期，大多数重点大学的博士生导师都是自己评定，博士生导师就开始变味了，并导致某些"硕导"不具备指导硕士研究生的素质和水平，某些"博导"也不具备指导博士生的能力。与国外一流大学和科研机构的导师，以及与我国老一代研究生导师相比，目前我们有些导师尚不能潜心向学，工作作风浮躁，学术功底不深厚，科研道德和学术规范的意识淡薄，学术水平和科研能力与培养具有创新能力的高水平科技人才仍有较大差距。

二是指导学生过多。随着研究生规模的急遽扩大，尽管导师数量也快速增长，但导师的培养及选任却未能跟上研究生增长的速度，因而导师人均指导的研究生必然增加，这就出现一个导师指导十几个甚至几十个研究生的"放羊"局面。根据王海燕的研究，我国某部属重点大学硕士研究生五个科类（人文社科、理科、工科、经济管理和术科）平均生师比为23.92∶1。①根据张国栋等人的研究，以上海交通大学高等教育研究所2005年世界大学学术排行榜为依据，对世界著名大学2004年、2005年师均研究生数进行统计和分析，结果是世界著名大学平均师均研究生数为5.7∶1，中国著名大学的师均研究生数为8.4∶1。②而发达国家大学研究生生师比一般在5∶1左右，美国加州大学伯克利分校2002年研究生生师比为3.68∶1，康奈尔大学2003年研究生生师比为4.65∶1，宾夕法尼亚大学2002年研究生生师比为5.04∶1；士苏黎世理工大学2003年研究生生师比为1.18∶1；日本东北大学2003年研究生生师比为4.96∶1。③我国教育部为确保本科教学质量，规定了生师比达标要求，普通高校生师比达到14∶1的为优秀，16∶1的为良好，18∶1的为合格，超过就为不及格。但是，对研究生生师比教育部没有明确规定。罗艳提出，根据一个本科生等于0.67个硕士生和0.50个博士生计算，硕士生生师比9∶1为优秀，10～11∶1为良好，12∶1为及格，博士生生师比7∶1为优秀，8∶1为良好，9∶1为及格。④如果把这一数据与王海燕的研究对照，就会发现硕士生生师比远远高于应有水平。

三是"师傅带徒弟"的"学术门户"局限。研究生质量的

---

① ③ 王海燕.我国高校硕士生教育的生师比问题研究[D].厦门：厦门大学硕士学位论文，2006．
② 张国栋，吴松，刘念才.世界著名大学师均研究生数的研究[J].中国高教研究，2006（8）：13-16. 此处中国数字显然有误，因为作者限定"研究生指导教师是指全职（full-time）的直接对研究生学习和科研进行教育和指导的教师"，但我国高校并不是所有的教师都具备研究生指导教师资格。
④ 罗艳.研究生导师指导量研究[D].长沙：湖南大学硕士学位论文，2006．这里博士生导师生师比标准显然也是有误差的。

高低除研究生本人的因素外，很大程度上取决于导师的水平。单一的导师制模式下，导师无法克服自身在知识结构、时间安排等方面的限制，研究生无法从其他导师那里博采众长。我国研究生培养方式采取的仍然是"师傅带徒弟"的单一导师负责制，硕士研究生从一入学（博士生甚至从报名伊始）就选定某一导师，导师对学生一对一指导，全程负责。这种"师傅带徒弟"的单一导师负责制自然有它的优点，或者说在研究生规模较小的时候可能还是比较适应的。但扩招使一些热门专业出现了一个导师指导几个甚至十几个研究生的局面，单个导师精力有限，不可能进行个性化的具体指导。如果研究生的培养完全由导师个人包办，就容易形成传统的师徒式关系，这不利于研究生广泛、充分地学习本学科导师集体的学术观点、前沿知识，不利于跨学科交流和科研集体攻关，容易诱发个别导师在招生、培养和答辩过程中违反学术道德现象的出现，从而严重影响研究生培养质量。一旦导师长期不在位，研究生将处于无人指导，甚至"放羊"状态，向别的导师请教又有诸多不便，从而导致有些急需解决的"关节点"不能得到及时的解答。

（五）论文评审及答辩流于形式

学位论文的评审及答辩是论文质量监控的关键环节。虽然国家学位条例及实施办法已提出了明确要求和具体规定，但是，现行的论文评审及答辩方式却存在着诸多问题。表现在，一是论文很容易通过评审及答辩，经常出现"零淘汰"。这些现象严重地影响了学术的严肃性和公正性，对研究生教育质量产生了负面影响。有研究者对某校2001—2004年的研究生学位论文评审及答辩情况进行了统计,在毕业的1 710名研究生中,只有16人的论文评审或答辩不合格,不合格率仅为0.9%,这种情况与研究生教育的实际水平是不相符的。①

二是论文评审"一团和气"。"一团和气"的现象多发生在公开评审过程中,特别是校内评审,由于导师与评阅专家之间的身份是透明的,双方了解较为细致,同时自己的研究生论文也极有可能成为对方的评阅对象,因此,专家碍于情面不得不对论文心慈手软,对作者网开一面,给导师一份人情。在我国校内导师基本都是终身制,校外导师的流动性也很小,无论校内校外,本学科研究领域内的专家总归是有限的,脱离不了同事、同学、师生圈子的吸附力,即使有一两个学者发表些反对意见,也很快会被淹没,由此评审行为不得不流于形式,促成"一团和气"的"双赢局面"也就不足为怪了。

(六)缺乏警醒作用的淘汰率

现行的研究生培养制度,淘汰率几乎为零,形成事实上"严进宽出"的状况,这严重影响了研究生教育的质量和声誉。在我国,研究生教育除了有比较严格的研究生入学考试之外,在培养过程中几乎是零淘汰。在研究生扩招的背景下,缺乏淘汰的研究生教育就像某些国营企业的生产一样,粗放式的经营,马虎的质量检验。虽然设有一套培养方案和质量标准,但往往流于形式。这就如同企业生产了不合格产品,但贴着合格的标签流入市场一样。这种几乎为零的淘汰率,也使研究生质量难以保证。脱离了淘汰的有效的束缚,无论是硕士研究生还

---

① 高冲华,刘铭,陈亚滨.学位论文评审及答辩方式改革的探索与实践[EB/OL]. http://www.gs.whu.edu.cn/newscenter/readnews.asp?NewsID=4385.

是博士研究生几乎无淘汰地成批获得学位。

这在世界其他各国是不可想象的。外国名校的博士生淘汰率高得惊人。据1992年统计,德国硕士生淘汰率为27%。美国研究生教育也实行淘汰制,入学率很高,淘汰率也很高。从南开大学毕业后赴美留学的电机工程硕士生王星举例说,印第安纳大学经济系每年约录取20名博士生,期间会有三成左右的学生主动或被动放弃,最终能拿到博士学位的刚过半数而已。像美国的麻省理工学院,博士生的淘汰率高达47%。①

事实上,学术型研究生教育是培养高层次专门人才的,对不合格的研究生应该实行淘汰制,这在高校中是没有异议的,但在实际操作中,真的要想淘汰一名研究生就会遇到来自各方面的阻力。有的评审委员碍于导师情面,明知论文质量不高也"一致"通过。此外也有观念问题,有的学校不加分析地把研究生拿不到学位怪罪于导师,这在一定程度上也阻碍了淘汰制的建立。造成这种现象的原因主要有二:一是中国人重情面,甚至有时是人情大于一切。"不看僧面看佛面",研究生答辩前,导师忙着给评审人和答辩委员会的委员们打电话、写信,请他们高抬贵手。学术圈本来就不是那么大,大家抬头不见低头见,他们互相为对方研究生论文的评审人或答辩委员会的委员。所以,彼此都心照不宣,谁也不愿唱白脸,于是都成了好好先生。二是导师往往把自己与研究生捆绑在一起,如果自己的研究生答辩通不过,觉得自己脸面无光,或者怕别人议论自己水平不高。研究生们猜透了导师的心理,不怕导师不让我过

---

① 参见:中国青年报,2006-04-26.

关。这正如华东师范大学许纪霖先生所指出的："一起抬轿子，把学生抬过门。"①

研究生培养过程中的"零淘汰"情况如此普遍，就使得2006年，南开大学宣布28名博士生因未能达到毕业要求而无法领取毕业证，只能领到结业证书，成为当年的一大轰动新闻。媒体皆曰南开大学是我国第一所向博士生培养"零淘汰"现象说"不"的高校。这也从反面说明了研究生淘汰率之低的潜规则。

四、我国学术型研究生培养模式的改革

发展到今天，学术型研究生培养模式确实发挥了巨大的作用，为社会培养了诸多学术型人才。但是，我们也必须承认，我国学术型研究生培养模式的问题也暴露得比较充分，尤其是在21世纪社会经济发展观照下，亟须进行改革。

（一）灵活招生，放权导师

学术型研究生培养模式的宗旨是培养学术型人才，因此在招生中就要特别注重学术素质、学术基础、学术能力的考察，但目前我们在研究生招生录取制度方面并没有完全做到这一点，相反在某种程度上还走向了反面，即阻碍了某些学术型人才的读书机会，因此必须进行改革。

一是在研究生入学考试制度的设计上采取更加灵活的方式。例如，增加初试次数（比如每年两次），减少初试科目。同时，初试成绩只证明考生是否具备参加复试的资格，并不带入复试，以摆脱过于重视初试成绩、以分取人的现状，给一些有

---

① 刘道玉．中国研究生教育必须大力整顿和改革[J]．高教探索，2008（1）：9–13．

创造力和科研潜力的学生更多机会。加强复试环节,在复试中重视本科阶段的学习成绩及毕业论文的质量,突出导师对考生综合素质水平和能力的考察,并在研究生的最终录取上加大导师意见的权重。

二是对于有工作经历人员的录取降低考试要求,但对其科研能力的考查应更为严格。在入学考核上重点审查其对报考专业的了解程度、相关的工作经历和研究背景水平以及基本的论文写作水平。

三是放权给导师。学术型研究生培养模式的宗旨是培养学术型人才,因此在招生中就要特别注重学术素质、学术基础、学术能力的考查。而对这些判断最清楚的是导师,因此应该放权给导师,扩大导师在招生选拔过程中的自主选择权,以便让导师将那些有培养前途,适合在自己指导下从事研究的优秀考生选拔出来。如果认为仅仅靠导师的学术良知、道德自律,难以维持研究生招生选拔过程中的公平与公正的话,在复试过程中还可以辅之以必要的外部程序监督,如同行监督和考生之间的相互监督等。在某课题组对有关博导所做的关于"博士生导师倾向于什么方式的自律行为"的调查中显示:"学术声誉约束"排名第一,"学术道德规范"次之,"导师小组的监督"位于第三,最不受欢迎的当属"管理部门的监督"。[①]

(二)制订符合个人特点的培养计划

学术型研究生培养模式的宗旨是培养学术型人才,而学术型人才一般具有高度的学术自主性、独立性、创造性,不肯人

---

① 李学昌,苗苗.博士研究生教育质量状况调查报告(博士生导师卷)[J].煤炭高等教育,2006(4):83-86.

云亦云；有旺盛的求知欲、好奇心和社会责任感，勤于思考，敢于直言，不肯亦步亦趋，而是另辟新径；有独特的思维方式，有新角度的思考方向，有强烈的求新、求异的独特发现及表达自己观点的欲望和追求；坚持不懈地探索未知领域；等等。

这种具有高度学术自主性、独立性、创造性的学术型人才，其培养也应该是独特的。如果还只用一种规定、一个模式来要求所有的研究生，将对人才成长十分不利。应结合研究生每人的学术个性，因材施教，针对研究生个体的知识背景、智商情商和个性特征，制订适合于个体成才的培养计划，将个性发展和学术创新紧密结合在一起，并具体化、多样化。

在目前的学术型研究生培养模式中，也有结合研究生本人具体情况制订个人培养计划的规定，关键就是要把规定落到实处。因此，在研究生入学后，首先需要导师对学生的个性特点，如本科阶段就读的学校、知识结构、科研或工作经历、个人的兴趣爱好等要尽可能多地了解。在此基础上，导师要严格按照本学科研究生培养方案的基本要求，并根据因材施教的原则，结合研究生个人的学术兴趣，充分考虑学生的个体差异，和研究生一起制订具有鲜明个性的培养计划。经师生共同制订的符合个性化发展要求的研究生培养计划，在充分考虑个体差异的同时，避免了导师或学生的主观随意性，更具有前瞻性。这样制订的个性化培养计划才能培养各具风采的学术型人才。

（三）坚定不移地走国际化道路

虽然自1978年恢复研究生招生和培养以来，我国已经基本上实现了立足国内培养高层次人才的目标，但与发达国家相比，我国研究生教育特别是在博士生教育方面还存在相当大的差距，因此走研究生教育的国际化道路，借鉴发达国家研究生教育经验，就成为提高我国学术型人才培养的重要举措。研究生教育国际化，即以国际理解的教育理念为基础，以教育资源国际共享为支撑，以国际合作为主要培养方式，以规范的研究生国际质量标准为保障，最终使研究生学位学历证书获得广泛的国际认同。

目前，我国研究生教育国际化虽然取得了一些可喜的成绩，但随着国际化交流水平和对外开放战略层次的不断提高，研究生教育国际化在发展过程中显现出许多新情况、新问题，这需要我们去进一步研究和解决。

一是制订符合研究生教育国际化要求的培养目标。研究生教育国际化的一个重要目标就是努力培养适应经济全球化、信息高速化、有国际竞争力的研究型人才。在培养目标上应该明确：第一，培养学生具有国际观念和国际意识，树立全球开放的观念；第二，培养学生具有国际交往的能力，能与外国人和谐相处，尊重外国风俗和宗教信仰，维护中华民族的尊严和法律权威。

二是建立研究生教育国际化工作的专门机构。建立具体实施教育国际化的组织机构是世界各国研究生教育国际化发展战略的一个重要组成部分。在美国，除全国性的美国国际教育协会之外，87.5%的四年制大学、学院和75%的两年制学院设有专职官员负责高校的国际化活动；而发展中国家如墨西哥也于1993年成立了国际教育协会，常设的组织机构能够对高等教育国际化活动进行组织协调和专门研究，使专业和课程内容的国际化、师生互换与交流、学分互换与学位等值、校际合作与共同研究等一系列活动具体化、标准化和系统化。我国的研究生教育机构也有必要设立国际教育交流与合作组织,以便积极推进研究生教育的国际化进程,因为这项工作既包含政策性很强的战略思想,又涉及国际教育与合作的具体事项,若没有专门的机构做组织保证,研究生教育的国际化就难以付诸实践。

三是加大"国家建设高水平大学公派研究生项目"支持力度。经国务院批准,教育部、财政部于2007年1月设立了"国家建设高水平大学公派研究生项目"。该项目旨在培养能够提升自主创新能力、具有国际视野的拔尖创新人才,满足国家中长期发展对高层次创新人才的需求,填补我国前沿学科及空白学科的人才缺口,使重点支持的科研团队及学科专业达到世界先进水平。有计划、成建制、有针对性地"选拔一流的学生,到国外一流的院校、专业,师从一流的导师"。2007年度项目共选派3 952人,其中大部分为世界知名大学和研究机构录取。2008年以后,该项目增大选派力度,每年达5 000名以上。

四是建立与国际接轨的质量认证制度。目前,国际上的人才交流越来越频繁,也越来越深入,而制约国际贸易发展的一个重要因素就是贸易国家之间学历、资历、专业资格证明或许可证等的互认问题,因此,我国必须尽快建立与国际接轨的质量认证制度。应通过贸易国家之间的协议,允许外国研究生教育机构在所在国颁发学位证书或学历证明,各国之间相互承认学位证书或学历证明,或者在开展了研究生教育的学校间实行联合培养、学分互认等。[①]清华大学在研究生教育国际化方面进行了探索,通过研究生的中外合作培养,资助博士生出国参

---

① 董晓惠.我国研究生教育国际化的问题与对策[J].教育与职业,2007(29):32-34.

加国际会议,设立海外学者短期讲学计划,举办博士生国际学术论坛等措施,取得了良好效果,为拓宽清华大学研究生国际视野、提升创新能力创造了条件。

五是中外合作,携手培养具有国际竞争力的研究生。互派研究生到对方学校开展学习和研究工作,是国际知名大学互通有无、拓展学生视野的一种重要方式。清华大约每年大约有三百名研究生以攻读学位、联合培养的方式到国外一流大学跟随一流导师进行深造。

六是参加国际会议,让博士生在国际学术平台上看世界。为博士生出国参加所在学科领域的重要国际会议、交流研究成果提供机会和部分经费资助,是清华大学促进博士生与国际同行学者的学术交流,提高其学术水平和国际交流能力的重要举措。

七是海外学者来校讲学,让研究生体验国际先进教学模式。海外学者短期讲学计划的实施使清华大学学生有机会了解国外研究生教学的情况,感受国(境)外优秀的研究生教学模式。该项计划为各学科聘请海外学者短期来校讲授反映学科最新研究进展的课程提供部分资助,这些课程供全校研究生选修,并安排清华大学教师听课,达到引进国外优秀研究生教学资源,借鉴其教学理念和教学模式,提高研究生课程质量的目的。①

在研究生教育国际化的发展进程中,我们必须进一步解放思想,与时俱进,以全球发展趋势为参照,以国际规范和标准为尺度,借鉴世界著名大学的教育思想、办学理念、管理模式

---

① 国际化教育提升清华研究生创新能力[EB/OL].http://www.chinaedunet.com/news/zhuanti/2007/4/content_79981.shtml.

和成功经验,在教育内容、教育方法和人才培养质量等方面,不断提高我国研究生教育的质量和国际声誉,增强研究生的全球性视野和国际竞争能力。

(四)开设跨学科课程

我国博士生培养质量与美国的最大差距在于课程方面,主要在于几乎没有跨学科课程。我国今后在研究生课程设置上,要合并同一学科相近的课程,优化教学计划,拓宽学生知识面;打破专业或系的束缚,增设跨学科的课程,以适应科技发展综合化的趋势和经济发展对复合型人才的需求。要使研究生具有广博的知识和多方面技能,养成跨学科视野与开放性思维品质,善于学习和借鉴其他学科的理论和最新成果,以创造性地解决本学科及相关学科理论与实践中的问题。

面对科技挑战,麻省理工学院利用高校拥有的基础学科理论和实验手段,积极发展跨学科课程教学,如天文学和天体物理学、生物医学工程学、环境研究、城市研究、考古和古代工艺、欧洲研究、人口问题,等等。利用工程知识为社会服务,使工程教育和社会科学、人文科学及自然科学之间建立了密切联系;出现了海洋工程、环境工程、材料工程、生物物理、生物物理化学、生物海洋学等一系列新兴边缘学科,同时还普遍开设环境污染、资源管理等跨学科课程,发展跨学科的新课程,以培养学生综合分析问题的能力。①

(五)加强导师管理

在研究生教育中,导师的作用十分重要。"名师出高徒",

---

① 张喜梅.美国理工大学研究生教育课程体系特点与启示[J].外国教育研究,2005(1):46–49.

教育质量首先在教师。实践证明，研究生质量的高低，除研究生本人的因素外，在很大程度上取决于其导师的水平。研究生导师的水平是决定研究生培养质量的关键因素。提高培养质量，无论是加强学科建设、调整课程设置，还是对研究生教育整个管理体制和机制进行大的改革，落脚点还是在导师身上。导师要负责指导研究生阅读相关的理论著作，指导研究生对研究问题的选取，给予分析视角、分析框架、研究方法的指导，审定学位论文，帮助研究生解决学习过程中所遇到的困难以及产生的思想问题，以自己的言行感染学生，等等。现在，不少导师忙于自己的科研、社会工作，或本身没有科研项目，学术水平达不到导师应有的水平，对研究生指导不力。这个问题必须通过一定的制度、机制加以解决。另一方面，研究生教育指导不能停留在"师傅带徒弟"的阶段，仅仅依靠导师个人的指导，或仅以此来衡量研究生质量的高低。在知识经济时代，研究生指导要采用开放式，除了导师指导以外，还要加强导师组的指导作用，不同学科背景的多位导师参与指导，发挥导师集体指导的作用。

一是建立健全研究生导师岗位培训制度。对新增研究生导师实行"先培训，后上岗"，培训内容以研究生教育的理论、实践经验，以及国家、省和本单位有关规章制度为重点。充分发挥学术水平高、指导经验丰富的优秀研究生导师的传、帮、带作用。对在岗研究生导师定期举行"导师沙龙""导师论坛"和培养经验交流等活动。一方面让新导师熟悉研究生的培养环节以及各环节的质量要求，另一方面在充分了解国家、学校研究生教育政策制度的前提下，最大限度地发挥导师在保证和提高研究生培养质量方面的能动性,鼓励导师勇于创新。

二是清晰界定研究生导师的责任与权利。通过培训,让导师真正明白导师只是一个岗位,从而清楚导师岗位的责任与权利。(1)导师的责任主要包括:学术指导与人格提升、教书育人与为人师表(传递、授业、解惑),对研究生的自我学习与创新实践能力的培养;博士研究生与导师的关系既是师生又是科研的合作者。(2)导师的权利。导师作为研究生培养的第一责任人,有权参与研究生招生、录取的相关工作,提出录取建议、决定是否愿意录取;有权推荐奖学金和助学金获得者候选人;有权淘汰综合素质和学业不合格的研究生。(3)导师岗位的规范。这包括对导师的动态管理,制定科学的考核评价制度,打破导师终身制;加强导师的职前和在岗培训,规范研究生培养过程等。

三是建立研究生导师述职和考核制度。建立健全研究生导师队伍建设评价体系。研究制定研究生导师队伍建设的评价标准,定期开展评估工作。各研究生培养单位要建立科学的研究生导师评价考核办法,实行研究生导师定期述职制度,对研究生导师的业务水平、科研情况以及培养研究生的情况等定期进行考核。

在研究生导师的评价方面,北京工业大学积累了丰富的经验。该校从2003年底开始,对在校的91位博士生导师进行述职和考核。每人每次述职15分钟,10分钟讲过去两年学术上的亮点,5分钟讲近两年教学、科研、指导研究生的情况。校学术委员会委员给每个博士生导师打分,成绩分三等:优秀、称职、有待提高。对"有待提高"者,2004年停招一年博士生,亮黄牌,到年底再考核一次,再不合格就"摘帽"。考核优秀的博士生导师,岗位津贴上浮,同时在博士生招生名额分配上给予倾斜。①

四是完善研究生导师奖惩机制。与研究生导师述职和考核相联系,还应该充分发挥考核的作用,实行奖优罚劣,真正起到导向作用。优秀研究生导师在评优评先、工资晋级方面予以优先考虑,对于不认真履行职责、造成不良影响甚至严重后果的研究生导师,取消其招收研究生的资格。对此,武汉大学进行了积极的探索。《武汉大学关于加强研究生指导教师队伍建设的若干意见》指出:

> 通过检查、考核和评估,对认真履行导师职责、成绩显著的导师,在评定校、省、国家级优秀教学奖、先进工作者等各类奖励活动中,予以优先推荐。对获各级优秀教学成果奖或所指导的研究生获得全国百篇优秀博士学位论文等国家重大奖励的导师,在晋级、专业技术职务评定等方面,予以优先考虑,并给予相应的物质和精神奖励。对于主持国家重大在研项目,并且研究生培养质量高的名师,可实行跨学科按需招生。对于不能履行导师职责、造成不良影响甚至严重后果的导师,停止其招收研究生,并根据学校有关规章制度,视情节轻重,给予相应处分。

(六)严格论文评审及答辩环节

研究生学位论文质量是研究生培养质量的重要体现,也是

---

① 蒋毅坚,肖念.扩招形势下保障和提高研究生教育质量的探索[J].中国高教研究,2004(10).

研究生申请学位的重要依据。为了保证研究生培养质量，加强研究生学位论文质量监控，提高研究生学位论文水平，有效的办法就是实行研究生学位论文"双盲"评审制度。

学位论文的"双盲"评审，是指在研究生学位论文的评阅过程中，不公开学位论文作者及其导师、评阅专家的姓名，在学位论文作者、导师以及评阅专家之间形成双向保密关系的一种学位论文评审方法。进行"双盲"评审的学位论文，不能在封面、封页、致谢、在校期间发表论文情况一览表等地方，以及评阅书、博士学位论文自评书中出现作者或导师姓名。同时将"学位论文作者"及"导师姓名"对评阅人隐匿，确保评审的客观公正，发回学生的专家意见书全部隐去专家信息页。

实践证明，"双盲"评审有利于评审人坦诚陈述意见，尽可能客观公正地指出论文的优点和不足，对纠正不良学风起到了很好的推动作用，有利于论文作者的学术进步。同时，严格的送审过程也增强了师生的危机意识，使研究生养成严谨的治学态度，在日常的学习中提高对自身的要求，重视对科研能力的锻炼。就导师而言，一旦学生论文未通过评审，将直接影响其自身业绩，所以也自然会加强对研究生的学习监督，减少论文指导中的麻痹思想和投机心理。

在论文答辩环节实行导师回避制度。即答辩研究生的导师，不参与答辩程序各个环节的工作，在最大程度上保证对学位论文进行公正的评价。

第六章
应用型研究生培养模式及其改革

目前，我国研究生教育正在从单一的学术型研究生教育模式向学术型与应用型研究生教育二元共存、并进的模式转变，应用型专业人才的培养日渐成为硕士研究生教育的重心之一。而应用型研究生的培养主要依靠专业学位研究生培养模式。专业学位研究生的招考目前分为10月份在职人员攻读硕士学位研究生入学考试和1月份国家统一组织的入学考试两种形式。研究生毕业后获得专业学位，专业学位的名称表示为"××（职业领域）硕士（博士）专业学位"。专业学位（或称职业学位）已经成为我国学位与研究生教育的重要组成部分，是为培养具有特定职业背景、适应社会特定职业或岗位实际工作需要的高层次、应用型、复合型专门人才而设置的一种学位类型。

我国最早开始应用型人才研究生层次的培养始于1984年。是年，清华大学、西安交通大学等11所工科院校提出《关于培养工程类型硕士生的建议》，指出为工矿企业和工程建设部门培养大批生产、设计和技术应用部门需要的、能独立担负专门技术工作的高级工程科技人才是工科院校培养研究生的重要任务。这实质上就是培养具有工程师素质和职业背景的工程技术和工程管理人才。此建议立即得到教育部研究生司的批准，并在部分工科院校开展培养工程类型硕士生的试点工作。为保障应用型研究生人才的培养而正式设立专业学位则始于1990年。是年，我国设置了第一个专业学位——工商管理硕士（MBA）。自1991年开始实行专业学位教育制度以来，经过二十几年的努力和建设，我国专业学位教育迅速发展，已基本形成以硕士学位为主，博士、硕士、学士三个层次并存的专业学位教育体系，培养了大量专业学位人才，为经济发展和社会进步发挥了重要作用。截至2011年，全国共有45种专业学位，其中学士专业学位1种，硕士专业学位39种，博士专业学位5种。学科类型涉及经济、管理、社会与文化、新闻出版、工程、农林、医药卫生等领域（具体类别详见表1）。截至2008年上半年，我国专业学位教育已累计招生86.5万人，其中学历教育招生24.6万人，占专业学位总体招生数的28.4%；在职攻读招生61.9万人，占专业学位总体招生数的71.6%。① 目前我国参与专业学位教育的院校总数为431个，占我国博硕士学位授权单位总数的60%。可以说，我国已经初步建立了具有中国特色的专业学位教育制度，为社会主义现代化建设培养了大量高层次应用型专门人才。

专业学位的职业指向性非常明确。国务院学位委员会第十四次会议审议通过的《专业学位设置审批暂行办法》规定，专业学位为具有职业背景的学位，为培养特定职业高层次专门人才而设置。国务院学位委员会第二十七次会议审议通过的《硕士、博士专业学位研究生教育发展总体方案》中，进一步强调专业学位具有相对独立的教育模式，具有特

---

① 加大力度，调整硕士研究生教育结构——国务院学位办主任、中科院院士杨玉良答记者问 [EB/OL]. http://www.moe.edu.cn/edoas/website18/79/info1235997476410879.htm.

定的职业指向,是职业性与学术性的高度统一。目前专业学位分为学士、硕士和博士三级,但我国专业学位大多只设置硕士一级。硕士专业学位的设置工作一般每五年调整一次。各级专业学位与对应的我国现行各级学位处于同一层次。批准设置的专业学位统一编入《硕士、博士专业学位授予与人才培养目录》。

表6-1 专业学位设置情况

专业学位名称	设置或招生时间	专业学位名称	设置或招生时间	专业学位名称	设置或招生时间
工商管理硕士	1990年10月设置	体育硕士	2005年招生	应用心理硕士	2010年设置
建筑学学士/硕士	1992年11月设置	艺术硕士	2005年招生	新闻与传播硕士	2010年设置
法律硕士	1995年4月设置	风景园林硕士	2005年招生	出版硕士	2010年设置
教育硕士/博士	1996年4月/2008年12月设置	汉语国际教育硕士	2007年招生	文物与博物馆硕士	2010年设置
工程硕士/博士	1997年4月/2011年设置	翻译硕士	2007年招生	城市规划硕士	2010年设置
临床医学硕士/博士	1997年4月设置	社会工作硕士	2009年设置	林业硕士	2010年设置
兽医硕士/博士	1999年5月设置	金融硕士	2010年设置	护理硕士	2010年设置
农业推广硕士	1999年5月设置	应用统计硕士	2010年设置	药学硕士	2010年设置
公共管理硕士	1999年5月设置	税务硕士	2010年设置	中药学硕士	2010年设置
口腔医学硕士/博士	2000年招生	国际商务硕士	2010年设置	旅游管理硕士	2010年设置
公共卫生硕士	2001年招生	保险硕士	2010年设置	图书情报硕士	2010年设置
军事硕士	2002年招生	资产评估硕士	2010年设置	工程管理硕士	2010年设置
会计硕士	2004年招生	警务硕士	2010年设置	审计硕士	2011年设置

注:根据顾海良《解放思想 开拓进取 实现研究生教育的新发展》(《学位与研究生教育》2008年第10期)及中国学位与研究生教育信息网(http://www.cdgdc.edu.cn)收集信息整理。

一、应用型研究生培养模式的内涵

目前,我国研究生培养已经形成两种模式:学术型研究生培养模式和应用型研究生培养模式,应用型研究生培养模式主要就是我们所说的专业学位研究生培养模式。与学术型研究生培养模式取向的学术型人才不同,应用型研究生培养模式就是培养应用型专门人才。这在《专业学位设置审批暂行办法》中有明确规定:"专业学位作为具有职业背景的一种学位,为培养特定职业高层次专门人才而设置。"具体讲,专业学位设置的目的就是"加速培养经济建设和社会发展所需要的高层次应用型专业人才"。[①]

"专业学位"一语中的"专业"是什么意思呢?为什么要有科学学位与专业学位,或者说学术型研究生与应用型研究生之别呢?这还需要做一番历史的考察。

在西方中世纪,"学位"在产生之初带有一定的职业性特征,就是一种从业资格。最初的硕士与博士学位是作为一种任教资格而存在的,是"教师"的代名词。"硕士"一词,原意即"师傅、熟练者",获得硕士证书者表示他和其他同业者一样具有开业、从教的资格。获得学位的人证明了其博学多知,便有资格和权利去从事某种职业,如教师、医师、神职人员等,这从教授(professor)与职业(profession)具有同一词源也可见端倪。[②]

---

① 专业学位设置审批暂行办法(学位 [1996]30 号文件)[EB/OL].教育部网站,http://www.moe.edu.cn/edoas/website18/level3.jsp?tablename=606&infoid=12868.
② 刘会胜,岳志伟,余伯阳.专业学位发展根源与动因探析[J].现代教育科学·高教研究,2006 (5):127–129.

科学学位的产生一般认为起源于德国柏林大学。19世纪初，随着威廉·洪堡提出大学学术自由、教学与科研相统一的主张，大学中开始树立起崇尚纯粹的科学研究思想。1809年创立的柏林大学将科学研究作为重要职能，将扩大人类知识和培养科学工作者作为基本目标，推崇"学术自由"和"教学与研究的统一"。为适应变化和鼓励科研，柏林大学取消了硕士学位，把原硕士学位合并成哲学博士学位，使高级学位成了纯理论或纯学理的科学研究的代名词，学位的授予具有鲜明的学术性倾向。

现代专业学位产生于美国。美国不是照搬德国培养哲学博士的经验，而是与本国政治、经济、文化相结合，形成了自己的特色，将德国崇尚纯科学研究的传统，发展成重视基础研究和应用研究，发现知识、传播知识和应用知识有机结合；一所大学或一个学科，既培养哲学博士，又培养专业博士，研究能力与专业能力并举，从而形成了有特色的研究生教育，即"学术兼顾"。随着应用型研究生开始出现，专业学位也应运而生。美国1824年在纽约创建的伦塞勒多科技术学院于1835年授予八位毕业生工程师学位证书，这是美国历史上第一次授予应用学科学位。随着资本主义的发展，专业技术教育越来越被人们所重视。①

"专业"与"科学"两个概念虽有不同，但并不是完全对立、相反的，它们的概念域有若干交叉之处。尤其是现代科学，若从其社会建制讲，也可以视为一种专业，即所谓学术性专业。例如大学的教授和专职的研究人员，就都是这种专业的专业人

---

① 骆四铭.学位的起源、发展及特征[J].比较教育研究，2006（4）：35-40.

员。这种专业的含义如下：

第一，称得上专业的职业，必须有该职业特具的专门知识和专门技能。

第二，为了掌握某一领域的知识和技能，从业者必须经过和接受比从事普通职业更多的教育与训练，包括高级水平的普通教育与训练，以及专门的教育与训练。

第三，由于社会或个人为获得专业的服务，时常需要付出较之普通服务高得多的代价，因此这些顾客理所当然地要求专业不仅能够提供可靠的优质服务，而且必须提供更多的承诺，承担较之普通职业更大的法律责任。为此，专业多有自己的专门资格标准，包括掌握有关知识的标准，掌握有关技术技能的标准，尤其是必须遵循本门的行规，即有别于其他职业的本专业的伦理标准和惩戒办法。

第四，在法制健全的国家，为维护专业人员及其顾客的共同利益，对专业人员有严格的资格认可制度，对其从业或开业有整套的注册登记制度。①

如此看来，科学学位与专业学位是两种不同的学位类型，本身无高下尊卑之分。但由于科学学位是现代学位的肇始，又是在继承、传播、发现和创造人类知识，孜孜以求于严谨的科学论证的场所——大学内授予，只有那些真正从事科学研究并有成就的人才有资格得到学位。而专业学位发展于后，授予学位的标准又不是纯粹的学术研究，有点类似于技术工作，所以长时期以来，以尊崇科学为本质的科学学位自然占

---

① 王沛民.研究和开发"专业学位"刍议[J].高等教育研究，1999（2）：43—46.

据上风。而在我国，由于在建立学位制度后，所授学位几乎清一色是科学学位，加之我国的传统，因而认为专业学位低人一等的观念颇有市场。更有人认为《学位条例》对学士、硕士、博士三级学位并未指明它们的类型，即到底是属于科学学位还是专业学位，但由国务院批准实施的《学位条例暂行实施办法》却似乎把它们认定为科学学位，并明确规定按"学科的门类授予"学位。①

然而，事实并非如此。《学位条例》并没有厚此薄彼的原意，因为该法第一条申明设立学位的宗旨时，其规定是：

> 为了促进我国科学专门人才的成长，促进各门学科学术水平的提高和教育、科学事业的发展，以适应社会主义现代化建设的需要，特制定本条例。

按照最一般的理解，正如有学者所认识到的，这里的"科学"显然是指涵盖广泛的"大科学"，其中不仅包含自然科学、社会科学和人文科学，同时也应该包含工、农、医、师（教育）、商、法等专业（profession）。②

而且在三级学位授予上，该条例也是坚持二者并行不悖的观点。

学士学位：具有从事科学研究工作或担负专门技术工作的初步能力；

硕士学位：具有从事科学研究工作或独立担负专门技术工

---

① 邹碧金，陈子辰.我国专业学位的产生与发展[J].高等教育研究，2000（5）：49-52.
② 王沛民.研究和开发"专业学位"刍议[J].高等教育研究，1999（2）：43-46.

作的能力;

博士学位:具有独立从事科学研究工作的能力,在科学或专门技术上取得创造性的成果。

应当说,在学位标准上,除了因为学位层次高低之别要求具有一定差异外(在科学研究工作上,依次为从事、从事、独立从事,在专门技术工作上,依次为初步能力、独立担负能力、具有创造性成果),在对"科学研究"或"专门技术工作"的选择上,则是统统予以承认的。对此,王沛民表达得更加清楚:

> 《条例》给出的是用"或"联系起来的"学""术"两个选项,丝毫没有扬"学"贬"术"之意,更无暗示唯"学"独尊。这里本来不应该发生任何疑问,甚至可以断定,《条例》以立法形式所设置的中国学位,至少蕴涵着学、术两个大类,它们本来应当同时施行,没有理由放弃或排斥其中的任何一个。①

在国务院学位委员会审议通过的《专业学位设置审批暂行办法》(1996年7月12日)中也明确规定,专业学位分为学士、硕士和博士三级。

二、应用型研究生培养模式的特征
(一)应用型人才的培养目标

与学术型研究生培养模式取向的学术型人才不同,应用型研究生培养模式就是培养应用型人才。这在《专业学位设置审

---

① 王沛民.研究和开发"专业学位"刍议[J].高等教育研究,1999(2):43-46.

批暂行办法》中有明确规定:"专业学位作为具有职业背景的一种学位,为培养特定职业高层次专门人才而设置。"具体地讲,专业学位设置的目的是"加速培养经济建设和社会发展所需要的高层次应用型专业人才"。

专业学位,是相对于学术型学位而言的学位类型,是为培养适应社会特定职业或岗位实际工作需要的应用型专门人才而设置。专业学位与相应的学术型学位处于同一层次,培养规格各有侧重。

例如,法律硕士属于专业学位,培养目标是立法、司法、执法以及社会管理等方面需要的高层次法律人才和管理人才,侧重点在法律实务方面;法学硕士属于科学学位,主要为教学、科研领域培养教学、科研人才而设置,侧重点在法学的学科、理论方面。

再如,目前我国医学学位分为两种类型,医学科学学位和医学专业学位。医学科学学位,以培养从事基础理论或应用基础理论研究人员为目标,侧重于学术理论水平和实验研究能力;医学专业学位,以培养高级临床医师、口腔医师等应用型人才为目标,侧重于从事某一特定职业实际工作的能力。临床医学博士/硕士、口腔医学博士/硕士均属于医学专业学位。

(二)注重工作经历的入学要求

由于专业学位培养应用型人才的特点,其招生入学就与学术型研究生有所区别。总的说来,与学术型研究生整齐划一的招生不同,应用型研究生更加注重考生的工作经历。

专业学位种类繁多,考试科目各不相同,但基本上由全国联考科目与高校自主考试科目组成。我国在专业学位设立之初，就考虑到专业学位的特点，面对应用型专门人才的培养目标，严格坚持招生对象应该具有工作实践经验。《教育部研究生司转发清华大学、西安交通大学等十一所高等工科院校〈关于培养工程类型硕士生的建议〉的通知》就规定，"招收具有生产技术、实际工作经验的学生"。而且招收工程类型硕士生，必须通过入学考试。对参加全国统考，计划为原单位定向或委托培养的工程类型硕士生，要综合考察其各方面的表现，重视解决工程实际问题的能力；对考试分数接近复试分数线的少数考生，高等学校可按有关规定对他们进行破格复试。对本科毕业后连续工作四年以上、思想品德好、工作中有突出成绩的在职人员，可参加由教育部授权的高等学校为他们单独组织的入学考试。

对应届本科毕业生，也是提倡先保留入学资格，到各个单位获得实践经验后，再返校攻读学位。国家教委1989年印发的《关于加强培养工程类型工学硕士研究生工作的通知》指出：

> 适当招收应届本科毕业生，提倡录取后保留入学资格，到厂矿企业、工程建设等单位工作一至三年，再回校攻读学位；对直接入学者，学习期间必须保证有足够的时间进行生产实践。

而在专业学位二十余年招生报考中一直强调，招收对象一般要有三年以上的工作经历或实际经验。如2001年公共管理硕士要求报考者必须具有四年以上的工龄，直至2005年改为要有三年以上工龄。再如招生领域最多、招生规模最大的工程硕士，一般要求获得学士学位后具有三年以上工程实践经验的考生才能报考；录取中强调要进一步加强对学生综合素质和能力（特别是实际能力）的考核，增加面试在考试中的比重，要参考考生的工作经历和取得的业绩等情况。

（三）实践取向的培养方式

应用型专业人才的培养目标也决定了培养是实践取向的，特别重视培养研究生的实践能力。

培养工程类型硕士生必须切实结合生产实际。在培养过程中，要注意加强新产品设计和研制、新工艺和新材料的研究及新技术开发应用的能力培养，增强他们的经营开发意识和市场观念。

根据《关于加强培养工程类型工学硕士研究生工作的通知》，工程类型硕士生的课程设置要求是：既使他们掌握坚实的基础理论和系统的专门知识，又具有宽阔的知识面。其中数学课的要求主要是掌握解决工程实际问题的数学方法，外语课的要求是能比较熟练地阅读本专业的外文资料，其他课程要注意加强适用于工程实际应用的理论和知识的学习。要注意安排现代实验技术和经济管理课程，并根据科学技术的发展和厂矿企业、工程建设等单位的需要，安排一些选修课和专题讲座。

应用型研究生培养的专业学位课程设置，大多体现学科的多样性与交叉性。例如，在美国MBA教育中，除设置管理学领域的专业课程，还设置经济学、国际经济学、社会学、统计学、传播学、法学等其他学科领域的课程，及管理学与经济学、数学、统计学、信息科学、心理学、伦理学、地理学等学科交叉形成的课程，以培养MBA人才的综合素质。斯坦福大学商学院整合原有课程，帮助学员建立一种全局视野，不再深入到具体学科学习，而是从另一个角度让学员了解到企业经营中遇到的各种问题。哈佛商学院也于1996年大幅度修改MBA课程，给学生上更多的交叉性课程，同时在选修课上给学生更多选择自由。美国的商学院甚至跨过国界，重塑其课程精华，教育学生用融合各学科的方法来解决问题的重要性。来自不同学科的教师在协调各自的教学大纲后，一同给学生上课。再如，我国专业学位研究生的课程设置要求能充分反映职业领域对专门人员的知识和能力要求，以实际应用为导向，以满足职业要求为目标。以艺术专业硕士为例，《艺术硕士专业学位设置方案》也体现了这一要求：

> 教学内容突出专业创作特点，以专业实践为主，同时注重艺术理论的培养和艺术素养的提高；教学方法采用课堂讲授与技能技巧训练及艺术实践相结合的方式。①

在教学模式上，案例教学模式（case study method）已经成为应用型研究生培养的重要支柱。案例教学发端于哈佛大学商学院，案例教学最终教会学生的是一种思维方法，而非"解决具体问题的办法"。哈佛大学的MBA在两年中要分析800~1000个案例，也就是说平均每天要处理2~3个案例。这种高案例教学，使哈佛MBA受益匪浅，依傍从大量工商企业的实际情况处理中积累的经验，必将使日后的管理实践左右逢

---

① 艺术硕士专业学位设置方案[EB/OL]. http://www.moe.edu.cn/edoas/website18/64/info1206348487700164.htm.

源、应付自如。①

而在教学形式上,应用型研究生的培养普遍采取了更加实用性的教学模式(applied learning)。这在 MBA 教育中表现得十分突出。MBA 教育是实践导向的(practice-oriented),重实证、重实践是 MBA 教育的精髓。MBA 教育除了让学员掌握管理知识和管理技巧,更重要的是要让学员学会在实践中灵活运用这些知识和技巧。因此,丰富的社会实践将贯穿整个 MBA 教育的始终。在芝加哥伊利诺斯大学(The University of Illinois at Chicago),学生和教师通过采访公司主管、撰写报告、提出建议来帮助公司解决实际问题,同时也使其他学生从中积累实际经验。

(四)实践取向的质量评价

专业学位的学位论文强化的是应用导向,可以采取调研报告、规划设计、产品开发、案例分析、项目管理、文艺作品等多种形式,重在考察学生综合运用所学理论、方法和技术解决实际问题的能力。以工程类型硕士生的学位论文为例,该类选题应直接来源于生产实践或有明确具体的生产背景和应用价值,可以是一个完整的工程技术项目,也可以是某一大项目中的子项目。工程类型硕士生的学位论文可以按以下两种形式提交:(1)结合工程课题的论文;(2)工程设计及其分析研究。

工程类型硕士生的学位论文应有一定的技术难度、先进性和工作质量,能表现出作者具备综合运用科学技术理论、方法和手段解决工程实际问题的能力。评价学位论文水平,还应看

---

① 周敏.我国 MBA 教育、教学若干问题比较分析[J].南京人口管理学院学报,2000(4):54-56.

其内容是否有新见解；或者看其实用价值，创造的经济效益、社会效益或创造这些效益的可能性。达到以上要求的，均为合格的硕士学位论文。①

再以艺术硕士生的论文标准为例，该类论文写作必须与艺术创作实践紧密相联，根据创作领域，结合作品展映或舞台表演创作实践，在对作品进行专业分析和理论阐述的基础上完成。

三、我国应用型研究生培养模式存在的问题

我国自1991年开始实行专业学位教育制度以来，经过二十几年的努力和建设，专业学位教育发展迅速，取得了显著成绩。目前，已基本形成以硕士学位为主，博士、硕士、学士三个层次并存的专业学位教育体系，初步建立了具有我国特色的专业学位教育制度，探索出比较适合专业学位教育发展的培养模式，培养了一批合格的专业学位人才。随着我国经济社会的发展，对高层次、应用型专门人才的需求，无论是规模还是质量都有更大的要求和更为迫切的愿望。目前，我国专业硕士研究生教育存在的主要问题是社会对专业学位教育的重要性认识不足、重视不够，主要存在以下几种倾向：一是边缘化倾向。没有把专业学位教育纳入整个研究生教育体系中进行统筹安排，不把它作为体现研究生教育质量的重要方面，缺乏应有的质量保证措施。二是培训化倾向。开大班，一流的教授不上课，纯粹搞成培训班的形式，满堂灌，疏

---

① 关于加强培养工程类型工学硕士研究生工作的通知[EB/OL].中国工程硕士网，http://www.meng.edu.cn/htmls/wjfg/statute_detail.jsp?wjfg_type=1&wh=%A3%A889%A3%A9%BD%CC%B8%DF%D7%D6006%BA%C5.

于管理，教学松散。三是营利化倾向。把专业学位教育纯粹作为创收和为职工谋取福利的手段。四是学术化倾向。此外还有培养单位和专业领域偏少，招生规模较小。目前，在我国每年招收的40多万名研究生中，专业学位研究生仅占10%。同时，培养模式有待改进，培养质量有待进一步提升，专业学位与职业或岗位任职资格之间的衔接不够紧密，质量保证措施尚需完善等。

  具体到培养模式而言，我国应用型研究生培养模式存在的主要问题，就是有意无意地沿用传统的学术型研究生培养模式①，过多地借鉴甚至照抄学术型研究生的培养经验，没有体现专业学位职业性、实践性、应用性的特点。在具体培养上，将专业学位作为一种单纯的在职学历补偿教育，在培养过程中重视基本理论和专业知识的学习，忽视实践能力的培养；就课程设置而言，政治、英语等公共课程与专业理论课程、专业实践课程之间的比例不合理，课程的实用性和综合性不强，选修课和实践性课程开设较少，课程体系的前沿性和国际性不足等，不利于专业学位研究生综合素质的全面提高；就教材建设而言，与课程设置相配套的公共课教材和专业课教材不多，教材内容与专业学位研究生的课程学习不适宜，配套的案例教材更是缺乏；就指导教师而言，指导教师大多数由学术

---

① 北京师范大学在教育硕士专业学位研究生培养中也表现出这种现象。"我们学校过去培养工作中，绝大部分院系和导师都侧重于学术型人才的培养，在教学内容、论文要求等方面均按照学术型人才的培养标准来要求。从培养情况来看，这种要求保证了教育硕士培养的高质量，但是教师指导的难度很大，学生压力也很大，还不太符合教育硕士的实际情况。"参见北京师范大学研究生院. 树立品牌意识，紧扣质量主题，全面提升教育硕士专业学位研究生培养工作水平[EB/OL]. 中国教育硕士网，http://www.edm.edu.cn/news/listys.jsp?id=539&space=read.

型硕士导师兼任，由于这部分导师长期受传统学术型硕士教学和指导方式的影响，普遍缺乏实践经验，满足不了专业学位研究生教育的需要，有的培养单位即使在专业学位研究生教育中实施"双导师制"，配备了校外导师，但由于校外导师存在职责不明、待遇不高或责任心不强、水平不高等问题，许多校外导师只是挂了个名；就教学方式而言，偏重课堂教学和纯理论知识的传授，缺乏案例教学和实践环节，辅助教学、试验教学、调查研究等方法较少，教学效果欠佳；就学位论文而言，从选题、立论、资料收集到指导答辩等环节均以学术型硕士的标准统一要求，不能突出专业学位研究生注重应用研究、创新研究的特点和职业特色等，论文的形式比较单一，与学术型学位的论文区别不大，推广新技术的报告、项目设计、社会调查报告、社会实践总结等类型的太少，一些导师和培养单位对学位论文把关不严。

根据近几年应用型研究生培养模式的实际情况，其问题表现在以下几个方面。

(一) 应用型人才的培养目标难以得到充分实现

客观地说，我国关于专业学位教育的培养目标还是非常明确的，那就是为实际部门培养德才兼备的、适应社会主义市场经济和社会主义建设需要的高层次的复合型、应用型专门人才。但令人遗憾的是，现行专业学位教育很难实现上述培养目标。

双师型教师的极为缺乏、把专业学位教育纯粹作为创收和为职工谋取福利的手段、注重理论忽视实践的课程教学取向、有意无意沿用传统的学术型研究生培养模式等，都使得培养出来的应用型人才缺乏专业学位应有的熟练技能,无法实现专业学位研究生教育的培养目标。例如,有学者认为,在法律硕士实际培养过程中,应用型人才培养目标的缺失,导致目前出现了一个现实的矛盾:本应该成为培养法律实践部门人才基地的法律专业硕士培养,却无法满足现实中公检法系统、律师事务所的需要。导致上述部门对法律硕士生拒之门外,更多的将选拔人才的目光聚集到法学专业研究生、本科生的身上,他们认为法学专业学生的法学理论基础更扎实,专业知识储备量更大。[①]

(二)在招生方面,以笔试为主,不适应在职人员的能力要求

在二十多年应用型研究生招生中,一直主要面向在职人员,这是符合应用型研究生培养模式特点的。但以笔试为主的全国联考方式,则阻碍了优质应用型人才的选拔。因为这部分考生基本来自于生产、实践第一线,工作经验丰富、动手能力强是他们的强项,但基础知识尤其是书本知识的记忆则是他们的短板。而以笔试为主的全国联考方式,无法很好地考查其综合能力和素质,对选拔合适的应用型人才造成了很大障碍。

具体而言,应用型研究生入学考试存在的问题主要表现在两个方面:一方面,考试科目设置与应用型人才的培养目标不吻合。1月份国家统一招考的专业学位以套用"两门公共课+专业课"的传统考试模式为主,且两门公共课——英语和政治,与学术型研究生采用同一张试卷,不能体现专业学位考试对专业知识与专

---

① 朱立恒.论法律硕士专业学位教育的现状与改革[J].河北法学,2008(5):159–165.

业能力的特殊性要求,也未能体现在选拔环节上对实践应用能力的考查。另一方面,在考试题型设置上,过分偏重知识性内容(且此类内容往往局限于考试大纲与指南的范围),对能力考查重视不够。这不仅不利于选拔符合应用型人才培养目标的考生,影响培养目标的实现,而且容易误导考生,形成专业学位教育重知识、轻能力的错误印象,并进一步形成重死记硬背、轻理解应用的观念,不利于专业学位教育的健康发展。

(三)培养计划无法适应每一研究生的特点

目前我国研究生的培养计划基本上是固定不变的,也可以说是千人一面。虽然教学组织是以一个班、一个专业为单位来进行的,但事实上每位学生由于原有的知识背景、从事的工作、生活的区域或多或少存在差异,要大家制订整齐划一的培养计划,实在是强人所难。这样,教学实施上自然也做不到因材施教,受教育者的最后收获也与原有的期望目标和培养目标相差甚远。以制订工程类型硕士生个人培养计划为例,我们应贯彻因材施教的原则,密切结合硕士生的个人才能和特长。对定向或委托等在职类研究生的培养,应听取其所在单位的意见,结合单位的行业特色和发展需求,尽最大可能在各类课程设置上实行"订单式"培养和模块式教学。每个工程类型硕士生的学习计划、重点、时间和方式、学位论文题目的选择和进行方式等,可根据具体情况分类指导,分类安排。特别是目前以招收在职人员为主的工商管理硕士、公共管理硕士等各类专业学位,应充分考虑招收对象的特殊性,即他们大多都已经离开学校,工作了一段时间,年龄一般比全日制研究生大,都有一定的实践经验,前来学习都是"进校不离岗",培养目标都比较注重"应用型、实践型、复合型",因此,在教学实践中应"以学生为本,以能力为本,以职业导向为本",充分考虑学员的这些特点,结合相应的职业背景与要求确定培养目标和规格,制订科学的培养方案。

但是,在专业学位研究生的实际培养中,不细分专业制订培养计划的比比皆是。当被问及法律硕士与法学硕士有何差别时,一位法律硕士生说:"差别很大。比如我们没有自己的导师,所有同学由导师组集体指导;也不分专业,没有研究方向;很多课程都是上大课,将近一百人一起上课,有的课程甚至是几百人。而法学硕士就不同,每个研究生从一入校起就有自己的导师,有细分的专业和方向。我们其实就是法学本科教育。选的课,有些就和本科生一起上。两年的时间就是打下比较宽的基础。具体的有民商法学、诉讼法学、法制史、法理学、宪法学等等,两年的时间,能有什么研究呢?"[①]

(四)以理论为中心、满堂灌的课程教学方式

由于应用型研究生培养是后起的一种模式,在课程设置上就有意无意借鉴了学术型研究生培养模式的课程。自然,借鉴是可以的,但关键的问题是借鉴之后不进行创造,因而迄今基本上一直停留在当初借鉴的层面,或者说照抄照搬学术型研究生以知识传授为中心的学科课程体系,不能体现专业学位人才研究生培养的职业性、应用性特色。

不少培养单位专业学位的课程设置,完全按学术型培养方案来设置,课程没有体现专业学位的培养特色;有的培养单位

---

① 计科宪."法律硕士"招生之忧[N].现代教育报,2004-01-07(6).

虽然在课程设置上似乎体现了专业学位培养特色，但其课程内容缺少案例、缺少理论与实践相结合；在职攻读的培养方式是"进校不离岗"，为不影响学员上班，各培养单位一般利用双休日或长假等安排授课，往往是半天同一门课，满堂灌。

1. 课程设置不合理且基本雷同

虽然在专业学位课程设置上，专业学位教育指导委员会都同意各学校自行设置课程，但各学校多采用专业学位教育指导委员会拟定的课程方案。以教育硕士专业学位为例，我国教育硕士课程实行5+5+2（5门必修+5门专业+2门选修）模式，其中5门必修课是马克思主义理论、教育学原理、教育管理学、教育心理学、外语，5门专业必修课程为教育统计与测量、青少年心理学、教育技术学、教育科学研究方法、基础教育改革研究，2门选修课是专业外语、教育社会学。这套课程体系基本上是沿用或照抄学术型学位研究生教育以传授理论知识为主线的学科课程体系，课程设置未能充分体现专业学位研究生教育的特色，即实践性。其他科类的专业学位研究生教育课程设置也是如此，从而导致人才培养规格单一，缺乏灵活性、多样化和针对性，不能适应社会不同地区对不同规格人才需求的需要。

2. 在教学方式上仍然沿袭传统的满堂灌

由于专业学位的学生大多具有较丰富的实践经验，他们在求学目标、学习方式、预期的知识等方面，与传统的科学学位学生有相当大的差异，传统的理论知识、课堂讲授等方式很难有效满足这些学员的需求。

如在法律硕士专业学位研究生培养中，一些培养单位的教学方式就比较机械。尽管《法律硕士专业学位研究生指导性培养方案》强调，培养单位应当重视和加强案例教学，以便培养法律硕士研究生的法律实践能力，然而实际上却是以教师的讲授为主。从各高校的实际做法看，对于法律硕士主要存在三种教学方式：一是以课本为主的法学本科教学方式，二是采取适用于法学硕士对象的专题教学法，三是一种为迎合司法考试需要的培训式教学法。显然，上述教学方式仍然是传统的知识传授，案例教学、辩论教学、法律实践调查，与社会关系、利益、现实的结合却很少，没有注重培养学生灵活运用法律针对实际问题的协调处理能力，只是简单的传授知识，而学生没有真正对知识的理解和掌握，法律思维、法律意识也没有得到有效的培养。

尽管近年来随着我国对传统教育方式的反思，越来越强调案例教学法、诊所式教学方法等，但是，这些教学方法往往是传统的填鸭式教学方法的一种点缀。在复旦大学组织的专业学位研究生教育评估中，学生对教学手段和方式、授课的课堂效果等方面的评价最低，两项指标的平均评分为81.45和81.83，为本次评估各项指标得分中的最后两位，显示出专业学位课程在教材的选用和教学手段、方法上的不足。①

（五）双师型导师极为缺乏

由于应用型人才研究生培养是在学术型研究生基础上发展起来的，因而目前很多院校并没有对专业学位硕士指导教师进行专门的遴选。硕士生导师遴选基本上是针对指导学术型硕士来制订标准的，且基本上默认通过学术型硕士导师遴选的教师就能指导专业学位硕士。于是，导师还是那些导师，只是

---

① 根据《复旦大学专业学位课程评估报告》（内部资料）。

名称一换，那些教师似乎也就顺理成章地成为应用型人才研究生的指导教师，但其实他们中的大多数人的优势在基础理论研究，对生产实际并不是非常了解，缺乏实践经验。

就目前状况而言，现有的高校教师难以满足应用型人才研究生培养的需要。要想使专业学位达到培养高层次应用型、复合型专门人才的目的，离不开一大批既具有高深理论修养又具有丰富实践经验的教师。但长期以来，由于普通高校的教师普遍以学术见长，而对生产实践知之甚少，根本谈不上具备丰富的实践经验、过硬的职业技能以及良好的职业伦理。试想，如果连教师都没有这样的能力，那他怎么可能教会学生具备这样的能力？毕竟教师们在自己科学研究中形成的知识能力体系、思维方式、教学方法等，具有一定的延续性，难以轻易改变。尽管大学当中也有不少教师曾经从事过相关职业，具备一定的专业实践经验和技能，但这毕竟是极少数。有的培养单位即使在专业学位研究生教育中实施"双导师制"，配备了校外导师，但由于校外导师存在职责不明、待遇不高或责任心不强、水平不高等问题，许多校外导师只是挂了个名。

另外，由于专业学位研究生"进校不离岗"的培养方式，客观造成了学员与导师接触较少，影响了导师的及时指导；同时，有些兼职教师基础理论功底不扎实，指导研究生经验不足，因而也很难发挥指导作用。此外，在导师对学员学位论文指导方面还存在以下亟待解决的问题：学校导师与企业兼职导师联系不密切，沟通不够；企业导师的指导作用发挥不够充分；等等。

四、我国应用型研究生培养模式的改革

应用型研究生培养模式目前仍存在的种种问题，极大地制约了当初设立专业学位培养应用型人才初衷的实现。鉴于当前存在的问题，结合我国经济社会发展面临的实际，在总结经验的基础上，应用型研究生培养模式应在以下方面进行改革。

（一）改革考试制度，严把招生关

学术型研究生招生考试属于选拔性考试，需要考查学生的基础知识。应用型研究生更加注重应用性、实践性，因而需要更多的自由度和灵活度，需要进一步扩大招生自主权。但是目前的专业学位考试，不管是10月"联考"这一批，还是年初"统考"这一批，招生单位的录取名额都必须报上级主管部门审批，高校缺乏应有的自主权。

应用型研究生的性质和特点决定了招生考试改革的方向是应用型、能力型考试，因此，考试科目、内容等都应以应用型、能力型为中心。鉴于我国的实际情况，考试制度的改革可以划分为远期目标和近期目标。

1. 远期目标可以借鉴工程硕士 GCT–ME 考试模式

在职人员攻读工程硕士的考试分两阶段进行。第一阶段进行 GCT-ME（Graduate Candidate Test for Master of Engineering）考试。该试卷由四部分构成：语言表达能力测试、数学基础能力测试、逻辑推理能力测试和外语运用能力测试。重点考核考生综合能力水平和反应速度。GCT-ME 为全国统一组织的考试，其成绩有效期暂定为两年（2010年始改为一年有效）。在录取工作开始前，教育部学位与研究生教育考试中心及全国工程硕士教育指导委员会对当年全国 GCT-ME 成绩分布进行分析，并发布给各培养单位，这为各个高校在进行工程硕士录取工作时，提供了一个有力的参考标准。工程硕士录取中，国家不规定统一的 GCT-ME 合格分数，各培养单位可根据本校的实际情况自行划定标准。第二阶段考试中，对合乎标准的考生进行包括各领域专业基础课考核在内的综合测试。综合测试可以是笔试、口试等多种形式，但必须有面试环节。学校根据综合测试的结果决定是否录取。如能大规模推行 GCT-ME 考试模式，可望将考生从浩如烟海的死知识中解放出来，真正测试考生的综合能力。

2. 近期改革措施可以考虑重新设计考试内容和重视复试环节

（1）重新设计考试内容。在试卷的设计上应当突出对考生理论联系实际能力的考查。目前的试卷设计仍侧重于抽象的理论考查，考分在很大程度上只反映出考生对指定参考书进行死记硬背的应试能力，而考生的综合素质、对知识的实际应用能力则基本无从体现，这与专业学位教育培养应用型人才的办学宗旨不相适应。在今后的试卷设计中应当通过调整题型、分值等方式，加强对考生理论联系实际、解决现实问题能力的考查。可以适当减少客观题型，增加主观题型，减少记忆能力方面的考查，着重考查考生的理解能力、思维能力、推理能力、写作能力、解释能力等。

（2）重视复试环节，加大复试权重。复试的重要性在我国的各类考试中已得到越来越多的重视，但在专业学位复试中却有不好的倾向。一些生源不足的学校，为追求招生规模，往往在复试环节走过场，甚至完全置复试成绩于不顾，直接以初试（联考）成绩作为录取的依据，复试的作用完全没有发挥。然而，应用型研究生更应该注重考查学生在实际工作能力中的表现，要重视工作业绩，通过面试切实考查学生的综合素质，把综合素质作为录取与否的重要依据，以发挥面试的有力作用。①我国有学者在关于公共管理硕士入学考试选拔标准有效性研究的论文中指出，面试（复试）成绩对应用型研究生最后的学习成绩有很大影响。

（二）重视实践课程教学导向，严守教学关

目前，照抄照搬学术型研究生以知识传授为中心的学科课程体系，传统的理论知识、课堂讲授等方式，既不能体现应用型人才研究生培养的特色，也不能满足学生的要求。应用型人才研究生培养的特色，就是理论知识一定是可以应用到实践上的知识，教师在进行学术型理论知识教学时，一定要结合学生的实践活动。理论只有转化为实践，才能在现实中显示出它的生命力和价值。实践是应用型人才研究生培养的重要环节，在实践中培养学生解决实际工作中遇到的困难和问题的能力显得尤为重要。学校应为学生提供适宜的土壤，多开设实践基地，多给予学生实践的机会。教学者在教学时，应加大案例教学的比例。因为案例与实际联系紧密，生动鲜活的例子最能激起大家的共鸣，引发思考。若有可能，可单独开设案例分析课程。

构建合理的课程体系是加强应用型人才培养的必由之路。在教育硕士培养方面，伦敦大学教育学院树立了良好的典范。

---

① 王海燕.我国专业硕士学位研究生招生考试研究[D].厦门：厦门大学硕士学位论文，2006：72.

伦敦大学教育学院也招收具有高等教育学历和一定工作年限的中小学教师、学校行政管理人员和地方教育当局行政管理人员，培养教育硕士。学位课程涉及教师评价、教育政策、教学规划评估、课程发展、课程改革、学生学位评定、教育哲学、比较教育、发展中国家教育、城市教育、教育研究的理论与方法、教育史、教育心理学、教育统计、教育行政、教育社会学、中小学教育、阅读、体育、青少年研究以及各学科专业课程等。

而我国专业学位招生院校中在培养环节也不乏做得很好的例证。如华东师范大学在教育硕士专业学位培养中，全面进行专业课程改革，构建符合应用型人才培养特性的课程体系，取得了良好效果。

第一类课程，偏重于理论研究，能反映该学科教育领域最新研究成果的课程，以满足学员对新知识的渴求。如学科前沿讲座(专题)、国外母语教育研究、课程学导论、课程标准解读等。

第二类课程，偏重于实践研究，有助于教师在新课程背景下进行实际的教学操作，能有效地提高教学质量和教学效率。如课程分析与教学设计（教材解读与有效教学设计）、优秀教学案例研习（名课研习）、课程考试与评价、课堂行为微格教学研究、课程有效教学研究、教材研究等。

第三类课程，属于相关专业基础类课程。实行灵活的选课制度，引入竞争激励机制。学校在课程实施方面，除必修课外，要求开出较多的选修课，部分课程推出课程超市，供学员自由选择。①

---

① 创新教育硕士培养模式，探索高层次教师培养新体系：华东师范大学教育硕士培养模式创新的若干实践 [EB/OL]．中国教育硕士网，http://www.edm.edu.cn/news/listys.jsp?id=539&space=read.

不同的专业学位可以有不同的课程模式，如国外公共管理硕士在课程设计时就力图使学员通过课程学习、实习、方案设计和专题讨论会，掌握从事公共管理工作所需的包括知识、技能以及必要的价值观在内的基本要素。具体的课程设置如下：

第一，面向高层管理所需的理论与实务并重的培训，改变一般学术型研究生课程以理论性、描述性和介绍性课程为主的课程设置，为学生提供发展领导才能的空间。

第二，面向解决公共管理所设的课程主要分为三类：第一类是核心课程，主要是公共管理与政策研究的理论基础和分析方法以及技巧等方面的课程；第二类是选修课程，也就是学生们可以根据自己的专业领域和主攻方向，以及个人需要与兴趣爱好进行选择的课程；第三类是公共管理与公共政策的实习与研讨班，通过这类课程，让学生将所学的知识和方法运用于公共管理和公共政策的实践，获得在实际管理领域中分析、解决问题和实际管理的能力。[①]

侧重于知识传授的课堂教学大多为教师讲解、学生听讲的形式，学生在这样的课堂教学中多数时候处于被动接受的状态，与教师缺乏互动和沟通。专业学位课堂中的教师和学生应更强调沟通和互动，在这个互动过程中产生理论和实践的碰撞，激发学生思考现实问题并一起找到解决办法。因此，除了多媒体课件等先进的教学工具外，课堂中可以逐步增加案例回放、角色扮演、小组讨论等多种教学形式，充分激发学生的思考和讨论。

---

① 顾建光. 国外 MPA 发展与办学特点 [J]. 中国行政管理，2001（7）：17–18.

(三)加强双师队伍建设,严把师资关

所谓双导师制度,是指由有深厚理论基础、较强实际工作能力和较丰富指导经验的校方导师和具有丰富实践经验、较强基础理论和一定指导能力的企业导师共同指导。这是由应用型人才特点以及专业学位研究生实际状况所决定的。专业学位是强调实践性和应用性的学位类型,学以致用、解决工作中的实际问题是专业学位设置的基本出发点。作为科研人员的高校教师大部分时间沉浸于知识的梳理、对现实世界的观察和反思以及相关知识的传授中,与产业界的具体事务难免存有距离,因此难以有效满足学生提高实践技能方面的要求。引进产业界高级专业技术人员担任兼职教师,一方面有助于学校借用校外资源扩充课堂教学的内容,增加实践性、应用性课程在专业学位课程设置中的比重;另一方面也有利于学校和产业界在合作中增强了解、建立互信,为其他方面进行合作奠定基础。

双导师制将社会与高校的资源进行整合共享,吸收校外新鲜血液加入导师队伍,集理论与实践培养创新能力于一体,突出导师组集体培养的优势,这种多样化的培养模式是对传统单一、封闭式研究生培养模式的超越。双导师制不仅有以校内教授为主的学术导师,而且有校外有丰富实践经验的企业高级工程师等来担任职业导师。校内外两位导师合作指导,交流情况,切磋经验,互相配合,有利于研究生在读书期间拓宽知识面,增加社会经验,缩短成才过程,并能促进导师水平的提升,为创新型研究生培养提供广阔的发展空间。

1. **构建应用型研究生完整的知识体系**

双导师制有利于实现学校教学和社会需求的双向互补。两位导师一个在学校,一个在实践部门,两者的结合能够把理论知识和实践知识完整地传授给学生,有利于学生构建应用型研究生完整的知识体系,并打下坚实的理论基础。且能够引导研究生在实践中验证和解决问题,鼓励研究生对事物的本质规律进行深入探究,边思考边实践边验证,逐步寻找突破口,能够发掘出研究生自身的创新潜力。

2. **提高应用型研究生的社会活动力**

双导师制培养模式有利于研究生在拓宽专业知识面的同时,提高社会活动能力。在培养过程中,两位导师都是研究生科研活动的具体指导者、支持者和参与者,能够提供更多社会资源供研究生利用,指导研究生以问题牵引创新学习,多出原创性成果,研究生在这种宽松自由的学术氛围中更易出创新成绩。

3. **确保应用型研究生的综合素质**

双导师制使课堂教学在实践中得到检验,有利于研究生综合素质得到全面提高。双导师的合作,有利于学位论文的选题与企业的实际生产项目相结合,让研究生直接参与到生产第一线,获得第一手资料,并对之研究利用提炼成为新知识,而知识加以应用就形成了新的生产力,加快了科研成果的转化速度,节省了研究经费。双导师制教育模式强化了产学研一体化合作,由学校导师和企业导师共同指导研究生培养全过程,大大提高了研究生的培养质量。[1]

---

① 余为,胡文宝,杨波. 坚持产学研结合 提高工程硕士生培养质量 [EB/OL]. 北京科学技术委员会网站,http://www.bjkw.gov.cn/n1143/n1240/n1465/n242664/n242712/6225499.html.

（四）建构独特的论文评价体系，严守质量关

学位论文既是专业学位研究生培养环节的重要组成部分，又是研究生综合运用所学知识分析问题和解决问题能力的重要体现。专业学位研究生针对实际问题进行对策性研究，通过查阅已有的文献资料，在认真调查研究基础上，找出实际工作中存在的问题，提出合理的解决方案。专业学位论文必须强调应用导向，它既不能是纯粹的学术研究，也不能降格为实际工作的简单总结，而是密切结合实际，既能体现综合运用所学专业或相关专业的理论、知识、方法和手段，分析与解决实际问题的能力，又能体现具有创新意识和独立承担专业领域实际工作的能力。比如，工程硕士论文可以要求为：

> 学位论文在学校和企业双导师指导下完成，要求研究生能够综合运用基础理论和专业知识，分析和解决工程实际问题，论文实际工作时间均不少于一年半。要求工程硕士生与学校导师和企业导师加强交流与沟通，做到师生之间优势互补、教学相长。要求论文选题内容来自企业生产和科研实际，能应用学科前沿新理论、新知识和新方法，去解决企业在工程技术中的难题，或开发出新技术、新工艺、新材料。论文研究要有较高的创新水平，研究成果应有较高的实际价值，结果能直接应用于企业生产实际。①

与此相适应，对专业学位论文的评价应着重从实用性考

---

① 余为，胡文宝，杨波．坚持产学研结合　提高工程硕士生培养质量[EB/OL]．北京科学技术委员会网站，http://www.bjkw.gov.cn/n1143/n1240/n1465/n242664/n242712/6225499.html．

虑。也就是说看专业学位论文是否立足于实践，是否对某个部门、行业或企业发展所急需解决的问题进行研究，是否能为实践部门带来经济效益和社会效益。在论文评阅中，与学术型研究生学位论文评阅专家以"学术同行评议"为主不同，专业学位研究生论文评阅专家，除了校内从事科学研究工作的副教授或以上的专家，还需要聘请具有高级技术职称的实际工作部门的专家进行评阅。对论文的评阅应着重审核作者综合运用科学理论、方法和技术手段解决实际问题的能力，学位论文工作的技术难度和工作量，作者解决实际问题的新思想、新方法和新进展，学位论文成果的先进性和实用性，以及其所能创造的经济效益和社会效益等。①

目前，我国专业学位研究生教育正处于发展的大好时机，我们要抓住机遇，采取措施，积极促进专业学位研究生教育较快地发展。由于我国经济社会的快速发展，经济结构正处于调整和转型时期，职业分化愈来愈细，职业种类愈来愈多，技术含量愈来愈高，社会在管理、工程、建筑、法律、财经、教育、农业等专业领域，对高级专门人才的需求越来越强烈，专业学位研究生教育所具有的职业性、复合性、应用性特征，逐渐为社会各界所认识，而且其吸引力也会不断增加。因此，专业学位研究生培养的规模必须相应地有较大发展。特别是当前，我国正在着力建设创新型国家，国家创新体系和技术创新体系的建设，需要更多的专业型、应用型高层次人才。在研究生教育里面，对专业技术型、应用型人才的社会需求

---

① 胡玲琳. 我国高校研究生培养模式研究 [D]. 上海：华东师范大学博士学位论文，2004：141.

会大大增加。

与这种应用型人才社会需求日渐增加的趋势相适应,我国应该在学位类型设置上突破以学术型学位为主的局面。在现有专业硕士学位的基础上,扩大专业硕士学位种类和招生规模,培养更多的专业学位研究生,使专业学位的规模超过学术型学位的规模。专业学位的设置应该突破硕士学位层次的限制,在博士层次增加设立专业学位,与学位类型的调整相一致。研究生教育的模式必须予以改革,根据社会发展的需要,多种模式并举。逐渐将硕士研究生教育从以培养学术型人才为主转向以培养应用型人才为主,实现研究生教育结构的历史性转型和战略性调整。

可喜的是,我国教育主管部门已经充分认识到这一点。办学理念上的彻底转变必将促使专业学位研究生教育步入一个可以大有作为的时期。2009年3月2日召开的全国专业学位教育指导委员会联席会年度工作会议决定,从2009年开始,除少数目前不适宜应届毕业生就读的专业学位外,其他半数以上的专业学位将面向应届毕业生招收专业学位研究生,实行全日制培养。2009年增加全日制专业学位硕士研究生招生计划5万个,主要用于招收参加当年全国硕士研究生入学考试的应届本科毕业生。这还只是专业学位培养结构调整的第一步。自2010年起,全日制硕士研究生招生计划从增量的调整逐渐步入存量的调整,即我国教育主管部门除规定新增的硕士招生计划主要用于全日制硕士专业学位研究生的招生外,还要求具有专业学位授权的单位按不低于5%减少学术型招生人数,减出部分均用于增加硕士专业学位研究生招生。此外,我国加大了新增专业学位类别的审批工作,2010年共新增19种专业学位,并且将硕士专业学位设置工作常态化,一般每五年调整一次。博士专业学位的设置也将本着"成熟一个,发展一个"的原则逐步推进。

诸多举措彰显了我国教育主管部门对调整硕士专业学位研究生培养结构,大力推进专业学位研究生教育的决心。这有利于适应产业结构调整对人才的需求,有利于学位工作和研究生教育改革的深化,也有利于提高人才培养质量、增强学生的就业能力。这次结构调整是重新定位硕士研究生教育培养目标,使硕士研究生培养更加密切地满足社会需求的重要举措,因此,有必要从世界研究生教育发展趋势和我国研究生教育发展现实出发,尽快构建适应我国社会主义现代化建设需要的学位体系和高层次人才培养模式,积极发挥专业学位研究生教育在培养高层次应用型人才方面应有的作用。

第七章
硕士研究生培养模式及其改革

在大多数国家的现代学位体系中，高等教育一般分为学士、硕士、博士三个层次，其中硕士学位居于研究生教育的第一个层级。自1999年开始大规模扩招硕士研究生以来，时至今日，我国的研究生教育已经从精英教育步入大众化发展阶段。但一个不争的事实是，目前我国还仅是一个研究生教育大国，尚未成为研究生教育强国。如何构建科学的培养模式，提高硕士研究生的培养质量，借以加快我国建设研究生教育强国的步伐，这一问题已成为近年来教育界关注的焦点和热点。本章将围绕"培养什么样的人"以及在培养过程中"采取什么样的构造样式和运行方式"这一主线，来分析国内外现有硕士研究生的培养模式，并进一步提出我国硕士研究生培养模式改革的意见和建议。

一、发达国家硕士研究生培养模式现状及特点

（一）美国硕士生学制、培养类型及特点

美国最早的硕士学位制度开始于19世纪50年代。20世纪初，受政治、经济、科技等诸多因素的影响，美国硕士研究生教育得到飞速发展。迄今，美国研究生教育已经处在世界领先的水平。在硕士研究生教育发展进程中，为适应社会对多种类

型高层次人才发展的需要，美国的硕士学位逐渐分离出两种类型，即学术型学位和专业型学位，前者侧重科学研究、理论创新，后者侧重实践能力的培养、技能的提升。还有一种学位是研究生中间学位，如工程师学位，这种学位水平高于硕士而又低于博士，主要是为要求进修某种特殊专业高级课程的人提供学习机会。

无论是哪种类型的硕士研究生，在美国的学制一般都是1~2年。但这种规定在实际执行中体现出多元化特点：不要求学生入学与毕业"同进同出"；学习方式不同，修业年限不同。学生可以全日制或半日制学习，不过大部分学校要求半日制学习的学生至少要有一个学期住校全日学习。由于学习方式不同，修课进度会有差异，学习年限因此也有差异。总之，美国对学制的规定不是刚性的，除规定教学计划不足一年的没有硕士资格外，各校的学制各有特点，何时毕业主要取决于学生是否修满规定的学分。

美国学制的多元化，从制度角度来看，主要源于：一是课程选修制度已经非常成熟。美国早在1825年就开创了课程选修制的先河，如今，美国硕士研究生教育的选课制已经比较完善。美国学校所开的课程数量多，课程类型丰富多彩，课程的综合化程度高。攻读硕士学位修课类型包括必修课和选修课，学生可以根据自己的情况自主选修课程，课程以启发式教学方式为主，如果选课人数少就采取指导自学的办法。由于各学期选课数量和科目不同，毕业时间也因此不同。二是美国基本教学制度是完全学分制，即学校以学分为尺度和计量单位，衡量学生的修课成绩、毕业标准。一般攻读社会科学的硕士学位最低修满36个学分，工程类的硕士学位最低修满30个学分。其中讲座、实践、论文等都可折算为相应学分数。美国的研究生可以跨专业、跨系，甚至跨校选修课程，不论学时长短，修完规定的学分就可以毕业。因此，学生实际的修业年限受主客观等各种因素的影响，往往具有很大的弹性空间，实际毕业年限在4~5年的也大有人在。

美国多元化的学制其实是柔性教学管理的体现，但是学制的柔性并不影响美国硕士生的质量。恰恰这种弹性化学制管理可以达到因材施教的目的。与此同时，柔性的学制加上刚性的培养要求，塑造了美国高质量的硕士研究生。首先，美国的硕士生教育非常注重夯实基础，这主要体现在注重课程的学习上，无论是学术型还是应用型硕士生，都严格要求课程的学习。比如工程硕士教育"不论其层次如何，教育对象如何，一个重要的特征是以修课为中心的教育"①。只有基础牢固了，才能更好培养科研、创新、实践等多项能力。其次美国的硕士生教育也非常注重和社会的结合。其中专业和课程的设置具有跨学科、多学科性质，满足社会对复合型高层次人才培养的需要。"几乎所有的研究型大学都在积极实施研究生跨学科学习计划，并努力在实践中完善"②；教学方式不拘泥于班级授课模式上的课堂讲授，许多专业为满足在职学习的需要，授课时间安排在晚上或周末，授课途径实现了完全网上教育，授课空间跨越了有围墙的大学，而在企业设立独立学院开展研究生教

---

① 马永红，李汉邦，郑晓齐. 解读美国工程硕士教育（二）[C]// 第六届全国工程硕士研究生教育工作研讨会论文集，2008：6.

② 纪光欣，张荣华. 美国研究生培养的特点及其对我国的启示 [J]. 石油教育，2004（1）：30.

育，有利于实现大学与企业的合作；美国非常注重对应用型硕士生的培养，专业硕士学位已经占据了美国硕士研究生教育的主体，1997年美国硕士学位名称超过660种，其中专业学位占85%，学术型学位仅占15%。① 此外，为保证人才培养质量，美国执行了严格的淘汰制度，"在美国的一些著名大学，有些课程淘汰率高达20%至40%，并且彻底实行重修制"。② 淘汰手段包括入学考试、必修课或综合课程考试等多种方式。

（二）英国硕士生学制、培养类型及特点

在英国历史上，硕士学位曾被视为第一级学位而存在，如苏格兰诸大学文科类的硕士学位（斯特林大学例外）。③ 从历史发展角度来看，英国硕士研究生的培养年限经历了多样化变化历程。早在14世纪、15世纪，获得学士学位的学生再学习三年才能获得硕士称号（当时还不具有学位含义），19世纪后获得学士学位的学生获得硕士学位的时间是1~2年。此外，存在于英国一些大学，如牛津大学和剑桥大学的一种文科硕士学位的学习年限是5~7年。学生在取得学士学位后，连续5~7年将自己的名字"保留在册"，通过某次集会上的表决就可以得到文科硕士学位。名字保留在册之前，学生需向院系秘书缴纳一定的服务费用。从学制发展的角度来看，英国的硕士学位传统上不受重视，硕士学位获得的随意性较大。

英国现代硕士生教育的学制是1~2年，实际学习中由于

---

① 张建功，张振刚. 美国专业学位研究生教育的学位结构及启示 [J]. 高等教育研究，2008（7）：105.
② 龚怡祖. 论现代大学人才培养模式 [M]. 南京：江苏教育出版社，1999：62.
③ 北京师范大学外国教育研究所. 国外学位制度 [M]. 北京：地震出版社，1981：9.

学位类型及学习方式不同,学习年限有较大差异。根据学习年限的不同,英国现有的硕士类型可分为短期硕士和长期硕士。短期硕士中只获得证书或文凭的课程研究生仅需要九个月时间,通过全日制方式获得硕士学位的一般要一年或三年。长期硕士是指通过部分时间制学习方式获得硕士学位,学习年限一般两年或四年。此外,需要说明的是硕士学位的层级高于证书和文凭,但二者是可以转化的,如果文凭证书攻读者学业优秀可以转为硕士。

英国所谓长期硕士的存在主要源于部分时间制学习方式占主体。20世纪90年代以来,由于职业发展的需要、终身学习理念的深入人心、高等教育规模的不断扩大,诸多因素导致这种部分时间制的学习方式备受社会欢迎。以1994—1995学年到1999—2000学年统计的数据为例,"部分时间制(兼读制)或在职研究生数量在增加,超过了全日制学生的增长速度","兼读制研究生占全日制研究生的比例从61.3%上升到63%"[①]。在英国硕士研究生教育中,学习方式并不决定培养质量,实际上各高校对全日制和部分时间制的学生要求是一样的,而且"英国本土学生可根据自己的意愿在全日制和业余制这两种不同的就读方式中进行转换"[②]。可见,英国硕士研究生的培养中兼具多样性和灵活性。

在英国,无论是何种学习方式获得的硕士学位都属于学术

---

① 王璐,王向旭.当今英国研究生教育规模和结构的变化与走向[J].比较教育研究,2007(12):63.
② 史兰新,陈永平.国内外研究生培养方式的比较及探讨[J].东南大学学报(哲学社会科学版),2010(12):118.

型，没有学术与职业之分。但在实际培养工作中，根据不同人才的发展需要，培养方式有明显差异。对于攻读文凭证书的研究生，重在修习课程，课程学习所占比重较大，通过上课和小组讨论完成密集的教学计划，连续的课程考试或期末考试是主要的考核方式，不要求写论文。对于攻读硕士学位的研究生又有两种培养方式，以一定职业为背景的应用型人才的培养重在课程学习，基本要求同上，申请学位需要提交小型论文或科学报告；志在科学研究的人才培养以研究能力为主，课程学习为辅，申请学位所要提交论文的字数、深度、水平要求更高，主要是为攻读博士学位培养过渡人才和后备力量。

虽然英国的硕士学位都属于学术型，但在培养中并不禁锢于传统学术研究层面。随着社会发展和科技的进步，英国的研究生教育日益凸现出生产性和社会性特征。早在20世纪60年代，英国政府就非常重视研究生教育的应用价值，强调研究生教育要为经济发展服务。这一工具主义政策体现在当今英国的研究生教育上：培养过程移植到生产流程中，课程设置密切结合生产实际，课程学习密切联系工程项目，实现了对人才的综合性培养途径。如大学和企业联合研究生发展计划中要求联合培养的学生，根据实际工作选修一定数量的课程，且"每学完一门课程就回到企业中把所学知识应用到实际工程当中，过一段时间再学下一门，最后结合企业实际提出研究课题，进行研究并撰写论文"。[①]

---

① 杨晓波.英国研究生教育改革与发展述评[J].国际高等教育研究，2004（13）：16.

(三)德国硕士生学制、培养类型及特点

德国学位制度发展的特点是先有硕士学位,后有学士学位,也就是硕士学位曾在很长一段历史时期内作为第一级学位而存在。由于德国教育一贯奉行"洪堡传统"提倡的纯学术研究、教学自由的办学理念,因此学生获得硕士文凭所需要的时间平均长达六年之久。时至20世纪末,在欧洲一体化进程推动下,为了消减长学制带来的诸如培养成本高、学生滞留多、国际竞争力不足等诸多缺点,进而实现与国际接轨,德国在1998年开始对原有的学位制度进行改革,在各高校中开设国际通用的学士和硕士课程。2002年8月,又在高校框架法内,以增补条款的形式从法律上制定了推行"学士—硕士"两阶段高等教育培养体制的规定。[①] 原有的硕士学位包括 Diplom(理工硕士,授予自然科学、工程科学和社会科学专业的学生)、Magister(文科硕士,授予人文科学专业和部分社会科学专业的学生)和 Staatsexamen(国家考试,无学位,授予医学、法律和师范类等特定行业的学生)。新旧学位之间存在一定的对应关系,现有的 Bachelor(学士学位)相当于 Diplom(理工硕士,限于应用技术大学)、现有的 Master(硕士学位)相当于 Magister 和 Diplom(理工硕士和文科硕士,限于综合性大学和同等水平大学)。自此,德国建立了学士、硕士、博士三级学位体制。新学位制度的建立,带来了德国硕士研究生培养模式的诸多新特点:

一是学制由长到短的转向。如上文所述,由于德国要求硕士研究生教育中教学与科研并重,攻读硕士学位的学生,都是

---

① 宋健飞,孙瑜.德国高校学制改革综述[J].高等教育研究,2007(2):104.

按照培养高水平学术人才的标准来进行，再加上在教学自由的办学理念支配下，学校没有固定的教学计划，没有修业年限的特别规定（仅靠考试方式控制），原有的硕士学位平均修习期限过长。为缩短大学学习年限，20世纪60年代末，德国就有人提出通过大力发展高等专科学校、改革教学内容和考试要求、收取学费等方式缩短学习年限。其中高等专科学校培养工程师的学制一般是3.5年。但这些措施没有从根本上改变德国硕士长学制的特征。新学位制度建立后，德国硕士生学位学制限定为1~2年，大大缩短了硕士学位修业年限，并且硕士学制趋于多元化：一种是未获得学士学位但已确定在本专业连读攻读硕士的，学习年限最长不超过5年。例如1998年综合性大学和高等专科学校推出了本硕连读5年的培养模式，出现了"3+2"或"4+1"的学制，即学士阶段3年或4年，对应的硕士阶段为2年或1年。这表明德国硕士学位以终结性为主的特点在淡化，其过渡性的特征在日渐凸显；另一种是经过3~4年学习获得学士学位后再继续攻读硕士学位的，学习年限为5~6年。无论何种方式获得的硕士学位都被视为是等值的。

二是培养类型以一元为主转向多元并重。从学位类型来看，德国的硕士学位也有了学术型与职业型的区分。虽然德国的高等教育起步较晚，但是硕士研究生教育却发源于德国，并且德国的研究生教育素以"学术造诣高"为楷模，专业式、"师傅带徒弟"培养方式曾被美国、英国等国家视为效仿的对象。这种学术型模式视培养科学工作者为主要目标，学习中重科学研究，强调对纯学术、纯科学目标的追求。教学工作中要体现教学与科研的统一，并广泛采用"习明纳"的教学形式，即学生要全身心投入到学术研究中,通过做学术报告和参加学术讨论的方式达到学术能力及水平的提高。学生通过从事科学助理工作、修习大学生研究课程等各种方式,跟随导师从事科学研究项目。随着新学位制度的确立,德国在保留传统的学术型硕士学位外,职业型硕士学位也应运而生。主要体现在新硕士生的培养是"以传授较深的专业知识和一定的科研、实验能力为目的,此阶段的学习分理论和应用方向"。[1]可见,该培养目标在强调理论学习的同时,也一并强调应用性知识和能力的培养。其实,德国高等教育在应用型人才的培养上有着很好的基础,诸多应用型大学强调大力培养应用型工程技术人才,各类专科学校特别加强"双重训练制"的职业教育。所谓双重训练制,就是指"国家让学生一方面在教育机构中接受专业理论教育,另一方面在企业中接受实际操作培训,使学生既有专业理论知识,又有实际操作技能"。[2]德国逐渐形成了"工程师文化",德国工程学者素以这种优秀的工科传统为自豪。而今,新学制建立后,职业型硕士学位,如工商管理硕士等开始出现,新增的硕士专业与就业市场建立了更为直接的联系。

需要说明的是五年制本硕连读的培养模式中没有明显的学术性与职业性的区别。这种培养过程分两个阶段:第一阶段学习本科阶段中初级和中级的基础课程,通过中期考试进入第二阶段的专业学习阶段,采取研讨班和授课的学习方式。由于培养中强调一切领域的专业化和职业资格,所以在课程学习上没有学术性和职业性的本质区别,学生提交一篇论文后,可以

---

[1] 刘芳.德国学制改革及其对中国学生赴德留学的影响[J].广西师范大学学报,2008(12):82.
[2] 李其龙,孙祖复.战后德国的教育[M].南昌:江西教育出版社,1995:346.

获得文凭或学位或参加国家考试。这三类均属于学术性的,其中文凭和参加国家考试以在相关行业就业为主,学位以攻读博士为主。

总之,各国硕士研究生教育中对学制的要求,经历了一个不断调整的过程。调整的因素诸多:对硕士学位的重视程度及层级定位、培养类型的不同、学习方式的不同等等,一般重视硕士学位的、研究型的、部分时间制修业的周期长,过渡型的、应用型(职业型)的、全日制修习的周期较短。但是无论学制长或短,其调整必须以培养质量为核心,也就是变的是手段或培养途径,不变的是质量,质量提升的保障机制是培养途径的合理性和多种培养途径的科学组合。综上所述,发达国家现有的硕士研究生培养模式给我们的启示之处有如下几点:

第一,发达国家的培养模式既具有稳定性,更具有动态性。培养模式固然具有一定的稳定性,但随着社会的进步、时代的变化,培养模式不可一成不变,其组成要素中的学制、学习方式、培养类型、课程设置等都应该根据人才培养目标的不同,社会对不同人才规格的需求变化而作出相应的调整,因为培养模式本质上就是人才培养的手段。以学制为例,发达国家的学制在不同历史时期,也是处于相应的调整阶段。目前发达国家的学制特点是高度弹性化和多元化,一般规定的学制比较短,但执行中并非"同进同出"一刀切的管理模式,培养是以学生为中心来进行的,考查的关键不是何时毕业,而是能否毕业,归根结底也就是以达到培养目标的要求为衡量标准。

第二,发达国家培养模式的组成要素凸显多样性。首先,建立在完全学分制和成熟选课制基础上的学制是多元的。其次，学习方式多样化。全日制学习与部分时间制学习并存，特别是随着终身教育理念的深入人心，以英国为代表的部分时间制学习，已成为一种非常重要的学习方式。最后，培养类型多样化。不论是以"学术自由，教学与科研并重"而著称的德国，还是以"自由民主主义教育观"为代表的美国，硕士研究生的培养都出现了学术型与应用型人才并重的趋势。即使是在硕士学位名称上没有"学术"与"职业"之分的英国，其在实际培养工作中，根据研究型人才与应用型人才的发展需要，培养上也是各有侧重。所以，培养的多样性不限于称谓上的多彩纷呈，关键是具体实施中是否"百花齐放"。

第三，发达国家培养模式的要素组合兼具科学性。发达国家硕士研究生培养中有看似松散和宽松之处：美国的硕士专业学位研究生不做论文也可以毕业，英国的学习年限可长至五年，德国的硕士生不用考试可以由本科直接过渡到研究生。这种看似松散的管理，实则基于因材施教、按类培养的理念，并且有着一套完善的管理系统。在入学考试方面以美国 GRE 为代表的研究生入学考试，重在对综合能力的考查，体现了考试本身也极有教育性的导向；在课程学习上，启发式教学方式广泛应用，跨学科教育成为培养复合型人才的主要载体；在培养途径上，产学研相结合的综合教学途径成为主要导向；在淘汰模式上，高淘汰率体现了研究生教育同样要"适者生存"。诸多管理措施保障了研究生的培养质量。

第四，发达国家的培养模式体现了开放性的特征。所谓培养模式的开放性是指培养模式的建构不能脱离社会发展的需要，培养模式的建构也不能拘泥于一个学科或一个学校或仅限于学校内部。当前大学之间联合办学、大学与企业合作，或在企业内实现对研究生直接培养的形式，成为发达国家研究生培养中的重要组成部分。而社会对高层次应用型人才的需求，使得美国、英国等诸多国家在硕士研究生培养阶段都重视应用型培养模式的建构，专业硕士、职业硕士应运而生。特别是美国专业学位硕士生教育已经成为该国硕士研究生教育的主体。此外，由于英美等国家专业界限模糊、完全学分制等等，各高校之间学分互认、转移、累积普遍而通畅，特别是欧洲学分转换体系的建立，"为各国硕士学位的课程设计、学习年限等方面提供了可参考的一个量度，提高了各国硕士学位的兼容性和可比性"，"不仅可以缩短学生的修养年限，而且还可以促进各国学生的流动性"。[1]

二、我国硕士研究生培养模式现状及特点

我国近代意义上的硕士研究生培养发端于辛亥革命时期，学士、硕士、博士三级学位体制正式确立于南京国民政府统治时期，硕士学位确立之初即作为第二级学位存在。这一阶段对硕士研究生的培养重在学术造诣和水平，培养年限是两年。1931年4月南京国民政府公布的《学位授予法》中规定："授有学士学位者，曾在公立或立案私立大学或独立学院的研究院、研究生院继续研究二年以上"为硕士学位候选人。[2]硕士学位获得需要经过学科考试、学位论文考试，并通过论文答辩等环

---

[1] 吴杨，丁雪梅. 欧洲硕士学位类型、学制的研究以及对我国的启示[J]. 中国高教研究，2006（2）：50.

[2] 钟金明. 中外学位制度与学位申请[M]. 武汉：武汉大学出版社，1987：129.

节，合格者授予硕士学位。硕士学位的修习者重在研究高深的学术，申请学位的都要提交较高水平的学位论文。新中国成立后，我国政府非常重视研究生的教育培养工作，对硕士研究生的学制做了相应调整。1951年政务院公布了《关于改革学制的规定》。此后在具体实施中招收过两年制、四年制和三年制的研究生。1981年颁布的《学位条例》正式确立了学士、硕士、博士三级学位制度，规定硕士培养年限统一为三年，实际执行中允许少数优秀的硕士生可以提前半年毕业。以三年制为基础的硕士研究生培养一直持续了二十多年。随着理论界要求我国硕士生要和国际接轨的呼声日益强烈，以及社会对多种类型人才的需求，2002年我国各高校出现了将硕士学制由三年缩短为两年的迅猛态势，2007年，硕士学制又呈现"回弹"趋势，部分高校又将学制改回至三年。这种"回弹"在两年制培养的"小硕"质量遭到质疑的压力下，也呈现增长的趋势。目前关于学制长短的这场改革仍在持续。由改革情况来看，学制看似只是学习年限的长短，实则触及的焦点是"学质"问题。而"学质"能否保障的关键不是修业年限长一些还是短一些的问题，正如有学者指出，"学制的长短只是表象，而定位是关键，模式是根本"[①]，也就是基于不同的培养目标，要构建不同的培养模式。从学制的角度来看，我国现有的硕士研究生培养模式可分为以下几种类型：

一是学年学分制培养模式。所谓学年学分制是既规定修业年限，而又实行学分制的一种高校教学管理制度。目前我国

---

① 史安娜.世纪之交以来的我国硕士研究生学制改革研究[J].东北师范大学报，2008（5）：10.

各高校硕士生培养普遍采取的是这种教学管理制度。虽然有高校自称实施的是弹性学制，但我们认为这种学制的弹性是有限的。从我国硕士生培养的整体来看，学制确实趋于多样化，但从某一个高校的硕士生培养来看，虽然我国实现了学分制，但由于学费是按学年而不是学分收取，教学是以专业为界线、以班级为单元进行的，后勤没有完全社会化等诸多因素，使得我国对硕士生规定了统一的修业年限，而且同一年级的学生基本是"同进同出"的模式。从修业年限而言，我国各高校硕士生的培养又分为以三年制为基础的硕士生培养（俗称"大硕"），和以两年制为基础的硕士生培养（俗称"小硕"）。尽管我国缩短学制的初衷是为了调整硕士生培养以学术型为主的结构，顺应国际化发展潮流，但在培养实践中，由于硕士生培养目标没有由学术型向应用型切实转换，学科的差异性没有在学制的长短上体现出来，学制的缩短主要是学时数、学分数的减少，致使近年来各高校在硕士生学制上出现摇摆，以学制为中心的硕士生培养模式成为改革的重要议题。

二是组合式培养模式。主要指将本科、硕士、博士的教学计划，按照相应要求组合后形成的连贯式培养模式，包括本硕连读制，本硕博、硕博连读制，直接攻博，提前攻博等。这种组合式培养模式是以培养学术型、研究型人才为目标，在人才培养的时间上不是按照传统的学士、硕士、博士阶段进行分段，而是将人才培养各阶段链接起来，作为一个整体统筹安排，进行连贯式的培养工作。在进入相应高层级阶段的学习中，不参加公开招考，而是依据学生平时的课程成绩、学术成果、科研能力等指标，阶段考核加综合考核后，在学生申请、导师同意的基础上,通过中期分流等筛选方式,允许符合条件的学生进入下一阶段的学习。在这样一种培养模式下,硕士阶段的修业年限一般是一年的时间。除本硕连读外,其他类型的培养模式中,硕士学习期间不要求写论文。各类型以攻读的最终层级授予相应的学位和毕业证书。可见,这种组合式培养模式中的硕士学位作为独立的一级学位的地位在下降,而作为过渡性学位的特征在凸显。虽然缩短了培养周期,但在保障培养质量的前提下,这种方式有利于人才进行系统化的知识训练,有利于宽口径、复合型人才的培养。

　　三是研究生课程进修班。研究生课程进修班是指"为各种在职人员以同等学力申请学位时通过一次性学位课程考试而举办的进修、补习、辅导性质的教学组织形式"。[①]课程学习方式有随硕士生同班学习、自修课程或参加进修班学习,其中参加进修班为主要的学习方式。研究生课程进修班作为在职人员修习硕士课程的一种教学方式,不直接和硕士学位挂钩。课程成绩合格者可获得相应结业证书。具有本科毕业并获得学士学位三年以上,课程学习合格,且通过国家组织的专业综合考试和外语考试,论文答辩通过的人员方可授予相应的硕士学位。国家对这类学习年限没有统一规定,高校为规范管理,对申请硕士学位者一般要求自参加课程学习之日起四年之内完成上述学习流程,否则原所修课程成绩无效。所授予的硕士学位为科学学位类型。随着硕士专业学位在我国的发展,研究生课程进修班数量大大萎缩,而出现了一种"变异"形式,即专业

---

① 秦惠民.学位与研究生教育大辞典[M].北京:北京理工大学出版社,1993:118.

学位研究生课程班。这种修习方式主要成为各高校在异地组织生源、报考硕士专业学位的一种重要途径,学习年限要求同上,不同的是要申请学位前不必经过国家组织的专业综合考试和外语考试,而要经过国家组织的在职人员攻读硕士学位的10月份的联考。所授予的硕士学位为专业学位类型。专业学位研究生课程班的办学模式完全是应在职人员攻读专业学位的要求而萌生的,基本仿效研究生课程进修班运行。国家对此没有专门的管理政策,基本处于默许状态。总之,这种研究生课程班是非全日制硕士生培养的主要载体。

综上所述,我国硕士研究生培养模式已经从单一走向多元。从学制而言,全国相对统一的硕士培养年限的局面被彻底打破。由于学制是"标",而"学质"是"本",围绕着学制的变化,各高校已经在培养目标、课程设置、教学计划、论文写作等多方面做了调整,以构建适合相应目标的培养模式。此外,多种组合式培养模式的存在,为不同类型人才的培养"量体裁衣";以课程班为依托的同等学力申请硕士学位以及在职人员攻读硕士学位等非全日制研究生的培养方式,为在职人员"工读兼顾"打开了方便之门;另外,专业学位历经二十多年的发展,已经初步建成了硕士为主,学士、博士并存的三级专业学位教育体系,这使得我国硕士培养类型由以往单一的学术型转向学术型和应用型并存。各方面的变化,标志着我国硕士研究生培养模式初步建构了多样化的发展类型。但是,我们不能对取得的些许成绩沾沾自喜,止步不前。因为和发达国家相比,我国的硕士生培养还存在着诸多问题。

首先,我国现有的硕士培养模式惰性偏多,而动感不足。

这种培养模式的惰性主要表现为培养模式的各要素僵化、统一。比如入学方式刚性不变。早在20世纪80年代就有学者提出,对全日制硕士招考方式进行两段式的模式。而时至今日,两段式的招考方式不仅没有推出,大一统的趋势却日渐增强,医学、历史学、教育学等学科的专业考试完全集中到教育部统一组织命题。这种考试内容上的整齐划一,无法对多样化生源进行科学性选拔。再有学制改革没有触及根本。围绕着是三年还是两年的学制改革,一些高校做的多是时间上、课时数、学分数的加减法,但是不同的培养目标区分模糊,课程设置的陈旧、单一,选修课的数量不足,跨学科的课程学习缺失,导师培养的"蜻蜓点水"、不到位,人才培养的根本问题没有根本改变。这些都是现有硕士培养模式动感不足的体现。

其次,我国硕士研究生培养模式的多样性是形式多于实质。虽然围绕着学制的调整,各高校对培养模式的要素做了相应调整,但在培养工作实践中,由于教育主体(包括管理者、导师、受教育者)的重视程度和认知水平有限,教育客体(包括教育资金、教育硬件设施等)提供的物质保障不足等,往往实施的效果和最初要求相背离,致使培养模式的多样性存在的只是"形式上",而非"实质内"。如从全国来看,硕士学制呈现多样化趋势,但是具体到一个高校来说,由于课程设置基本上限于指定为主,选修为辅,跨学科修业要求缺失,加之由于后勤没有真正社会化,使得学生主体上仍然是"同进同出"的修业模式。特别是在硕士专业学位研究生的教育培养上,有学者指出,应用型培养模式偏学术化,名为专业学位实则按学术型模式培养。可见,培养模式的多样化主要是名称多样了、形式多样了,而实质上没有更多的变化。

再次,我国硕士研究生培养模式中要素组成的科学性有待增强。虽然我国的硕士生培养模式包括招生、培养、学位授予等诸多环节,但仍无法摆脱招生考试上"严进宽出"的方式。目前我国各种招考都还处在"应试教育"的控制下,即使在研究生招考阶段,专业课考核的内容仍局限在二级学科的窄口径上,考核的知识仍是死记硬背的概念解析。并且全日制硕士2+1或2+2(即外语、政治两门公共课加专业课一门或两门)的招考模式盛行多年仍没有根本上的改变。相反,有一些人认为不经过严格考试(不论这种考试科学与否)的选拔就不是正规的招生。所以有人会对有异于全日制考试模式的工程硕士研究生入学考试方式,不自觉地称之为"门槛低",认为是"不正规的考试"。此外,所谓"严进"手段主要靠的是全国统考的政治和英语,真正有创新能力的人才无法选拔出来。进入培养流程后,又没有科学的措施保障培养的高质量,而学位答辩中的走形式、走过场又无法检验培养成果的合格率。一系列科学保障措施的缺失,使得我们在责怪国家对高校的自治权"死抓不放"的同时,却又不得不痛心承认虽然国家在教育上管得过宽、容易僵化,但一经放开又会过度泛滥。某高校一年自主招收三四千软件工程硕士的事例说明,一些高校在经济效益的驱使下,已经成了无质量保证的硕士学位证书的批发商。

最后,我国硕士研究生培养模式开放性不足。我国硕士生培养模式由于培养理念没有根本转变,管理制度上的弊端,相关配套机制的缺失,使得我国硕士生培养仍然保守、封闭,没有足够的开放性。主要表现在,一是不同专业、学校间转换难。由于我国硕士生的培养还是以专业为基本的组织单位，专业间界限分明，学生难以自由转换，课程学习上主要限于一个学院的一个专业。跨学科课程主要还是学生根据自己的兴趣来选择，学校没有制度上的要求。由于制度上的障碍，学分在专业间、学校间很难打通。二是硕士生的培养以学术型为主的结构没有得到根本性改变。目前专业学位招生数量虽然在全日制硕士生中逐年增加，并由增量的调整转向存量的调整，但是全日制专业学位培养上的诸多方面，比如招生考试内容的科学性、招生规模的合理性、培养方案的实效性、评价机制的应用型导向等，一系列系统工程没有很好地建立。诸多方面需要我们在硕士生的培养中仍要开拓视野，打破壁垒，走向改革之路。

三、我国硕士研究生培养模式的改革思路

鉴于我国硕士研究生培养模式存在的诸多不足，作为研究生教育管理各层级、各部门的管理者、实践者和研究者，理当本着把我国建成研究生教育强国的目标，本着向英美等发达国家学习借鉴先进经验，并保持中国特色的基础上，对现有培养模式持有一种"变"的思想。而怎么变则是一个策略甚至是战略问题。由于在培养模式的变革过程中，会遇到来自于落后的教育体制、教育观念、大学内部利益、人员素质良莠不齐等诸多方面的阻碍和限制，因而我们必须分清现有硕士培养模式中存在的主要矛盾和次要矛盾，通过标本兼治的方式达到改革实效。无论是表层还是深层的问题，通过治标就能逐步接近治本的目的，就可以采取治标的方式。但是，有些问题单纯治标是不够的。由于培养模式是由诸多要素按一定方式相互联系起来的复杂系统，如果培养模式

的改革因循"头痛医头,脚疼医脚"的治疗模式,而仅仅停留在对枝枝节节修整上的"治标"阶段,那么适应社会发展需求、符合人才培养规律的培养模式就很难创建出来。所以,必要时我们要对其本质上的痼疾施以"治本"性的根除。这就是我们要在研究生培养模式改革中持有的策略。那么针对现有硕士研究生培养模式,我们又该如何改革呢?

(一)抓住当前硕士研究生培养的主要矛盾,找准硕士生培养模式的改革之路

从哲学意义上讲,矛盾是无处不在的,高等教育各层次中也存在着各种矛盾。那么,为找准培养模式的改革之路,我们必须抓住其中的主要矛盾。有学者指出,新时期我国高等教育在整个发展进程中的主要矛盾,是我国社会主义现代化建设对大学教育质量所提出的"三个面向"要求与大学人才培养现状之间的矛盾。①具体到硕士研究生的教育工作中,教育各界所关注的方方面面都是围绕着如何提高硕士生的教育质量而展开的。那么,何为教育质量呢?"教育质量是对教育水平高低和效果优劣的评价","最终体现在培养对象的质量上","衡量标准是教育目的和各级各类学校的培养目标。前者规定受培养者的一般质量要求,亦是教育的根本质量要求,后者规定受培养者的具体质量要求,衡量人才是否合格的质量规格"(《教育大辞典》)。②不断提高质量,是高等教育的生命线。教育质量是我国高等教育的重中之重。虽然影响教育质量的因素也有诸多方面,但提高教育质量的关键还是要靠提高培养模式的

---

① 龚怡祖.论大学人才培养模式[M].南京:江苏教育出版社,1999:96.
② http://baike.baidu.com/view/3155245.htm.

先进性、科学性、合理性。抓住了硕士研究生培养中的主要矛盾，那么硕士生培养模式的改革目标、改革举措、改革效能，就都要围绕着如何提高培养质量的问题而展开。有利于提高培养质量的，我们就要采纳，而阻碍培养质量的，我们就要尽量去除。

此外，我们要特别注意区分质量衡量标准的差异性。不同时期、不同类型的硕士研究生的培养质量的具体衡量标准，虽然在某些方面会有一定的交叉之处，但总体上是有差异的。例如，高等教育从精英教育走向大众化发展阶段后，硕士生培养类型由单一的学术型转向多元的学术型、应用型、复合型等并存的情况，硕士生培养质量衡量标准也由一元转向多元。大众化下的质量"只是一个相对的概念，没有最低的质量标准，只有不同的质量标准"，"高等教育质量不再有统一的质量标准，只有相对的质量标准"。[①]既然培养质量是多维的、相对的概念，培养质量的标准也呈现多元状态，那么相应的培养模式也必然走向多元。只有这样，才能培养出可以"面向世界，面向未来，面向现代化"的合格人才。

（二）把握时代与社会对人才发展需求的趋势，准确定位硕士生培养目标，构建符合人才成长规律的硕士研究生培养模式

培养模式是一个存在于一定时代、一定社会的系统工程，培养模式的变革必须紧跟时代发展的脉搏，必须适应社会发展的趋势。否则，培养模式的变革就是逆水行舟、背道而驰。因此，培养模式的改革者必须以高瞻远瞩之维度，把握时代与社

---

① 刘尧.中国高等教育热点问题评论[M].南京：江苏大学出版社，2009：127.

会对人才发展的需求，也就是要明晰社会到底需要什么样的人才。只有这样，才能为培养模式的变革找准定位的方向。随着时代的进步，知识经济、终身学习、以人为本的和谐社会的发展，硕士研究生培养又面临着全新的发展要求。

首先，知识经济要求硕士研究生教育必须以创新教育为主旋律。知识经济的核心就是知识创新。"社会对人才创新能力的要求上升到一个突出的位置，教育必须对之做出回应。"[①]可见，知识经济需求的是创新型人才，而创新型人才的培养必然要成为我国研究生培养的内在要求。就硕士研究生教育而言，无论是何种类型，都要以此作为内在规定而力求提升和发展。我们固然要求理论知识的创新，同样需要技术知识、应用能力的创新。此外，创新教育与人才培养的个性化密切相连，有个性才能有主体意识和创造精神，这就要求我们必须突破单一的培养模式、僵化的教学方式和评估标准。

其次，终身学习要求硕士研究生教育必须构建多样化、灵活性的培养模式。随着终身学习理念的日益深入人心，硕士生的生源更趋多样性。比如英国修课式研究生入学资格与研究型硕士生相比入学资格更为宽泛，持有本科二级荣誉学位、及格学位，甚至没有本科学位的都可以报考。[②]这就要求研究生培养环节根据生源的多样化，招考方式、考核内容要"因材"选拔，学习年限弹性化，全日制和部分修课制的学习方式并存，教学内容多样化，等等。多样化、灵活性的培养模式是顺应社会发展的正确目标。

---

① 龚怡祖.论大学人才培养模式[M].南京：江苏教育出版社，1999：100-101.
② 谢佳丽.寻找一种可能：英国修课式研究生培养方式[J].教育与职业，2010（4）：94.

最后，以人为本的科学发展观要求硕士研究生教育必须凸显复合型人才的培养。科学发展观的核心是以人为本，树立全面可持续的发展观。研究生教育是培养社会发展所需要的人才的教育，必须坚持以人为本的原则，培养复合型人才，促进研究生教育的全面、良性、可持续发展。人才培养不能唯学术论、社会论，而应该是"学术取向、社会取向和人文取向的有机统一"①。基于这样一种对人的发展的终极关怀，各高校应该在人才培养中建设一系列综合科学、技术、社会方面的相关课程，鼓励跨学科修习课程，旨在融合科学与人文的价值，使受教育者树立正确的世界观、价值观、人生观。在管理制度上应尽早打破专业间、学科间、学校间的壁垒，在实行完全学分制的基础上，以按学分收取学费代替按学年收费，改变刚性的教学管理制度，为实行学分的互认、转移、累积铺平道路。

总之，未来社会发展需要的是创新型、多元化、复合型的人才，硕士研究生教育要保持持续的生命力和活力，实现科学发展，必然要调整现有硕士生培养目标，并按照培养目标的要求，构建多样化、多梯次的硕士生培养模式，即以培养具有较高科研能力和学术水平的科研人员的科研学术型为辅，以培养掌握系统专业知识、适应社会日益提高的专业化要求的高层次人才的课程修习型，和以培养具有特定职业领域所需要的高层次应用型人才的职业应用型为主。按照这三种培养目标，我们应努力构建以下类型的硕士生培养模式。

---

① 刘尧.中国高等教育热点问题评论[M].南京：江苏大学出版社，2009：120.

1. **科研学术型培养模式**

科研学术型硕士由于要做研究、搞科研,如果是本科—硕士—博士分段式培养,需要较长的学习年限,一般2~3年弹性学制为宜,根据生源类型、学科差异、学习方式的不同,学制弹性化。在全日制硕士研究生培养结构由单一的学术型为主向职业应用型为主、科研学术型为辅的转型时期,可以通过加大硕博连读、直接攻博等连贯式培养力度,增加招生比例,最后发展到对有志于攻博的硕士生主要采取连贯式培养模式。与英国、美国等国家对"哲学硕士"(一种向哲学博士过渡的类型)的培养模式相似。学制短,一年为宜,硕士学位仅是一种过渡学位,通过中期分流、综合考核等方式,将具有科研潜质的硕士生转至博士阶段,主要为博士生培养提供后备力量。这类硕士生的培养以科研、学术创新为首位,以攻读博士学位为主要归宿,课程学习数量和要求可遵循德国"教学与科研相统一"的原则。也就是必须将教学融入到学术研究中,通过做学术报告、参加学术讨论、跟着导师做课题和项目的方式达到学术能力及水平的提高,真正为我国培养出高水平的科研学术型人才。

2. **课程修习型培养模式**

这种类型与前者相比的主要区别,是修课数量、要求、考核方式及论文形式、深度、比重等不同。这种类型的硕士生类似于英国修课式的研究生、美国的工程师。可以主要在社会应用性强、知识更新快的专业领域设置,主要是为社会培养急需的应用型人才。学制短,1~2年弹性为宜,以学习课程为主,所写论文不要求长篇大论式,而是小型的学术论文或科研报告。硕士学位为终结性学位，这类硕士生以在专业性、行业性较强的领域就业为主，毕业后可以报考博士。培养过程中注重与生产实际相结合，实行培养模式的开放性。课程修习型的硕士生培养模式在我国曾经有过尝试。1984年，我国在部分高校的某些急需扶持的新兴、交叉学科、专业试办研究生班，学制两年，主要学习课程，毕业后达到要求者授予硕士学位。但是，这种尝试由于各种原因而最终没有推广。现在盛行于各高校的各种研究生课程进修班、专业学位研究生课程班，非全日制的学习方式深受广大在职人员的欢迎，但和学位不直接挂钩。如果这种修业形式因国家招考政策的调整而无法获取学位，或者获取学位的考核方式不适合在职人员的特点，这种办学方式必将无疾而终。因此，我们可以学习美国的工程师研究生、英国的修课式研究生的办学模式，在现有课程班培养的基础上，大力开展课程修习型的硕士研究生教育，使硕士学位分层次，并适应终身学习理念的要求，满足社会各层次人才发展的需要。

3. 职业应用型培养模式

目前我国已经建立了几十种硕士专业学位，这是职业应用型培养模式依托的主体。鉴于发达国家此类硕士的培养学制较短，我国职业应用型硕士学制宜1～2年弹性学制，硕士学位为终结性学位。职业应用型硕士是为了满足社会特定职业领域对高层次应用型人才的需要，因而在培养中通过修习一定数量的课程奠定扎实的理论基础，同时通过参加工商业界的生产管理实际，切实锻炼综合应用能力，并有较强的创新能力，在产学研一体的培养方式下，能适时地将高科技成果运用到生产和社会中。而要创建职业应用型硕士培养模式，必须首先彻底扭转应用型人才边缘化的局面。尽管我国专业学位历经二十余年的发展，取得了一定的进步，但专业学位不被重视的局面并没有得到根本改变。其次，要在管理及教学两方面的机构设置、人员配置上和科研学术型脱离开，两块牌子一套人马的现状很难彻底将职业应用型培养模式独立出来，并在人才培养上占据主体地位。最后，要有治标为辅治本为主的措施，彻底建立职业应用型人才的招生、培养、评估体系。如果还是沿袭全日制2+1的考试模式，课程结构中仍然是抱着政治、数学、英语为公共基础课，加上指定的学位必修课和数量不足的选修课不放，申请学位依然以论文有无为考核的唯一方式，那么职业应用型培养模式依然是"有其名而无其实"。因此，必要时我们要对深层次、本质上的痼疾进行"治本"性的根除，因为没有阵痛的改革是很难取得实效的。

以上所述三种硕士研究生培养模式涉及的构建内容主要是原则性的、框架式的，对于培养模式基本要素具体的组成，如课程体系的建构状态、课程内容革新、培养途径的组成、教学运行机制及淘汰模式等具体措施，鉴于前文有所论述及篇幅所限，就不再进行系统翔实的论述了。而且实际上，如果原则性、实质性、本质性的方面认识清楚了，那么具体措施的采取在必须体现培养模式稳定性与变革性的统一，体现培养模式的多样性、科学性、开放性、灵活性的基础上，就是根据具体学校类型、人才类型、培养目标等进行择优选择、科学组合的问题了。在此所述的内容关键是为了扭转人们认识上的偏差，指出实践中的不足，并相应地提出构建上的框架，以为当前我国硕士研究生培养模式的发展提供一点参考意见。

第八章
博士研究生培养模式及其改革

一、博士研究生培养模式概述

博士研究生培养模式是博士生教育改革与发展的核心问题，与博士生培养质量息息相关。博士生培养模式由众多的要素所构成，在历史的积淀中逐渐形成了比较鲜明的特征。我国博士生教育虽然起步比较晚，但发展很快，并根据经济社会发展的新要求和高层次人才成长规律不断进行调整和改革，形成了博士生培养的"中国模式"。

（一）博士研究生培养模式的内涵

所谓博士研究生培养模式，是指依据博士生身心发展规律和社会对高层次拔尖创新人才的需求，在一定教育思想和教育理论指导下，为实现相应的博士生培养目标，通过对博士生培养活动构成要素及其运行机制的重组与调整，并在持续实践中逐渐形成的相对稳定、功能自洽、结构完整、特征鲜明的博士生培养模型和样式。为全面、准确地把握这一界定，我们可进一步认识博士生培养模式的有关特性。

第一，博士生培养模式具有多元性。博士生培养模式具有鲜明的时代烙印、本土特征和校本特色。在不同时代，或在同一时代的不同国家、地区和大学，基于博士生培养目标的不同定位，以及秉持的教育理念和拥有教育资源状况的差异，导致博士生培养活动构成要素的组合形式及运行样态呈现出不同特征,从而形成各式各样的博士生培养模式。正因为博士生培养模式的多元共存,才使得博士生培养的相互借鉴、取长补短和共同发展成为可能。

第二,博士生培养模式具有系统性。博士生培养模式是紧紧围绕"培养什么样的博士生"和"怎样培养博士生"这两个核心问题而在博士生培养流程形成的结构完整、功能自洽的小系统,它是由一系列紧密联系、相互衔接的要素构成的有机统一体。从培养过程展开的一般序列来看,博士生培养模式的构成要素包括培养目标、招生选拔、培养方案、课程教学、指导方式、科学研究(社会实践)、学位论文、学位授予等。

第三,博士生培养模式具有稳定性。模式是事物的标准形式,是在实践中形成的相对稳定的结构功能耦合体。只有博士生培养的各要素和各环节形成一种较为稳定的结构框架和活动程序,表现出比较鲜明的风格和特征,能够有效实现培养目标,才可称之为培养模式。因此,博士生培养模式的成型,内在地要求培养目标和相应的培养活动保持一定程度的稳定性和延续性。

第四,博士生培养模式具有操作性。博士生培养模式是沟通教育理论和培养实践的桥梁,是教育理论和实践经验的高度"合金",是可供他人效仿和借鉴的范型,具有很强的示范性和操作性。博士生培养模式的核心就是告诉人们"培养什么样的博士生"和"怎样培养博士生",强调培养过程的运行机制和具体操作步骤、程序与方式。

第五,博士生培养模式具有简约性。博士生培养模式是对博士生培养目标及其培养活动构成要素的组合方式与运行样态简明扼要和提纲挈领的概括，是一种高度抽象的简约化描述，集中体现了博士生培养的根本要旨和基本特征。

第六，博士生培养模式具有发展性。博士生培养模式不是僵化的教条和固定不变的程式，而是处于不断的发展变化之中。当这种变动尚没有突破原有培养模式的特质和结构框架时，则仍属于该模式的合理革新和新陈代谢。而当培养目标及培养流程的要素组合发生革命性转变，并形成新的结构功能耦合体时，这就意味着旧的博士生培养模式的消亡和新的博士生培养模式的诞生。

不管是在研究生教育的论著中，还是在人们的日常口语中，都有关于博士生培养模式的各种概括和表述，这些概括和表述的立足点和视角显然是不同的。依据不同的标准，博士生培养模式可以划分为诸多类型。在学界有一定影响的主张主要有以下几种：一是从博士生培养模式发展嬗变和培养方式的角度，将博士生培养模式分为学徒式培养模式、专业式培养模式、协作式培养模式和教学式培养模式；[①]二是从培养目标的角度，将博士生培养模式分为学术型培养模式和职业型（应用型）培养模式；三是从国别的角度，将主流的博士生培养模式分为德国博士生培养模式、美国博士生培养模式、英国博士生培养模式、法国博士生培养模式等；[②]四是从参与博士生培养主体在博士生培养过程诸环节中所处的地位和发挥的作用不

[①] 薛天祥.研究生教育学[M].桂林：广西师范大学出版社，2001：283-292.
[②] 陈学飞，等.西方怎样培养博士——法、英、德、美的模式与经验[M].北京：教育科学出版社，2002.

同，可以将博士生培养模式划分为政府主导型模式、高校（研究生培养单位）主导型模式、学科专业单位主导型模式、导师主导型模式、研究生主导型模式和社会（用人单位）主导型模式六种类型。①

（二）我国博士研究生培养模式的形成与发展

我国博士研究生教育的历史非常短暂。在新中国成立前，尽管国民党政府制定并颁行了《学位授予法》《博士学位评定会条例》《博士学位考试审查及评审细则》等有关博士生教育的法规，但由于政局动荡，大学办学困难重重，博士生的招生、培养和学位授予等并没有真正施行。新中国成立后，我国仿效苏联研究生教育模式，于20世纪50年代中期进行过"副博士"招生和培养的探索，但很快予以废止。②因此，从严格意义上来看，

---

① 程斯辉，詹健.研究生培养模式研究的新视野[J].清华大学教育研究，2006（5）：84.
② 副博士亦即四年制研究生，始于1955年《中国科学院研究生暂行条例》的颁布。该条例对副博士的培养目标及培养过程做了细致、全面的规定。副博士的培养目标是科学研究干部，要求具有一定的马列主义水平、本门学科方面的坚实的基础、有关国家建设的实际知识，并能独立地进行专业的创造性的科学研究工作。副博士的招生采用个人申请和单位推荐制，通过审查后还需参加研究生入学考试，考试科目包括专业学科、马克思列宁主义基础和一门外国语。修业年限一般为四年。研究生入学后，由研究所确定一位研究员担任其学术导师，研究生在学术导师指导下，进行学习与研究。培养研究生主要方式是在学术导师指导下，按个人计划进行独立的工作。研究生个人计划的内容包括2~3门专业课程、辩证唯物主义和历史唯物主义（政治课）、两门外语、学位论文。研究生一般在两年内修完必需的课程，并在个人计划规定的期限内考试。考试通过即进入论文研究阶段，完成学位论文参加答辩会，并经研究所学术委员会委员以无记名投票方式过半数通过后，授予科学副博士学位。1956年，当时的高等教育部颁发了《1956年高等学校招收副博士研究生暂行办法》，决定在普通研究生之外，在部分知名高校招收四年制脱产"副博士研究生"，该办法详细规定了报考条件、入学考试科目、报名及考试时间、录取办法等共12条。然而，副博士学位研究生入校学习仅一个学期，副博士学位制度的尝试就宣告终止。1957年3月25日，高等教育部发出通知，决定不再专用"副博士研究生"名称，仍一律统称为研究生，修业年限也由四年统一为三年。同年5月17日，高等教育部又明确通知相关高校，今年不举行副博士学位论文答辩，也不授予相应学位。参见：谢桂华.20世纪的中国高等教育·学位制度与研究生教育卷[M].北京：高等教育出版社，2003：57-58.

在20世纪80年代之前，我国大陆地区没有真正开展博士生教育①，更谈不上形成相应的博士生培养模式了。随着教育战线上的"拨乱反正"和研究生教育改革发展的深入，以1980年《中华人民共和国学位条例》的颁布为标志，位于教育体系顶端的博士生教育在我国正式诞生，并于1981年首次正式招收博士生，1983年首批授予18人博士学位，由此掀起了我国博士生教育的新篇章，开始了中国特色博士生培养模式的创建与改革探索。

1. 初创时期（1980—1985年）的博士生培养模式

在我国博士生教育的初创期，坚持政府主导、制度先行、自上而下推动的原则，先后颁布了《中华人民共和国学位条例》《中华人民共和国学位条例暂行实施办法》《关于招收攻读博士学位研究生的暂行规定》《关于博士生培养工作的几点意见》《关于做好博士学位授予工作的几点意见》《关于做好博士研究生学位授予工作的通知》等法规和文件，在短时间内构建了博士生培养比较完整的制度体系，初步形成了具有中国特色的博士生培养模式。具体内容如下：

（1）培养目标。德智体全面发展，在本门学科上掌握坚实宽广的基础理论和系统深入的专门知识，具有独立从事科学研究工作的能力，在科学或专门技术上做出创造性成果的高级科学专门人才。

（2）招生资格。凡经国务院批准有权授予博士学位的单位及其学科、专业和指导教师，根据需要与可能条件，有计划、有

---

① 尚需说明的是，从20世纪五六十年代开始，我国台湾和香港地区的博士生教育正式起步发展。参见：徐希元.当代中国博士生教育[M].北京：知识产权出版社，2006：57-58.为了行文的便利，此后文中出现的"我国"特指我国大陆地区。

步骤地招收脱产或在职博士生，招生计划由高校和科研单位申报，经教育部审定后下达，每个指导教师每届招收博士生人数，一般不超过两名。

（3）报考条件。熟悉马克思列宁主义和毛泽东思想的基本原理，坚持四项基本原则，品德良好，遵纪守法，勤奋学习，决心为社会主义现代化建设服务；已获得硕士学位的在职人员，应届毕业的硕士生（最迟在录取前能够取得硕士学位），或具有同等学力者；身体健康，年龄一般不超过40岁；有两名与本门学科有关的副教授（或相当职称）以上的专家推荐。

（4）报考提交材料。报考博士生申请表；专家推荐书；硕士课程学习成绩单、硕士学位论文全文和评议书（同等学力者应当开列已经学习过的硕士课程和寄送在公开发行的刊物上发表的与硕士学位论文相当的学术论文全文）；硕士学位证书或证明书（应届毕业的硕士生必须在录取前补交硕士学位证书）；体格检查表；政治审查表。

（5）考试方式与科目。实行考试与推荐相结合，笔试与口试相结合的方法；科目一般包括马克思列宁主义理论课、外国语和业务课；业务课的门数由各招生单位确定。除笔试、口试外，招生单位还可以举行其他必要的测验。考试日期由各招生单位自行确定。

（6）录取原则与程序。严格掌握标准，坚持质量第一，根据德智体全面衡量、择优录取、确保质量、宁缺毋滥的原则，由指导教师提出初步录取意见，经系（所）、校（院）学位评定委员会审核通过，校（院）长批准，确定录取名单；录取名单报省、自治区、直辖市高教（教育）厅（局）高等学校招生委员会，各主管部委和教育部备案;各省、自治区、直辖市高教(教育)厅(局)、高等学校招生委员会和各主管部委有监督检查的责任和权力。

(7) 修业年限。脱产博士生的修业年限为2~3年,在职博士生的修业年限可延长1年。

(8) 培养方案。博士生入学后,须与导师、研究室共同制定专业培养方案。该方案应对该生的研究方向、必修(包括马克思主义理论课、基础理论课、专业课和两门外国语)和选修课程、实习要求和学位论文的安排做出规定。除按方案教学、研究、考试、考查外,博士生还须参加学校规定的政治学习和公益劳动,坚持体育锻炼。

(9) 资助政策。博士生每月可获得57.50元(另加副食品价格补贴)的助学金资助,每年还有60元的书籍费。国家每年拨付给高等学校一定数额的"研究生业务费",其中每名博士生的拨付标准是:工科、农科、林科、医药、理科、体育每年2 400元,文科、财经、政法、艺术每年1 600元,用于学习和培养过程中的材料费、试剂费、加工费、试验费、必需的专业参考书刊、资料和小型低值仪器设备费、出差费,以及聘请校外有关方面专家审阅研究生论文和参加研究生论文答辩时必须开支的有关费用。

(10) 学位课程考试。博士生在课程学习结束后,需参加马克思主义理论课、基础理论课和专业课以及外国语的学位课程考试。其中,马克思主义理论课采取考试或提交读书报告或论文的方式;基础理论课和专业课可以举行单科考试,也可以举行学科综合考试;外语课采取笔试与口试相结合的方式。课程考试成绩合格,方可参加博士学位论文答辩。

(11) 学位论文评定。博士生在导师指导下独立完成学位论文后交由导师评定，主要是审核作者是否在本门学科上掌握了坚实宽广的基础理论和系统深入的专门知识；是否具有独立从事科学研究工作的能力；在科学或专门技术上是否做出了创造性的成果；是否坚持了理论联系实际的原则，在理论上或实践上对社会主义现代化建设具有一定意义；作者（特别是文科）是否坚持以马列主义、毛泽东思想为指导。

(12) 论文答辩。经导师审核认为符合答辩要求的，可由本人申请，导师推荐，经所在教研室和系（所、中心）审查，确认符合规定要求的，方可同意为其聘请论文评阅人和组织论文答辩。在组织论文答辩前，至少应聘请两位与论文有关学科的专家（包括一位外单位专家），评阅论文。评阅人由博士生所在系（所、中心）出面聘请。答辩前，评阅人的姓名和评阅意见应对博士生保密，并密封传递。评阅人认为论文未达到博士学位论文水平的，不能组织答辩。答辩时，应宣读评阅人的评阅意见。在组织答辩委员会时，应尽可能地聘请本学科、专业和相关学科、专业的博士导师、教授或有相当职称的专家，正在参加指导博士生学习的副教授或有相当职称的专家，并要注意聘请高等学校和科研机构两方面的专家参加答辩。博士学位论文答辩一般应当公开举行。答辩委员会在做出授予博士学位的决议时，应以不记名投票方式，经全体成员三分之二以上（含三分之二）同意，方得通过。培养单位学位评定委员会和分委员会对答辩委员会的决议进行审议后，正式做出授予博士学位的决定。

(13) 毕业分配。根据国家计划招收的博士生取得毕业资格者，由国家分配工作，重点充实到高等学校的师资队伍和科研机构的研究人员中。

特别值得一提的是，1983年我国以临床医学为突破口，制定了《关于培养临床医学硕士和博士学位研究生的试行办法》，进行了应用型博士生培养的改革探索。根据临床医学的特点，将医学门类博士研究生的培养规格分成两类：一类以培养科学研究能力为主，一类以培养临床实际工作能力为主。以培养科学研究能力为主的研究生，达到博士水平的，授予医学博士学位；以培养临床实际工作能力为主的研究生，达到博士水平的，授予医学博士（临床医学）学位。两种学位都是博士水平，但在培养要求、知识结构和能力结构上各有侧重。临床医学博士生以临床实践为主，以培养临床医学专家为目标，在必要的理论基础上，侧重于临床医学诊断、治疗技能的训练。临床医学博士学位研究生必须掌握本门三级学科（如心血管、内分泌、泌尿外科、小儿内科、口腔颌面外科等）坚实宽广的基础理论和系统深入的专科知识，比较熟练地掌握第二门外国语，有娴熟的专科技能，能独立处理一般疑难病症，具有独立从事专科科学研究和教学工作的能力，在医学科学和专门技术上有创造性成果。在临床医疗技术上达到主治医师水平。临床医学博士学位研究生的学位论文应具有理论性、专科临床的实践性和科学实验数据，对所研究的课题应有创造性的成果。为了加速培养社会主义现代化建设需要的高级专门人才，我国还于1984年11月开展了硕士生提前攻读博士学位的探索，即对政治思想好、硕士学位课程成绩优秀、在科研工作中表现能力强，确有作为博士生培养前途的少数优秀硕士生进行考试选拔，审核通过后转为博士生,提前攻读博士学位,享受博士生待遇。

2. 深化改革时期(1985—1992年)博士生培养模式的创新举措

从1985年到1992年是我国博士生教育的深化改革时期。在这一时期,我国博士生教育除了延续原有模式外,还在博士生培养的诸多环节进行了改革。具体措施有:(1)调整学制。全日制博士生的学习年限一般为三年。如确有必要可延长学习年限,延长期一般不超过一年。在职博士生的学习年限相应延长一至二年。一般最多不超过五年。(2)明确培养条件。培养博士生的学科、专业和博士生导师要有稳定的科学研究领域和科研经费,承担重要的科研项目,并有相应的学术梯队、必要的工作条件和良好的学术环境。(3)革新培养方式。博士生的培养实行博士生导师负责和集体培养相结合的方式。鼓励高等学校与科学研究机构和大中型企业事业单位联合培养博士生,联合进行科学研究。积极推行博士生兼任教学、科研及行政管理工作的制度。(4)改革课程学习。博士生课程学习的时间应不少于半年。课程学习和考试方式因学科特点和课程性质而异,一般以自学为主,也可采取讲授、课堂讨论、专题报告、交读书笔记等多种形式。(5)建立中期考核制。全日制博士生在入学后一年左右,要进行一次德、智、体全面考核。在职博士生的中期考核可在博士学位课程结束、学位论文选题报告时进行。中期考核合格者准予做博士学位论文。(6)科学研究与学位论文的新要求。博士生的科学研究工作和学位论文应强调同经济建设和社会发展密切联系,并尽可能与博士生导师及其所在博士学科点所承担的国家重大科研项目相结合。

提倡在科研实践中,培养独立从事科学研究工作和组织科研活动的能力。博士生从事科学研究和撰写学位论文的时间应不少于两年。论文选题应在博士生导师指导下由博士生拟定,并在教研室(研究室)或相当范围内做选题报告,就选题的科学依据、目的、意义、研究内容、预期目标、研究方法、课题条件和实施方案等做出论证。论文进行中应按计划由博士生定期在教研室(研究室)学术会议上做论文阶段报告,汇报论文工作进展情况。(7)毕业分配实行供需见面的"双向选择"制。(8)开展同等学力人员申请博士学位工作。(9)下放博士生导师的审核权,开展高校自主审核、增列博士生指导教师的工作。(10)完善奖学金制度,设立普通奖学金、优秀奖学金和困难补助,鼓励高校将奖学金与"三助"工作的报酬相结合。

3. 全面改革时期(1992—2000年)博士生培养模式的创新举措

1992年至2000年是我国博士生教育的全面改革时期。这一时期博士生培养模式的创新举措有如下几种:(1)在确保有足够培养条件和生源质量的基础上,建立满足国家和社会各方面人才需求的招生宏观调控机制,适当扩大定向、委托培养和自筹经费的博士生招生数量。(2)拓宽培养口径,倡导按较宽口径制定培养方案,使博士生确实能够掌握坚实宽广的基础理论和系统深入的专门知识。(3)加强对博士生创新能力的培养,发挥指导教师和学科点学术队伍群体的作用,以及培养单位的整体优势,加强学术交流,形成良好的学术氛围和育人环境。(4)优化培养过程,将硕士、博士两个培养阶段连通,实行硕博连读的培养方式,统筹安排课程学习、科学研究和学位论文工作,在研究生完成课程学习后,采用资格考试的方式进行遴选分流,根据资格考试结果确定其能否从事博士学位论文工作。(5)完善研究生培养方式,充分发挥导师指导研究生的主导作用,建立和完善有利于发挥学术群体作用的培养机制。在培养过程中,发挥研究生的主动性和自觉性,更多地采用启发式、研讨式的教学方式,要求研究生参加必要的学术讲座、学术报告、讨论班、社会实践和社会调查,加强研究生的自学能力、动手能力、表达能力和写作能力的训练和培养。(6)严格执行博士学位论文评审和答辩工作的各项规定,要求博士生在学位论文答辩前已有在学习期间公开发表的论文或取得经过鉴定的科研成果。(7)启动全国优秀博士学位论文评选工作。

4. 改革发展新时期(2000年至今)博士生培养模式的创新举措

2000年至今是我国博士生教育改革和发展的新时期。这一时期博士生培养模式的改革措施有如下几种:(1)实行弹性学制,博士生学习年限一般为3~4年,具体由培养单位自行确定,允许博士生分段完成学业,并规定学生累计在学的最长年限。(2)推进课程改革,博士生课程应结合博士生的研究领域和所需知识结构,以及提高创新能力的需要来确定。直接攻博的课程应贯通设置。研究生外国语课程应着重提高研究生的外语应用能力。博士生外国语课程设置与否及其考核方式由培养单位自行确定。(3)建立以博士生为主体的教学方式,采用启发式、研讨式、参与式教学方式,鼓励和要求博士生更多地参与学术讨论、学术报告等活动。(4)加强新增博士生导师的培养工作,提倡建立由不同研究方向,甚至不同学科教师组成的博士生指导小组,为博士生创造更为综合的学术氛围。(5)鼓励博士生选择具有一定风险性的学科前沿领域课题或对国家经济建设、科技进步和社会发展具有重要意义的课题。突出学位论文的创新性。(6)加大提前攻博、硕博连读和直接攻博的实施力度。(7)完善全国优秀博士学位论文评选工作,设立"高等学校全国优秀博士学位论文作者专项资金",鼓励、支持全国优秀博士学位论文作者不断做出创造性成果。(8)开展博士学位论文抽查工作。(9)推进实施研究生教育创新计划,建立博士生访学制度,组织全国性的博士生学术论坛、博士生学术会议等。

二、我国博士研究生培养模式的基本特征

在我国博士生培养模式形成和发展的历程中,我们一方面博采众长,积极学习和借鉴发达国家博士生培养的成功经验,另一方面立足于中国国情,从经济社会发展的实际出发,不断探索、实践和创新。经过三十年的不懈努力,逐渐形成了具有中国特色的博士生培养模式。它"既不同于欧洲的师徒模式,也不同于美国重视课程的模式,可称为兼取欧美的培养方式,具有明显的中国特点"。[①]

(一)培养目标:造就德智体全面发展的高层次学术性人才

培养目标是关于"培养什么样的人"的规格的总体设定,即通过施加一定的教育影响而使教育对象具备一定的知识结构、技能技巧和能力素质,以便能胜任相应工作岗位的要求。

---

① 中国学位与研究生教育发展报告课题组.中国学位与研究生教育发展报告(1978—2003)[M].北京:高等教育出版社,2006:18.

培养目标是教育活动的起点,也是教育活动的终点,在培养模式建构中处于关键和中心环节。因此,在我国正式开展博士生教育之前,相关法规和文件就对博士学位的授予要求(博士生培养目标)做了明确规定。

1963年拟定的《中华人民共和国学位条例(草案)》对授予博士学位的要求是这样规定的:"在本门学科上具有坚实而渊博的基础理论知识和系统深入的专门知识,在科学研究、科学试验中有较重要的发现和发展,或在科学技术工作中有较重要的创造。"1980年正式颁布的《中华人民共和国学位条例》大体延续了1963年的表述,其中第六条规定:"高等学校和科学研究机构的研究生,或具有研究生毕业同等学力的人员,通过博士学位的课程考试和论文答辩,成绩合格,达到下述学术水平者,授予博士学位:在本门学科上掌握坚实宽广的基础理论和系统深入的专门知识;具有独立从事科学研究工作的能力;在科学或专门技术上做出创造性的成果。"1981年由国务院颁行的《中华人民共和国学位条例暂行实施办法》对博士学位的课程考试和要求、学位论文标准做了具体规定。在这两个法规中虽然未明确出现博士生培养目标,但对博士学位授予要求的具体规定(即博士生应达到的基本要求和规格),可视为博士生培养目标的核心内容。对博士生培养目标的明确表述和具体规定出现在1992年国家教委制定的《博士生培养工作暂行规程》中,其中第三条:"博士生的培养目标是:1.较好地掌握马克思主义的基本原理,坚持党的基本路线,热爱祖国,遵纪守法,品德良好,学风严谨,具有较强的事业心和献身精神,积极为社会主义现代化建设服务。对哲学社会科学中政治性较强学科的博士生,在政治上和掌握马克思主义理论方面应有更高的要求。2. 掌握本门学科坚实宽广的基础理论和系统深入的专门知识;具有独立从事科学研究的能力;在科学或专门技术上做出创造性的成果。3. 身体健康。"这是对我国博士生培养目标最全面、具体的规定,至今没有大的变化。各高校和科研单位的博士生培养目标都是依据这项规定而进一步细化。例如:武汉大学研究生院2006年《关于修订博士研究生培养方案的通知》中指出,武汉大学的博士生培养目标包括四个方面的内容:"1. 较好地掌握马列主义、毛泽东思想和邓小平理论,拥护党的基本路线,树立正确的世界观、人生观和价值观,遵纪守法,具有较强的事业心和责任感,具有良好的道德品质和学术修养,愿为社会主义现代化建设事业服务。2. 在本学科内掌握坚实宽广的基础理论和系统高深的专业知识,了解本学科专业的前沿动态,具有独立从事科学研究工作的能力,在科学或专门技术上做出创造性的成果。3. 掌握一门外国语。能熟练运用该门外国语阅读本专业的文献资料,而且还要有一定的写作能力和进行国际学术交流的能力。4. 身心健康。"中国科学院研究生院关于博士生培养目标是这样规定的:"培养德智体全面发展,爱国守法,在本学科领域掌握坚实宽广的基础理论和系统深入的专门知识,具有独立从事科学研究及相关工作的能力,能在科学研究和专门技术上做出创造性成果的高级专门人才。"①

  从上述规定可以看出,我国博士生培养目标有四个特点:

---

① 中国科学院研究生院2009年招收攻读博士学位研究生简章[EB/OL]. http://admission.gucas.ac.cn/2008-7/200871795114.htm.

(1) 强调德智体全面发展。德智体全面发展是我国一贯坚持的教育方针,它既是人才成长规律的反映,也是社会发展的必然要求。作为我国教育体系一部分的博士生教育毫无疑问也必须贯彻落实这一方针,促进博士生在思想道德、政治品质、文化知识、思维能力和身体素质等方面全面、和谐发展,成为一个健全的人。特别需要指出的是,博士生教育肩负着为我国经济建设和科技发展输送高精尖人才的重任,社会主义的国家性质和博士生教育的战略地位决定了必须在博士生教育中加强思想政治教育,用马克思主义的理论观点来武装博士生的头脑,坚定社会主义信念,使他们成为社会主义事业的建设者和接班人。(2) 强调知识广博专深。博士生不仅要知识渊博,熟知本学科和相关学科的基础理论和最新成果,而且在某一学科领域有高深学问和独到见解。(3) 强调科研能力培养。博士生承载着创造知识、创新技术和提升国家核心竞争力的伟大使命。掌握科学研究的基本方法,具有独立的科学研究能力是博士生教育的内在特质和必然要求。(4) 强调创造性。创造性是博士生教育的基本要求,应贯穿博士生培养的全过程。通过针对性的培养措施,使博士生能够追踪学科前沿,创造新理论、新知识,发现新规律、新现象,提出新观点、新见解,或者在应用工程领域创造新方法、新工艺,发明新技术、新产品等。总而言之,我国博士生教育主流的培养目标是造就德智体全面发展的高层次学术性人才,为高等学校和科研单位输送师资和研究人员。另外,临床医学、口腔医学博士专业学位教育的开通,以及工程博士专业学位教育的试点,都是高层次职业型(应用型)人才培养的有益探索,使我国博士生教育培养目标崭露出多样化的曙光。但是,从我国博士生教育的总体来看,学术型培养目标仍然占据绝对优势地位,职业型培养目标则偏安一隅,影响有限。

(二)招生选拔:方式多样,过程严密

经过三十年的探索与实践,我国博士生招生工作形成了一套完整的操作规范和特有的运行模式,即教育部下达招生计划,有博士学位授予权的高校依据法规文件自主开展招生工作,上报录取名单至教育部。当前,我国博士生招生选拔的具体形式、主要做法和相关要求如下。①

1. 选拔方式

(1) 公开招考。招生单位面向社会招生,招生单位自行命题并组织入学考试,从考生中择优选拔。

(2) 提前攻博。招生单位从本单位完成硕士课程学习并且成绩优异、具有较强的创新精神和科研能力、尚未进入论文阶段或正在进行论文工作的在学硕士生中选拔博士生。

(3) 硕博连读。招生单位从本单位新入学的硕士生中遴选出具备硕博连读条件的学生,在完成规定的课程学习并通过博士生资格考核后,确定为博士生(招生单位不得跨单位招收硕博连读学生)。

(4) 直接攻博。允许特定学科和专业的本科毕业生直接取得博士研究生入学资格。直接攻博方式仅限在设研究生院的普通高校试行,生源原则上为本校优秀应届本科毕业生(跨校招生须经教育部批准),招生专业一般为基础研究学科,招生人数原则上不超过本校博士生招生规模的10%。选拔方法由

---

① 参见近年来教育部关于做好招收攻读博士学位研究生工作的通知;参见:教育部高校学生司."十五"期间研究生招生政策与实践[M].北京:北京师范大学出版社,2006.

高校自行拟定,报教育部批准后实行。

(5)特殊优秀人才选拔。招生单位对有特殊学术专长和突出创新能力人才进行单独选拔。目前暂定在经教育部批准设研究生院的高校进行试点,单独选拔的试点办法须报经教育部核准后方能试行。招生单位必须将特殊优秀人才单独选拔的办法、报考情况和录取结果公开、公示。

2. 报名工作

(1)报考条件。公开招考方式的报考条件是:①拥护中国共产党的领导,愿意为社会主义现代化建设服务,品德良好,遵纪守法。②已获硕士学位的人员;应届硕士毕业生(最迟须在入学前取得硕士学位);获得学士学位六年以上(含六年,从获得学士学位到博士生入学之日)并达到与硕士毕业生同等学力的人员。③身体健康状况符合报考单位规定的体检要求。④报考国家计划内博士生的年龄不超过45周岁,报考委托培养或自筹经费的考生年龄不限。⑤有两名与报考学科有关的副教授(或具相当职称)以上的专家推荐。⑥以硕士毕业生同等学力身份报考的人员,按招生单位根据本单位的培养目标对考生提出的具体的业务要求,提交相应的材料。⑦现役军人考生,按解放军总政治部的规定办理。

提前攻博、硕博连读和直接攻博方式的报考条件是:除满足上述第1、3、4、5条规定之外,还必须是品学兼优、创新精神和创新能力出类拔萃的在读优秀硕士生和应届本科毕业生(具体条件由各招生单位规定)。

(2)报名及考试时间、地点。报名考试时间为每年一次或上半年、下半年各一次。具体时间及地点由招生单位自行确定。

(3) 报名手续。符合公开招考方式报考条件的报考人员需按招生单位的要求办理报名手续,并在规定的期限内向招生单位提交下列材料:①填写好的攻读博士学位研究生报考登记表;②专家推荐书;③硕士学位证书复印件(应届毕业硕士生必须在入学前补交)或证明书;④以同等学力身份报考的人员按招生单位的要求提交有关材料。其他选拔方式的报考人员按招生单位的具体要求办理报名手续。

(4) 招生宣传。各招生单位应在教育部制定的全国招生简章的基础上,编写本单位的招生宣传材料,并通过各种有效渠道发布招生信息。

3. 考试工作

(1) 公开招考方式。公开招考方式的考试工作包括初试和复试两个环节。①初试。初试的笔试科目为外国语、政治理论(已获得硕士学位者和应届硕士毕业生可以申请免试政治理论)和不少于两门的业务课,每门考试时间为三小时。所有科目均由招生单位自行命题。除笔试外,招生单位还可以进行其他方式的考核。试卷由招生单位自行评阅。②复试。复试的方式方法、程序、要求、时间、地点等由各招生单位自定,在复试前公布。复试主要根据专业培养要求和考生具体情况,考查考生综合运用所学知识的能力、本学科前沿知识及最新研究动态掌握情况,是否具备博士生培养的潜能和综合素质,并进行外国语的听力和口语测试。同等学力考生复试阶段须加试(笔试)两门本专业硕士学位主干课程。复试由指导教师参加的三人以上的复试小组进行。

(2) 提前攻博方式。招收提前攻博研究生的考试或考核办法由招生单位自行制订并公布。拟提前攻博的学生应在招生单位规定的时间提出申请，经指导教师（或小组）推荐、博士生导师同意并通过招生单位规定的考核后，方可进入博士生阶段的学习。

（3）硕博连读方式。拟进行硕博连读的学生被录取为硕士生后即可按招生单位规定提出申请，经由本专业博士生导师同意及招生单位核准取得硕博连读资格，在完成规定的课程学习并通过博士生资格考核后进入博士生阶段的学习。

（4）直接攻博方式。具体选拔方法由高校自行拟定，报教育部批准后实行。

（5）特殊优秀人才选拔。具体选拔方法由高校自行拟定，报教育部批准后实行。

凡采用上述方式选拔博士生的，都要按规定的程序进行严格的考核或考试。不允许采用推荐免试方式招收博士生。

4．录取工作

招生单位按照"德智体全面衡量、择优录取、保证质量、宁缺毋滥"的原则进行录取工作。各种选拔方式的录取程序如下：

（1）公开招考方式。①申请材料评价。招生单位组织专家对考生提供的硕士阶段的成绩单、硕士论文（附评议书）、公开发表（出版）的论文（专著）、科研成果证明书、学习（工作）获奖证书、专家推荐信、自我评价等材料进行认真评估，将评估结果作为录取与否的重要依据。②思想政治品德考核。考核内容主要包括考生的政治态度、思想表现、学习（工作）态度、道德品质、遵纪守法等方面。招生单位要向考生所在单位函调（或派人外调）考生人事档案和本人现实表现等材料，全面审查其思想政治素质和道德品质,也可在复试时组织有关职能部门、导师等与考生进行有针对性的面谈,直接了解考生的思想政治品德情况。③招生单位的院(系、所)根据招生计划、考生的初试和复试成绩(含提前攻博或硕博连读的在学硕士生考核结果),综合其申请材料评价结果、思想政治品德、综合素质以及身体健康状况提出拟录取名单,报本单位研究生招生工作领导小组审定后提交学校研究生管理部门,由学校审核后正式确定录取名单,发放博士生入学通知书。

(2)提前攻博、硕博连读、直接攻博和特殊优秀人才选拔四种方式的申请材料评价、思想政治品德考核、体检等环节与公开招考方式的要求相同。具体录取程序和办法可参照公开招考形式的做法。

从上述博士生招生选拔的方式、程序和要求来看,我国博士生招生的方式是多样(公开招考仍是主要方式)的,过程是严密的,要求是严格的。

(三)导师遴选与指导方式:从统一审批到自主遴选,个人指导与集体指导相结合

导师制是博士生教育的基本制度。博士生培养就是在导师指导下,博士生学习、研究和成长的过程。导师是决定博士生培养质量高低的关键性要素,在博士生培养中扮演着多种角色。导师不仅是"提供专业指导的专家,科研训练的教练,积极的提问者和批判者,督促和激励者,科学精神和科学态度的示范者,学业的支持者"[①],而且是招生录取的重要参与者、

---

① 周巧玲,柳铎.博士研究生导师的角色与责任——概念框架的建构[J].学位与研究生教育,2008(9):26-29.

生活的关心者、部分培养经费的提供者（尤其在培养机制改革后）、奖学金评定的决策者、论文答辩的审核者、毕业去向的建议者等。因此，导师如何遴选，博士生如何选择导师，导师以何种方式指导等问题是博士生培养模式不可或缺的重要组成部分。

我国博士生导师遴选经历了从国家统一审批到学位授予单位自行审核的过程。从创建博士生教育到20世纪90年代初，为保证博士生培养质量，博士生导师的遴选实行从严控制，博士生导师资格由国务院学位委员会统一审批。这种集中统一审批的办法变相地使博导成为一个固定层次和荣誉称号，不利于中青年专家脱颖而出，也束缚了学位授予单位的自主权。因此，从1993年开始，在少数有代表性的博士学位授予单位开展自行增列博士生导师试点工作，到1995年正式决定下放博士生导师审批权，由学位授予单位或单位主管部门自行组织审核，推行博士生导师岗位制，将博士生导师遴选和博士生招生计划审定相结合。根据《国务院学位委员会关于改革博士生指导教师审核工作的实施办法》(学位[1995]20号)，博士生导师的基本条件包括：(1)为本学科学术造诣较深的教授(或相当专业技术职务者)，能坚持正常工作，担负起实际指导博士生的责任；(2)拥护党的基本路线，治学严谨，作风正派，能为人师表，教书育人。(3)近年来科研成绩显著，为国家和社会做出了重要贡献，有高水平的专著、论文，其学术水平在国内应居本学科的前列，熟悉本领域研究工作的前沿情况，能独立提出及从事创造性的研究工作，并取得受国际上同行重视的成果；或有较高水平的重要技术成果、发明创造，获得省部级以上奖励，产生了一定的经济效益或社会效益。(4)目前所从事的研究方向特色突出，优势明显，有重要的理论意义和实际应用价值。正在从事教学、科研或工程技术工作，承担有国家或省部级重点科研项目或其他有重要价值的项目，有必要的科研经费培养博士生。(5)有培养研究生的经验，至少已完整培养过一届硕士生或在国内外协助指导过博士生，且培养质量较好。高等学校的教师还应有课程教学经历，承担过或正在承担一定工作量的本科生或硕士生课程。(6)有协助本人指导博士生的学术队伍。各学位授予单位根据自身情况可制定相应的博士生导师遴选标准和办法。进入21世纪，我国博士生教育迎来了高速发展期，关于博士生导师遴选的改革愈加深入。为了进一步强化博士生导师的岗位意识，北京大学、武汉大学、复旦大学、厦门大学和南京大学等高校实行博导岗位聘任制，打破博导资格的教授垄断，教学和科研水平高的副教授经过评审也可评聘博导，招收和指导博士生。

  博士生与导师之间的相互选择发生在博士报考前后。在各学位授予单位的博士生招生简章中，已将博士生导师的姓名、招生专业、考试科目、招生数量及相关要求等信息公布于外。有报考意愿的考生一般会通过各种渠道收集和了解导师的研究方向、研究课题、在国内外的学术影响等方面的情况，甚至试图与导师本人直接联系后，审时度势地决定是否选择报考某位导师的博士生。博士生导师也会对有意愿报考的考生各方面情况进行初步了解和沟通后，给出倾向性意见。这是发生在博士生招生考试之前非正式的师生互选。在博士生入学考试的初试后，一般会根据初试成绩按照1∶1.2～1∶1.5的比例确定进入复试阶段的名单。对于个别初试成绩不理想的考生，有些高校规定导师享有复试资格推荐权。如浙江大学对部分研究基础好、能力强但初试成绩排名不靠前的考生开辟了"特别复试资格"的通道，经过导师推荐和学院、学校审核，有机会进入复试环节，扩大了导师选择博士生的范围。在复试中，由导师组成的复试小组会对考生进行专业及相关方面的考试考核，并结合初试复试成绩确定拟录取名单。有些高校赋予了导师更大的选择权。如武汉大学明确规定，博士生导师在录取中掌握10分的浮动权，可对上线考生进行更大范围的选择，而不必严格按照从高到低的成绩录取。如果有些导师没有充足的上线生源，可从相近专业的上线考生中调剂录取。经录取后，博士生和导师的关系一般就固定下来，没有特殊原因不能转导师。如复旦大学研究生学籍管理规定："研究生入学后如因学科、专业调整或导师变动等原因须转专业、更换导师的，须由研究生本人申请，经原导师和所在院系同意，接受院系及导师同意，研究生院批准。若原导师或所在院系不同意，可向校研究生教育指导委员会提出申诉，由该委员会仲裁解决。跨学科转专业、更换导师后应重新调整培养计划，补修相应学科所规定课程，并相应延长修业期。毕业班研究生一般不得转专业、更换导师。"

博士生报考的定向性（直接针对某一个专业、某一名导师），以及导师招收博士生的有限性（一般不超过两名），往往使导师和博士生之间有着亲密的师徒关系，导师对博士生的学习、科研、品德及生活等方面进行着广泛、深入，乃至个性化的指导。我国博士生培养的指导方式实行以导师个人指导（负责）制为主，以导师组集体指导制为辅。导师组一般由同一学科专业或相近学科专业的导师组成，对博士生的指导主要体现在培养方案、课程教学、学位论文选题、开题及答辩等过程中。为了加强和扩大博士生培养的针对性与开放性，使博士生能够获得来自社会生产、生活实践部门的信息和真知灼见，在国家急需解决的热点、难点问题上大显身手，不少高校都在大力推进复合导师制，即在一名校内导师指导博士生的同时，根据需要聘请实际工作部门或单位中符合条件的专家共同指导博士生。这种指导方式正方兴未艾。

（四）课程设置与教学方式：分类开设，讲授为主

我国博士生教育的学位课程体系及其分类早在1981年颁布的《中华人民共和国学位条例暂行实施办法》中予以确定，包括马克思主义理论课、基础理论课和专业课、两门外国语。此外，各学位授予单位根据学科特点还开设有选修课程。总学分一般为15~18学分。例如，武汉大学博士生课程总学分为15学分，其中公共必修课4学分（含政治课2学分，外语课2学分），基础理论课（专业必修课）4~6学分，专业课（研究方向必修课）4~6学分，其余为选修课学分。

马克思主义理论课（政治课）的课程名称及教学内容在文理学科是不同的。人文、社会科学开设的是"马克思主义与当代思潮"，教学方式通常采用学生通读原著、教师专题讲授、课堂讨论等。理工类开设"现代科学技术革命与马克思主义"，教学方式与文科基本相同。政治课的教学内容须与时俱进，及时根据马克思主义理论的发展和现实需要而增加和调整有关课程内容，尤其是关于马克思主义理论中国化的最新成果必须及时反映在教学中，还要结合我国国情进行爱国主义教育，加强职业道德、团结合作精神、坚持真理的科学品质、心理素质等培养。

外语类课程包括第一外国语和第二外国语。在实际培养工作中，第一外国语大部分都是英语。第二外国语由于有硕士阶段已经修读的可以在博士阶段免修的规定，加上《中华人民共和国学位条例暂行实施办法》中有"个别学科、专业，经学位授予单位的学位评定委员会审定，可以只考第一外国语"的规定，以及博士生第二外国语的教学效果和发挥作用非常有限，因此，在20世纪90年代以后，大多数培养单位不再强调第二外国语的学习，博士生第二外国语课程已名存实亡。① 为了提高和培养博士生综合运用外语的能力，在外语课程教学中，强调外语听、说、读、写训练及逻辑思维、语言习惯的熏陶，目的在于让博士生能熟练地阅读本专业的外文资料，具有一定的写作能力和进行国际学术交流的能力。目前，马克思主义理论课和外语课主要由学校研究生教育职能部门即研究生院(处、部)负责组织，统一安排，课程教学由公共课教学部(外语教学部、政治理论教学部)承担。

基础理论课的设置一般强调基础性和综合性，着重为博士生打下比较深厚而宽广的学科知识基础。为了拓宽博士生的培养口径，不少培养单位相关学科专业的基础理论课大体是一致的。专业课的设置应体现学科发展前沿，适应高层次专门人才培养的高、精、深的要求，以及经济建设和社会发展的需要，应反映交叉学科、边缘学科和新兴学科的新发展。基础理论课和专业课的教学一般采用讲授、专题研讨和自学等方式进行。

---

① 参见徐希元. 当代中国博士生教育研究 [M]. 北京：知识产权出版社，2006：147.

从总体情况来看，讲授方式仍占主导地位。基础理论课和专业课由院系开设，课程教学任务主要由本单位相关学科教师承担，也可请相关院系的教师开课。

在以上学位课程之外，为了让博士生自主调整自身的知识结构，掌握发展的主动权，有针对性地了解学科发展的前沿问题，各学科专业还开设了不少选修课程供博士生自由选修。有些培养单位还允许博士生跨学科、跨学院，甚至跨学校选修课程。还有培养单位要求博士生听一定数量的学术讲座，达到规定数量和要求的可冲抵选修课部分学分。

我国博士生教育目前实行弹性学制，学习年限一般为3~4年，具体年限由培养单位自行确定。从目前情况来看，大多数培养单位规定的学习年限不超过6年。博士生的课程教学一般安排在第一学年。特别需要指出的是，硕博连读生、直博生的课程要贯通设置，避免重复开设。

在课程考核方式上，外语课一般采用笔试和口语测试相结合的办法，比较严格。而政治课、基础理论课、专业课、选修课等，一般采用在课程结束后提交读书报告或课程论文的方式进行。

不少学位授予单位还在课程教学完成和博士论文开始前举行学科综合考试，以考查博士生是否具备进入博士论文研究阶段的资格。考试内容包括基础理论、专业知识、前沿知识等，考试方式有笔试和口试。考试成绩合格方可进入博士学位论文阶段。成绩不合格者，有补考机会，若仍不合格，将予以退学。

(五) 科研训练与学位论文：途径多元，推崇创新

1. 科研训练

对博士生进行系统、专门的科研训练，使博士生成为科学

研究、知识创新、技术创新的生力军,是我国博士生教育的核心目标。《学位条例》明确规定,博士学位获得者必须"具有独立从事科学研究工作的能力;在科学或专门技术上做出创造性的成果"。在我国现行的博士生培养模式中,科研训练贯穿博士生学习的全过程,是博士生培养的中心环节。博士生一入学就在导师的指导下明确研究方向,收集相关资料,参与课题研究,直至发表研究成果,撰写学位论文,参加论文答辩,整个过程无不渗透着科学研究能力的培养。

当前我国博士生的科研训练主要有以下四种途径:

第一,参与学术报告及专题研讨活动。在博士生的课程教学中,不少任课教师采用专题研讨式教学法,或者将有些专题让博士生分组讲授,在这种研究性教学中,博士生所获得的不仅是知识,而且包括科研素养的训练,如收集与整理资料的能力、观点加工的能力、语言表达能力等。高校中弥漫的各种学术讲座、课题开题报告会、论文答辩会等也是博士生科研训练的重要途径。通过参与各种类型的学术报告与研讨活动,切身感受科学研究的价值与魅力。通过科研的"模拟演习",博士生不仅可以从中获得最新的研究动态,获知新的观点、理论和方法,而且有利于激发灵感,启迪思维,培育求真务实、勇于创新的科学品质。

第二,自由开展课题研究。博士生在学习过程中,对某一方面的问题产生了强烈兴趣,并自觉地按照科学研究的程式和方法自主地开展研究活动。这种基于个人兴趣的自由研究,选题灵活,观点和方法较少受到限制,也不存在赶任务、疲于奔命的压力,常常会产生不少创新性成果。但是由于实验设备与研究条件的制约，这种自由研究在文科领域比较盛行，在理工科较为少见。

第三，自主申报课题研究。有些培养单位专门设立了博士生科研资助基金，按照科研课题申报的基本程序，博士生可填写、提交申报材料，经评审获得立项后，按照课题申报书的要求开展课题研究。如北京大学亚太研究院设立了博士生课题研究项目，每年确定一个研究主题，下设若干子课题，在读博士生可在子课题范畴内自行命题，提交课题申请表；经研究生院学术小组审核后予以立项资助[①]，并为申请人指定研究项目指导教师，指导开展课题研究；博士生需按期提交中期报告、研究成果，至项目完成后提交结题报告，由项目组进行学术评审。这种仿真的课题"演习"，既符合博士生个人的研究兴趣，又能够获得一定的经费支持，经受全程的科研训练，深受博士生欢迎。但目前这种科研训练的方式尚不多见。

第四，参加导师承担的课题研究。博士生是导师的科研助手，是导师课题研究的主力军。一般而言，博士生在入学后，导师会将自己承担的课题任务进行分解，交由博士生协力攻关、分头完成。这是博士生科研训练的主导方式。这种"实战训练"的方式是在预定研究框架和导师的悉心指导下进行的，能够与导师进行深入、频繁的交流，更容易学到导师的"真传"和"绝活"，也有利于培养团队合作精神。

---

① 2008年亚太研究院资助了10个博士生科研项目，为每位入选课题的博士生提供3 000元的研究经费，分两次给付。申请人研究课题确定立项后给付1 000元研究启动经费，课题通过评阅后给付2 000元。参见北京大学亚太研究院博士生课题研究项目（2008）[EB/OL]．http：//www.apri.pku.edu.cn/ZH/DocumentView.aspx?id=226．

2. 学位论文撰写

学位论文撰写是对博士生进行科学研究全面、综合训练的重要方式，是培养博士生创新能力，综合运用所学知识发现问题、分析问题和解决问题能力的主要环节，也是博士生创新精神、实践能力和科研水平的集中体现。我国博士学位论文的基本要求是"五性"，即学术性、前沿性、系统性、独立性和创新性。如武汉大学对博士学位论文撰写的要求是这样规定的：博士学位论文应选择学科前沿或对社会发展和国民经济建设有重要意义的课题；论文应表明作者具有独立从事科学研究工作的能力；论文对所研究的课题在科学或专门技术上应做出创造性的成果（有明显的创新性和原创性）；应能反映出作者在本学科领域内掌握了坚实宽广的基础理论和系统深入的专门知识；博士学位论文应在导师的指导下，由博士研究生独立完成；博士研究生的成果与导师的科研工作应有一定的区分界限，论文选题应适当、立论正确、分析透彻、推理严谨、论据（数据）可靠、图文清晰、文字简练、层次分明、引证规范。要达到这样的高要求是很不容易的，因此，在博士学位论文撰写和答辩过程中，还需层层把关，逐级审查。一般要经历选题、开题、撰写、修改、评审、答辩等环节。

（1）论文选题。有的博士生的论文选题方向在入学不久后即在导师的指导下予以确定，此类选题一般与导师承担的课题紧密相关，通过参与课题研究，确定论文选题，为论文撰写奠定坚实的基础。有的博士生的论文选题则在后续的学习和研究中，通过与导师的交流和探讨后予以确定。

（2）论文开题。选题确定后，博士生围绕选题进行广泛的资料收集，全面掌握研究现状，寻找方法和理论支撑，开展可行性论证，勾勒研究框架，拟定研究计划，确定可能的创新点，分析研究中可能碰到的问题。博士生在这些事项都整理清楚，并与导师充分沟通后，撰写论文开题报告，适时提交由相关学科专业导师参加的开题报告会，进行书面和口头报告，充分听取导师组的意见和建议。

（3）论文研究和撰写。在论文开题并获准后，博士生就进入论文研究和撰写阶段。在这一阶段中，博士生要在导师的指导下，独立地把开题报告中拟定的"蓝图"变成现实，凝结成一本厚厚的文稿。

（4）论文修改。在博士论文初稿完成后，博士生要听取导师的意见，针对论文存在的不足进行修改，包括研究框架的调整、材料的充实、观点的提炼、文字的表述、标点符号的使用等。通过多次、反复的修改，弥补前期研究中的不足，使论文的逻辑性和整体性体现得更加鲜明，突出论文的创新点，以达到博士学位论文的基本要求。

（5）论文评审。博士论文完成后，一般要进行"盲审"，即将论文中有关作者的个人信息隐去，寄送给相关学科专家进行评审。如北京大学对博士论文匿名评审是这样规定的："由各院（系、所、中心）有关人员从专家库中随机抽取 5～7 名评阅专家，要考虑学科、专业的合理性，其中须有 2 名以上校外专家。论文导师不应参与评阅专家的抽取过程。"[1]

（6）论文答辩。通过"盲审"程序的论文，经进一步修改和

---

[1] 北京大学博士学位论文匿名评阅和导师在答辩中回避评议制度的实施原则 [EB/OL]．http：//grs.pku.edu.cn/file/file_py.html．

导师同意后，正式提交论文答辩委员会进行答辩。答辩委员会一般由5～7人组成，通常要求两名以上校外专家。博士生围绕论文研究内容向答辩委员会进行提纲挈领的汇报，着重阐述论文的创新点。在博士生陈述后，答辩委员对论文中存在的问题逐一发问，博士生稍做准备后进行答辩。答辩委员会对博士生的论文及答辩进行评议，并进行无记名投票，做出是否授予博士学位的决议。

三、我国博士研究生培养模式存在的主要问题

我国博士生培养模式在形成与发展过程中，一方面进行了可贵的探索，积累了宝贵的经验，形成了自身的特色，另一方面也暴露出诸多问题，需要通过进一步的改革创新，在不断发展中予以解决。

（一）培养目标：过于单一

长期以来，我国博士生教育定位于培养高层次学术型人才（尤其是基础理论型人才），承担着为高等学校输送师资和为科研机构补充研究人员的职能。这种单一的培养目标非常适合我国当时的国情：科教力量非常薄弱，高等学校师资严重匮乏，研究人员青黄不接、缺口巨大。博士生教育责无旁贷地承担起培养高层次学术型人才的历史使命，三十年来为高校和科研机构输送了数以十万计的拔尖创新人才，使我国高校师资队伍和高科技人才队伍发生了根本性转变。他们已成长为各行各业的领军人物，"许多人已成为新一代的学术带头人、博士生导师、科学院院士、工程院院士、高薪技术专家、著名学者等。他们中的大多数人，锐意进取，勇于开拓，在研究能力、创新意

识、学术水平和组织才能等方面表现出众，有效扭转了'文化大革命'造成的高层次人才严重断层、青黄不接的局面"①。然而，随着博士生教育规模的持续扩大，以及经济社会发展对高层次拔尖人才需求结构的重大转变，这种过分单一的博士生培养目标已越来越不适应国家经济社会发展战略调整和多样化拔尖创新人才成长的需要，也与世界博士生教育改革发展的趋势不相一致。

我国过分单一的博士生培养目标面临的问题突出表现在以下三个方面：(1)博士毕业生的去向日益多元化，培养目标与就业去向的差异越来越显著。在20世纪八九十年代，博士毕业生基本上流向高等学校和科研机构。但随着企事业单位和党政机关对高层次人才的迫切需要，从90年代末开始，博士毕业生的就业流向发生了显著变化。在2004年进行的一项调查显示：尽管高校和科研机构仍是博士毕业生就业的主途（占66.82%)，但已有32.11%的博士毕业生进入党政机关、国有企业、外资企业或民营企业等单位工作。②近几年来，博士毕业生从事非学术性职业的比例有增无减，培养目标与就业去向的"剪刀差"越来越大。(2)与"三类人才"的划分标准相悖。2004年召开的全国人才工作会议提出了"三类人才"的划分标准，即根据人才从事的工作领域，将人才分为党政人才、企业经营管理人才和专业技术人才。会后颁发的《中共中央国务院关于进一步加强人才工作的决定》明确指出，要坚持三支队伍

---

① 徐希元.当代中国博士生教育研究[M].北京：知识产权出版社，2006：63.
② 中国学位与研究生教育发展报告课题组.中国学位与研究生教育发展报告(1978—2003)[M].北京：高等教育出版社，2006：45.

建设一起抓，坚持分类培养，整体推进。作为我国最高层次的教育——博士生教育理应承担起为国家培养高层次"三类人才"的重任。但培养目标的单一性，使我国博士生教育在培养专业技术人才方面卓有成效，但在党政人才和企业经营管理人才的培养上难有作为。(3)与高层次人才需求结构的变化不协调，造成高层次人才供求失衡。伴随着我国经济持续多年的快速增长，对高层次应用型人才的需求日渐强劲，迫切需要大批能够在技术开发前沿、知识成果转化和工程实践领域大显身手的创新型人才。但我国博士生教育长期注重培养高层次学术型（理论型）人才，强调基础理论研究，忽视与经济社会发展密切关联的高新技术类人才的培养，从而造成了高层次应用型人才供不应求和严重短缺的现象。同时，由于基础理论型的高层次人才就业面向偏窄，高校和科研机构的人才需求减缓并渐趋饱和，导致了博士毕业生出现就业难（高不成低不就）的现象。

与我国单一的博士生培养目标形成鲜明对比的是，发达国家从20世纪50年代以后逐渐建立起目标多元的博士生培养模式，不仅培养传统的高层次学术型人才（哲学博士、科学博士），而且培养经济发展和社会生活领域急需的高层次应用型人才（专业博士）。例如在美国，专业博士学位异军突起，成为美国博士教育增长最快的部分，至今已发展到包括教育博士、工程博士、公共卫生博士、医学博士等数十种类型。因此，无论从我国经济社会发展的实际出发，还是着眼于世界博士生教育发展的趋势，培养目标过分单一的问题都是我国博士生教育的一大"顽疾"。

(二)招生选拔：分数定高下

尽管在国家博士生招生文件中强调对考生报考材料，如硕士阶段的成绩单、硕士论文、公开发表（出版）的论文（专著）、科研成果证明书、学习（工作）中的获奖证书、专家推荐信等进行审查和考核，并作为录取的重要依据。但在实际操作中，对这些材料的审查流于形式，所起的作用微乎其微，而真正对录取发挥决定性作用的仍然是初试成绩和复试成绩，尤其是初试成绩更是攻读博士学位的"敲门砖"。对于绝大多数考生而言，只有初试成绩（各科笔试成绩的总和）排名靠前才有可能进入复试环节。复试名单是按照初试成绩的高低来确定的，一般以录取人数1：1.2～1：1.5的比例从高到低筛选。也就是说，如果初试（笔试）成绩不在此范围，即便是个人科研能力或综合素质很强，也难有机会参加复试（在某些高校如果考生的初试成绩与复试线差距不大，经导师推荐和院系审查，可以破格参加复试，但这毕竟是个别现象），更遑论攻读博士学位。众所周知，科研潜质、创新精神和技术能力在一份仅仅只包括极少数知识点的试卷中是考不出来的，而那些会考试、分数高的考生未必能力就强。更有甚者，由于博士生入学考试专业课之间的成绩一般拉不开距离，能否进入复试则主要取决于外语分数的高低。考试指挥棒功能的强化必然意味着导师权力的弱化。在我国博士生招生录取中，导师的意见不能得到充分的体现和尊重，导师所起的作用极为有限。即使有些高校在博士录取中让导师掌握10分的调控权，或者扩大差额复试的比例，但并没有从根本上改变选才范围狭窄的问题。例如某导师非常看好一名极具学术潜质的学生，但由于初试、复试成绩不理想，没能进入有限的选才范围。对于我国博士生招生选拔中"分数至上"、导师缺乏自主权的问题，不少专家学者提出："什么样的人能够培养，应该招收什么样的人，归根到底应该由教授群体来决定，应该把这个权力放给教授。"一项问卷调查结果表明，55.1%的院系负责人赞同："应改革博士生招生制度，由导师自主决定博士生的录取。"[①]

(三) 课程教学：含金量不高

课程体系及其教学是我国博士生培养中的重要组成部分，但在博士生培养的实践过程中，长期以来存在着这样一种偏颇的认识，即博士生就是跟着导师做研究，课程教学是知识教学，对博士生科研能力的培养没什么帮助，上不上课无所谓。在这种观念影响下，我国博士生课程建设进展缓慢，得不到应有的重视，课程教学的含金量不高，突出表现在以下几个方面：(1) 博士生课程数量少，除去外语课和政治课，一般只有3~5门，传统的专业知识课程占主导地位，方法论课程、前沿性课程和跨学科课程等非常少见。(2) 博士生课程与硕士生课程没有贯通设计，缺乏整体考虑和有效衔接，课程重复开设现象严重。在硕士生阶段某课程被称为"×××研究"，到博士生阶段则更名为"×××专题"，教学内容大同小异。(3) 博士生课程教学"本科化"，教学内容陈旧，最新的研究成果和研究动态不能及时整合到课程教学中，盛行"填鸭式""灌输式"的知识教学，不重视方法熏陶和思维启迪，教学方法单一，主要采用口耳相传的讲授法。如此博士生课程自然提不起博士生的学习兴趣。(4) 博士

[①] 中国学位与研究生教育发展报告课题组. 中国学位与研究生教育发展报告（1978—2003）[M]. 北京：高等教育出版社, 2006：183–184.

生课程教学随意性很大，没有专门的时间，也没有固定的地点，没有成型的教学大纲，没有规范的教学安排，没有课程考试（一般要求提交一篇论文），全凭任课教师安排。更有甚者，有些学位课程有其名无其实，根本没有开设，成了停留在培养方案中的"纸上课程"。我国博士生课程教学的如此现状着实让人忧虑，一项问卷调查结果表明，45.3%的博士生对学位课程的评价是"一般"，21.5%的博士生对学位课程的评价是"较弱"。有专家指出，中国的博士生学位课程与国外的差距，不是课程数量、类型的问题，而在于水平、质量上的差距："中国和英国的课程比较一下，我们的课程比例是差不多的，但是我们真正的符合博士生需求的课程开的不是很多。有很多需要的课程没有开，可能没有合适的教师，另外，讲课的方式可能不能吸引学生来听，所以，课程的问题还是要好好考虑。"[①]

与重视博士生课程教学的美国相比，我国博士生课程无论在量还是在质上都存在很大差距。美国大学的博士生课程素以多样性著称，课程多，水平高，教学管理也极为严格。在耶鲁大学，学校要求博士生至少修满60个学分，每一门课程都如同过"鬼门关"，博士生要花大量的时间阅读经典文献，提交大量的课程作业和研究论文，并围绕专题进行深入研讨，还要参加严格、高淘汰率的课程考试。在美国，课程学习被认为是培养博士生研究能力的有效途径。通过系统的课程学习和深入研讨，有利于博士生开阔眼界、夯实基础、博采众长、竞争择优

---

① 中国学位与研究生教育发展报告课题组.中国学位与研究生教育发展报告（1978—2003）[M].北京：高等教育出版社，2006：185.

和激发灵感。复旦大学研究生院刁承湘教授在比较了中美博士生培养后认为："国内博士生培养中最大的差距在于课程学习少，各个学校几乎没有明确的博士生课程，没有规范化的课程要求。"持同样见解的还有国家自然科学基金委员会名誉主任唐敖庆教授，他曾尖锐地指出，"我们的博士生质量与他们（美国）最大的差距在课程上。"①

（四）培养过程：开放性不够

我国博士生教育的计划经济色彩比较浓厚，博士生培养习惯于闭关自守、闭门造车，与外界联系不多，呈现出非常鲜明的封闭性特征。首先，学科专业壁垒森严，不同学科、专业之间没有建立有效的共享机制和合作平台，各学科专业的导师、博士生有很强的门户之见，博士生在跨学科选择导师、选择专业、选择课程、选择研究题目等方面存在很多现实障碍。其次，博士生培养中"师傅带徒弟"盛行，导师组的联合指导作用有限。我国博士生的导师制仍基本是导师个人负责制，实行"单兵作战"和单向指导，博士生在报考时就已确定导师，入学后就在导师的指导下进行课程学习和研究训练，并参与导师的科研项目，导师个人的研究视野、治学方法和思维习惯往往会给博士生产生很大影响。这种单一的导师制一方面有利于博士生习得导师的真经和获得真传，但另一方面也容易造成"近亲繁殖"，博士生不善于学习其他学科的知识、理论和方法，很难从其他导师处获得多方教益，也常常影响博士生个人研究兴趣和特长的发挥，不利于创新思维的培养。再次，博士生的培养

---

① 参见徐希元. 当代中国博士生教育研究[M]. 北京：知识产权出版社，2006：170-171.

基本上是以本校某一学位点为依托，与其他高校、科研机构、企事业单位开展联合培养还不多见，博士生对外学术交流的机会较少，尚未形成适合拔尖创新人才集群成长的大环境和大平台。联合培养是提高博士生培养质量的有效举措，通过联合培养，使博士生领略不同学科理论、方法的魅力，感受不同学校的学术氛围，研习不同导师的治学风格，置身于学科交叉和前沿领域，为做出创造性的成果奠定坚实基础。大型的国际学术会议作为博士生向同行和大师们学习的机会，实际上是一种极其有效的隐性课程，是对博士生进行学术训练、培养其创新能力的重要途径。但对博士生的问卷调查显示，22.7%的博士生很少有机会参加国内外学术交流会议，还有15.3%的博士生从来没有机会参加国内外学术交流会议。对博士生导师的调查显示，博士生们主要参加的是国内举办的全国性学术会议，只有0.6%的博士生有机会参加在国外举行的国际性会议。由于与国际学术界的学术交流不够，也日益导致博士生的学术视野比较狭隘、学术前沿意识不够、学术训练不足等问题。① 最后，博士生外出实践训练和实习机会很少，对生产生活第一线急需解决的理论和实际问题不够了解，偏重于理论思维，习惯于纸上谈兵，安然于书本上的知识和第二手资料，难以做出经济社会发展急需的创新性成果。理论与实践相结合，一切从实际出发，这两项原则对博士生培养同样有效。无论是拔尖创新人才的成长，还是高水平科技成果的产生，无不是在生产生活实践的前沿阵地锻造出来的。因此，我国博士生教育必须打破自我

---

① 中国学位与研究生教育发展报告课题组. 中国学位与研究生教育发展报告（1978—2003）[M]. 北京：高等教育出版社, 2006：186.

封闭的藩篱,勇敢地走出去,走向火热的社会生活,经受外界的风雨锤炼,在时代的制高点上引领社会进步。

(五)淘汰机制:形同虚设

我国博士生教育实际实行的是"严进宽出"的原则。只要被录取为博士生,一般都能顺利拿到毕业证和学位证,在博士生培养过程中基本上没有淘汰,即使有所谓的淘汰机制,也多是形同虚设。首先,从课程教学来说,多数课程的学习任务很轻松,除外语课需要组织考试外,其他学位课程结束时一般只需提交一篇论文了事。因此,在我国博士生课程教学过程中是没有淘汰机制的,还从来没有听说过某位博士生因挂科过多而被取消学籍的例子。我国不少大学也曾仿效美国的资格考试制度,建立了业务综合考试制度。1992年颁布的《博士生培养暂行规定》中第十五条提出:"基础理论和专业课的学位课程考试方式要逐步推行业务综合考试,也可举行单科考试。考试范围为本学科培养方案中所规定的博士生应掌握的基础理论、专门知识、专著和文献等。基础理论和专业课的学位课程考试,尤其是业务综合考试和评定成绩应由三至五位同学科及相关学科的教授、副教授(或相当职称)组成的考试委员会主持。要求博士生根据培养计划修满学分,并通过学位课程考试。"但从实施的情况来看,博士生的业务综合考试多为走过场,并没有实质性质的淘汰。在博士学位论文开题、答辩环节,如果个别博士生达不到规定的要求,也多采用推迟开题、延缓答辩、答辩后修改论文等灵活的方式予以处理,而并不进行真正的淘汰。目前,博士生的淘汰仅见于部分高校对入学时间过长(如超过八年)的博士生取消学籍。一位专家在研究生教育访谈中指出:"目前没有建立起淘汰机制,在答辩的时候无法淘汰,对于论文水平不太高的研究生,只能采取修改论文和延期答辩的方式保证通过。"① 淘汰机制的缺失或形同虚设导致我国博士学位授予质量参差不齐。

与我国形成鲜明对比的是,作为世界博士生教育超级大国的美国建立了逐级淘汰机制,在学博士生的淘汰比例很高。首先是课程考核的淘汰,即课程考核采用末位淘汰制,总评成绩落后的博士生要重修该门课程,有的博士生因为平时课程学习和考试的困难而放弃学业。其次,是博士资格考试的淘汰,只有通过博士资格考试,才能成为"博士候选人",才能进入论文写作阶段。美国博士资格考试素以严格著称,考试方式包括命题考试、口试、文献分析、课题报告或研究计划。命题考试和口试旨在考查博士生的知识面,考试内容往往超出学生所学专业的范围。文献分析、课题报告或研究计划侧重于考查博士生的科研能力。美国大学博士生资格考试的淘汰率平均在5%左右。最后是论文阶段的淘汰。2003年加利福尼亚大学对1988—1989学年和1992—1993学年的1 970名注册博士生进行跟踪研究,结果显示:十年内获得博士学位的人数还不到三分之二,其中历史、生物、经济学三个领域,十年内完成博士学位的比率分别为34%、81%、70%。② 尽管美国博士生教育的高淘汰率并非值得肯定,但我国博士生教育完全没有淘汰也绝不是一件好事,毕竟淘汰机制的存在对于激励博士生勤奋学

---

① 中国学位与研究生教育发展报告课题组. 中国学位与研究生教育发展报告(1978—2003) [M]. 北京:高等教育出版社,2006:187.
② 何逢春. 20世纪90年代以来美国博士教育的问题与改革 [J]. 高等教育研究,2005(4):91.

习和研究、提高博士生培养质量是大有裨益的。

（六）科学研究：创新不足

我国授予博士学位的基本要求之一是在"科学或专门技术上做出创造性成果"，因此，创新无疑是博士生教育的基本特征。博士生的创新主要体现在探索未知的科学研究活动中。但从我国博士生教育实施的情况来看，博士生的创新意识、创新能力不强，所做出的科研成果和学术论文创新水平不高，一直是为社会各界所诟病的热点问题。我国博士生科研创新不足主要表现在：(1) 参与的科研课题本身水平不高，博士生很难在科技前沿经受锻炼和砥砺创新。尽管大多数博士生都会参与导师的课题研究，但课题本身的水平参差不齐，属于国家重大科研项目的并不多，不少课题属于低水平重复性课题，或企事业单位委托的"关系"课题，对创新的要求程度不高，博士生参与此类课题研究，更多充当的是一个廉价劳动力的角色，并不能从中获得创新体验，所做出的成果自然也就谈不上多少创新。"学生的研究课题会被限定在适合导师研究的范围内，这可能会窒息他们的研究创新能力。导师会要求学生们整天在实验室或电脑上做类似于'杂役活'的工作，这'杂役活'则成了他们专业训练的一部分。……在这种培养方式下枯坐终日的危险在于，对学生的这种剥削，会使他们感到自己仅仅是导师为其研究项目添加的一双额外的手而已。应当牢记，要使学生们能做出原创性的贡献，必须给他们足够的自主空间。正是原创性的贡献才是授予博士学位论文的正当理由。"[①] 而往往博士生参与的科研项目与

---

① 埃斯特尔·菲利普斯，德里克·皮尤.怎样获得研究生学位——研究生及导师指南[M].3版.余飞，译.顾肃，校.北京：中国人民大学出版社，2005：4-5.

博士学位论文选题有密切关系,因此,科研课题的创新程度对学位论文的创新程度有很大影响。(2) 博士生在国际学术榜上发表的论文数量偏少,影响力有限,引证率偏低。博士生发表学术论文的情况可视为博士生创新力的重要体现。近年来我国博士生被六大检索(SCI、EI、ISTP、SSCI、ISSHP、A&HCI)收录的国际论文篇数有较大幅度的增加,如2006年六大检索共收录武汉大学论文总数为3 499篇,其中SCI收录1 130篇,大多数为博士生参与完成。但这个数字与世界一流大学差距非常巨大,如1996年哈佛大学发表SCI论文已达8 342篇。与国外博士生相比,我国博士生发表论文的刊物影响因子偏低,被引证次数很少,社会影响力很弱,绝大多数都属于"一发表就死亡"的类型。(3) 原创性成果稀少。博士生创新能力的最高体现是取得原创性研究成果。一般而言,能够在国际顶尖学术杂志上发表的论文,往往都是学科前沿的课题,具有较大的理论与现实意义,其学术价值为国际学术界所公认。因此,在国际顶尖杂志发表论文的情况,是衡量创新能力的一个重要依据。但从 *Science* 和 *Nature* 发表论文的统计来看,极少有中国的博士生在上面发表论文。有人将我国博士生创新能力不强概括为"四个简单":简单移植,只是对他人方法的应用和重复;简单揭示表面现象,没有深入研究事物发生、发展的内在联系;简单延伸,只是进一步证实他人的工作;简单推理,只是采用一定的实验证实已知的结论。①

---

① 参见:复旦大学研究生院.以创新能力培养为核心的我国研究生教育创新体系建设[G]//中国学位与研究生教育发展规划战略研究报告(2004—2020年).讨论稿(未公开出版):241.

四、我国博士研究生培养模式的改革创新

历史的车轮驶入21世纪以来，我国博士生教育的改革与发展迈上了新台阶。各种创新思想不断涌现，各项改革举措不断推出，博士生培养的实践探索不断深入，博士生培养模式也随之发生了新变化。

（一）培养目标的改革创新

我国于20世纪80年代初开展了以培养临床医学专家为目标的临床医学博士试点工作，拉开了我国在博士阶段培养应用型高层次专门人才的序幕。随着20世纪90年代专业学位教育制度的确立与发展，在多年试点的基础上，我国博士专业学位教育率先在医学领域取得突破，于90年代中后期先后设立了临床医学博士专业学位（1997年）、兽医博士专业学位（1999年）和口腔医学博士专业学位（1999年）。经过十几年的探索与实践，上述三类博士专业学位的培养模式已基本成熟。下面以临床医学博士专业学位为例，简要介绍其培养模式。

1. 培养目标

通过临床医学博士专业学位的系统培养，除具备相应的政治素质和达到一定的外语水平外，临床医学博士还应具有较严密的逻辑思维和较强的分析问题、解决问题的能力，熟练地掌握本学科的临床技能，能独立处理本学科常见病及某些疑难病症，能对下级医师进行业务指导，达到卫生部颁发的《住院医师规范化培训试行办法》中规定第二阶段培训结束时要求的临床工作水平；掌握本学科坚实宽广的基础理论和系统深入的专业知识；具有从事临床科学研究工作的能力，能紧密结合临床

实践，选定科研课题，实施科学研究。

2. 招生选拔

（1）申请资格。完成临床医学研究生第一、第二阶段培养者；通过研究生培养的途径获得临床医学硕士学位者，自获得学位后在相应专业从事临床工作三年以上，经学位授予单位考核，认为其临床工作能力达到授予临床医学博士专业学位要求的水平；已获得临床医学硕士专业学位、完成第二阶段住院医师规范化培训的在职临床医师。

（2）考试与考核。申请人通过全国医学博士外语统一考试；在接受单位相应学科、专业的导师指导下从事不少于六个月的临床工作，以考核其临床工作能力，并由指导教师提出是否同意其申请学位的意见。

（3）提供材料。申请人需提供个人简历及硕士学位证书；所在单位推荐意见（包括政治思想表现、医德医风、临床工作能力等）；全国医学博士公共外语成绩合格证明；两位临床医学教授或主任医师推荐书，其中一位应是学位授予单位的临床医学博士研究生指导教师等。

3. 考核与学位授予

申请人必须通过学位课程考试、临床能力考核和学位论文答辩。由学位授予单位的学位评定委员会审核批准授予专业学位。

（1）学位课程考试。考试科目包括专业外语、专业课和基础理论课，总门数不少于四门。由学位授予单位组织考试。

例如，南京医科大学临床医学博士专业学位的学位课程设置如下：

临床医学博士专业学位课程学习不少于16学分，其中必修课程包括政治理论课（40学时/3学分）、读书报告（2次/1学分）、临床病例讨论（2次/2学分）、专业外语（40学时/1学分）、专业课（100学时/4学分），选修课程（选修5学分以上）包括博导论坛系列专题讲座（1~7.5学分）、循证医学（24学时/1学分）、参加国际学术会议并做会议交流（2学分/次）、参加全国学术会议并做会议交流（1学分/次）。

(2) 临床能力考核与学位论文答辩。由学位授予单位按学科、专业组成考核答辩委员会，考核答辩委员会应由5~7位具有临床医学副教授或副主任医师以上职称的专家组成，其中半数以上应是具有临床医学教授或主任医师职称的临床医学专家（包括临床医学博士生导师和外单位专家1~2人）。

①临床能力考核。主要考核申请人是否具有较高的临床操作技能和独立处理本学科常见病和某些疑难病症的能力。例如，南京医科大学临床医学博士专业临床能力考核的内容包括：研究生报告临床技能培训情况；现场病例考核，由考核小组采取口试加笔试的方式，重点考核诊断与鉴别诊断、治疗原则与方案选择、相关基础理论掌握情况及专业外语能力等；临床技能操作水平考核，具体见卫生部科教司主编《临床医学专业学位硕士、博士学位临床能力考核》；病历抽查（提供10份病历，院外病历复印后加盖所在单位科教部门章，本院提供病历号）。

②学位论文答辩。由考核答辩委员会按学位条例规定程序组织论文答辩。临床医学博士专业学位论文的要求：论文课

题紧密结合临床实际,研究结果对临床工作具有一定的应用价值,论文表明申请人具有运用所学知识解决临床实际问题和从事临床科学研究的能力。

随着各行各业对高层次应用型专门人才需求的持续增长,以及广大人民群众对接受高层次教育愿望的日益强烈,我国博士专业学位教育除了在医学领域取得突破性进展外,其他种类的专业博士教育也在紧锣密鼓的试点或酝酿之中。据悉,工程博士专业学位已启动,教育博士专业学位的设立也呼之欲出。可以期望的是,我国博士专业学位教育一定能够在不久的将来获得大发展。

(二)培养机制的改革创新[①]

研究生培养机制改革是近年来我国研究生教育主管部门着力推进的一项系统性、全局性和革命性变革。它不仅有力地推动研究生培养方式改革、研究生招生制度改革、研究生奖助办法改革,而且直接带动和引发研究生导师选聘办法改革、学校人事制度改革、薪酬制度改革、科研经费管理办法改革等一系列改革,具有"牵一发而动全身"的功效。它是我国实施研究生教育以来,"动作最大,声音最小"的一项改革。

1. 培养机制改革的重要意义和总体要求

随着我国由计划经济体制向市场经济体制转变的完成和政府管理模式转变的不断深化,在传统体制下形成的研究生教育管理和调控机制已经不能很好地适应新形势下研究生教育发展的需要。宏观、微观协调配套的长效质量保证机制、

---

① 本书第九章将对此进行全面分析,在此只进行概要性阐述。

规模调控机制和结构调整机制尚未完全建立,研究生教育经费、招生计划等资源的配置和使用效益还需要进一步提高,研究生教育的规模和结构还不能根据经济社会发展需求及时、有效地进行调整,研究生培养与科学研究工作的紧密结合还需要进一步加强,指导教师和研究生的创新积极性还有待充分调动和提高。

在不断完善国家宏观调控机制和资源配置机制、不断加大国家对研究生教育投入的同时,重点推进培养单位内部的研究生培养机制改革,是构建研究生教育质量保证机制、规模调控机制和结构调整机制的重要微观基础,对于我国建设创新型国家和人力资源强国、促进研究生教育与经济社会协调发展具有十分重要的意义。

改革研究生培养机制,就是要进一步统筹培养单位教学、科研等方面的资源,以建立科学研究为主导的导师负责制和导师资助制为核心,改革研究生选拔机制,优化研究生培养过程,加强指导教师队伍建设,完善研究生奖助制度,最大限度地调动培养单位、学科、导师和研究生的积极性,实现研究生教育规模、结构协调发展,全面提高研究生培养质量。

2. 培养机制改革的进展情况

在教育部、财政部的推动和支持下,研究生培养机制改革试点工作取得了较大进展。自2006年开始,哈尔滨工业大学等3所高等学校开展了研究生培养机制改革的试点工作;2007年,实行培养机制改革的高等学校增至17所;2008年,改革已推广到47所设置研究生院的高等学校;2009年,改革推广到全部中央部委属院校,同时鼓励各省(自治区、直辖市)选择省属高等学校开展改革试点工作。国家安排培养机制改革专项资金,对改革工作给予支持。

3. 培养机制改革的主要措施与实施成效

实施改革学校贯彻了教育部关于培养机制改革的原则和要求,以提高研究生培养质量为目标,紧紧围绕建立以科研为主导的导师负责制和资助制这一核心,普遍实行了下述一些改革措施并取得了初步成效。

(1) 强调科研主导。通过导师资格遴选考核、招生计划分配、导师依托科研工作为研究生提供资助和助研岗位等机制,实现科学研究与研究生培养的紧密结合。学科和导师对科研工作的重视程度和争取科研项目的积极性进一步提高。

(2) 明确导师的责任、权力,实行研究生培养质量导师负责制。在要求导师对研究生负有资助和指导责任的同时,赋予导师在招生和培养过程中更多的权力,调动了指导教师严格要求、悉心指导的积极性。

(3) 合理配置招生计划。采取与科研任务、科研经费挂钩以及调整导师资助标准等办法,有效调控导师招生数量和学科(或学院)的招生规模,优化了学校的研究生培养结构。

(4) 完善研究生奖助体系。本着"学校多出一些,教师多筹一些,学生多得一些"的思想,通过奖学金、助学金、各种创新与扶持基金等途径,以及实行动态评定和导师参与评定等机制,提高对研究生的奖助覆盖面和奖助强度,强化奖助的激励作用,研究生的生活保障程度和学习、科研积极性有了较大幅度的提高。

(5) 根据学校学科布局和发展战略,针对不同学科的特点实行不同的改革政策。如对基础学科或新兴交叉学科给予倾斜和扶持。

(6) 对改革研究生培养模式进行探索和尝试。由于培养机制改革以科研主导、导师资助等政策的导向和影响，很多培养单位都对研究生培养方案进行修订和调整，更加重视研究生对学科前沿动态的了解，强化对研究生科研能力的培养和训练。也有的单位加大了"直接攻博生"和"提前攻博生"的比例，希望这些学生能尽可能早地进入博士阶段的学习和研究，增加研究生对科研的贡献。部分培养单位还对硕士研究生按照学术型、应用型等进行分类，进一步明确不同类型研究生的目标定位和培养要求，按照分类对课程体系和培养流程进行优化调整。

(7) 推动了研究生教育的国际化。通过设置专门基金，鼓励和支持研究生参加国际学术会议、参与国际合作，加大与国外一流大学联合培养以及吸引国际知名高校学生来校攻读学位的力度。

(8) 通过多渠道筹集资金和对来自国家、学校、导师三方面资金的统筹管理，试点单位对研究生培养的投入力度普遍加大，经费管理和使用效益得到进一步提高。①

(三) 培养方式的改革创新

近年来，无论在国家层面，还是在高校层面，都非常重视博士生培养方式改革。下面仅从贯通式、协作式和跨学科三个方面揭示我国博士生培养方式的改革实践。

1. 贯通式培养方式

贯通式培养方式是指改变硕士生阶段和博士生阶段相对

---

① 参见教育部网站 (http://www.moe.edu.cn) 信息。

独立、分段培养、各自为阵的传统方式，将硕士生阶段和博士生阶段的培养目标、课程设置、教学安排、科研训练、论文写作等进行高度整合和统筹考虑的博士生培养方式。经过多年的探索与实践，我国已形成了三种比较成熟的贯通式培养方式，即提前攻读博士学位（简称"提前攻博"）、硕士博士阶段连读（简称"硕博连读"）、本科生直接攻读博士学位（简称"直接攻博"）。其中，提前攻博是在完成硕士课程学习、尚未进入论文阶段硕士生中遴选、提前进入博士生阶段的方式，这种方式实现了硕士生和博士生阶段的部分贯通。硕博连读是在新入学的硕士生中遴选，完成规定的课程学习，并经考核后确定为博士生的方式，这种方式实现了硕士生和博士生阶段的大部分贯通。直接攻博是在本科毕业生中遴选并直接取得博士生入学资格的方式，这种方式实现了硕士生阶段和博士生阶段的全部贯通。鉴于提前攻博方式的贯通性特征不明显（是分段式培养的改良），而直接攻博方式仅限定在设有研究生院的普通高校试行，招生专业（一般为基础研究学科）和招生规模（不超过博士生招生规模的10%）受限，因此，硕博连读是在实践中最受青睐、采用最广泛的贯通式博士生培养方式。从实施情况来看，绝大多数高校的硕博连读生是在入学满一年、已完成主要学位课程的硕士生中遴选，硕士生阶段和博士生阶段的课程重复设置现象在一定程度上依然存在，尚未能实现硕、博两阶段的有机整合和全面贯通。武汉大学于2007年推出的硕博连读"1+4"改革方案，将直接攻博的精神内涵引入硕博连读机制，突破了现行的硕博连读方式贯通性不足的局限，创造性地实现了硕、博两阶段的全面、有机整合。方案具体内容如下：

（1）基本思路。将30%～50%的博士指标用于硕博连读，使硕博连读作为一种主要学制，而不仅仅是一种补充；在第一学年内整合硕士课程和博士课程，后四年强化研究训练，将两个阶段有机结合起来，调整培养方案，着力优化博士生的知识结构，提高博士生的研究能力和创新能力。

（2）学生遴选。硕博连读生需要经过一年的考察和两次遴选，才能成为正式的博士研究生。第一次为硕士研究生招生考试，第二次为博士候选人资格考试。

①初试与复试并重，改进硕士研究生招生考试。除统一的入学考试成绩以外，还通过面试，考查和评价考生的教育背景、大学课程学习成绩、课外活动、社会实践等方面，量化后加权统计，计入面试成绩，并与初试成绩进行加权统计，计算最后的成绩，作为录取的依据。

②博士候选人资格考试。第三学期进行博士候选人资格考试。资格考试目的在于进一步遴选有研究能力的博士生，淘汰一部分专业知识不扎实或学术水平低、学术潜力不大的学生。凡通过博士候选人资格考试者，正式进入博士研究生阶段，作为正式录取的博士研究生，在第五学期正式入学。博士候选人资格考试有一到两次补考机会，未能通过资格考试者，按硕士研究生培养方案，完成规定的课程和学分，撰写硕士毕业论文，通过论文答辩，取得硕士学位。

③退出硕博连读程序。如研究生提出退出硕博连读，或者硕博连读项目负责人认为该生已经不符合硕博连读研究生的培养标准，在办理手续后，按硕士生培养方案，完成学校规定

的课程和学分，撰写硕士毕业论文，通过论文答辩，取得硕士学位。

（3）导师遴选。硕博连读研究生由博士生导师指导；在取得硕博连读研究生资格时，通过双向选择配备导师；学位论文选题属于跨学科领域的博士研究生，应组成有相关学科领域专家参加的博士学位论文指导小组。

（4）培养方案。培养方案的整体设计要以培养研究型人才为主线，使课程学习与科研训练有机结合，硕士研究生阶段的学习与博士研究生阶段的学习有机结合，减少不必要的重复。硕博连读生应修课程总学分大约为36学分，其中政治理论课4学分，外语课6学分，学科通开课8～10学分（其中包括方法论课程），研究方向课4～6学分，其余为选修课学分。硕博连读研究生分三个阶段培养：①第一阶段。第一、第二学期，以课程学习为主；②第二阶段。第三学期，完成文献综述并通过答辩，取得博士候选人资格；③第三阶段。第四至第十学期，以学位论文研究为主。

2. 协作式培养方式

协作式培养方式，也称为联合培养方式，是指高等学校与其他国内外高等学校、科研院所、企事业单位等建立紧密合作关系，共同指导和培养博士生的方式。依据不同的标准，协作式培养方式可分为多种类型。从地域划分的角度来看，协作式培养方式可分为国内协作培养方式、国内外协作培养方式。从协作单位的类型来看，协作式培养方式可分为校际（高校之间）协作培养方式、校企（高校与企业之间）协作培养方式、校研（高校与科研机构之间）协作培养方式等。从协作层次来看，协作式培养方式可分为国家层面的协作培养方式、地区层面的协作培养方式、高校层面的协作培养方式。

(1) 在国家层面,近年来通过中美富布赖特项目、中法博士生学院项目、法国技术大学—应用科学院集团博士项目、法国五所中央理工大学校博士项目、国家建设高水平大学公派研究生项目等的设立与推进实施,大大促进了我国博士生教育的国内外联合培养。下面,仅以中法博士生学院项目和国家建设高水平大学公派研究生项目为例,简要介绍我国国内外联合培养博士生的有关情况。

①中法博士生学院项目。中法博士生学院是中国教育部与法国教育部、外交部于2006年共同建立的一流国际性人才培养基地。根据《中法博士生学院章程》,国家留学基金管理委员会每年选派200名中方联合体高校(28所)在读博士生赴法方联合体高校(56所)进行一年博士阶段学习。被录取的学生由中法双方两位论文导师进行指导,以联合培养方式进行,一直持续到论文结束。国家留学基金按国家公派留学资助标准提供奖学金生活费及一次往返国际旅费。法方联合体高校免除学生的注册费、学费、考试费及其他与博士培养有关的费用。

②国家建设高水平大学公派研究生项目。国家建设高水平大学公派研究生项目(以下简称公派研究生项目)是指为贯彻落实人才强国战略,推进高水平大学建设,增强为建设创新型国家服务的能力,在重点建设的高水平大学中选拔一流的学生,到国外一流的院校、专业,并师从一流的导师的留学项目。2007—2011年每年选派5 000名研究生出国留学。留学基金委与高校以签署协议的形式确定年度选派计划,年度选派计

划为指导性计划，实际录取人数将根据各校选拔的人员质量确定。公派研究生选派类别为攻读博士学位研究生和联合培养博士研究生。攻读博士学位研究生的留学期限一般为36~48个月，具体以留学目的国及院校学制为准；联合培养博士研究生的留学期限为6~24个月。重点选派的领域为能源、资源、环境、农业、制造、信息等关键领域及生命、空间、海洋、纳米及新材料等战略领域和人文及应用社会科学。各高校应根据国家战略、国家重大工程、重大专项以及国内空白学科发展需要，结合本单位创新团队、创新基地和平台、重大科研项目、国家重点实验室、重点学科建设需要确定具体选派专业和领域。留学人员应派往教育、科技发达国家和地区的知名院校。国家留学基金资助往返国际旅费和在外期间的奖学金生活费，资助标准及方式按照国家有关规定执行。

(2) 在区域层面，以上海研究生联合培养基地最具代表性。

①发展历程。2003年12月，上海市教委对高校、研究所、企业协同式联合培养研究生进行了可行性研究，提出"基地"的初步构想。之后，上海市教委先后多次召开部分有博士后工作站的企业座谈会和校长座谈会，听取有关高校、企业对产学研联合培养研究生的想法和意见。在此基础上，上海市教委对产学研联合培养研究生的体制和机制进行了认真设计，初步制定了有关建设"基地"的试行办法。经过前期充分调研，上海市教委主动与政府其他部门沟通协调，得到了有关委办的大力支持，并于2005年正式发布了《中共上海市科技教育工作委员会等九部门关于建立"上海研究生联合培养基地"的意见》，标志着建设上海研究生联合基地工作正式启动。

②总体目标。上海研究生联合培养基地（以下简称培养基地）是指以促进教育与科技、经济紧密结合为出发点，以推进产业结构调整和能级提升为导向，围绕上海支柱产业，以具有硕士、博士学位授权的高等学校为主体，依托研发能力强的一流大型企业集团和科研院所等有关单位建设的研究生层次人才培养平台。培养基地的作用是实施产学研联盟"引逼"政策，落实人才培养的共性政策，进行研究生培养的质量监控，促进信息交流和沟通，产生具有自主知识产权的核心技术。另外，对于学科较为单一、特色明显并与上海市社会和经济发展紧密相关的企业、科研院所等与高校联合进行研究生培养的，称之为"研究生协作培养单位"，作为培养基地的延伸和拓展。

通过建立培养基地，促进高校研究生培养模式和机制改革，促进高校深入经济建设的主战场；利用社会资源创造理论联系实际的良好环境，提高研究生的教育质量，加强高校师资队伍建设，最终形成高校导师和企业、科研院所等的高级研究人员和技术人员之间有序、合理的流动机制。

通过建立培养基地，提升相关企业和科研院所的社会声誉，提高他们的人才积聚和储备能力，并促进其增大研发投入和增强创新能力。同时使学生在深入一线参加研发的实践中提高综合素质和创新能力，也可降低研究生所分担的培养成本和就业压力。

通过产学研联合培养研究生，力争五年内，建成数十个研究生联合培养基地和研究生协作培养单位。

③主要措施。有关主管部门设立准入标准，对参加培养基地建设的单位进行认定，并分类分步实施、按需建设、滚动发

展、优胜劣汰，使得具有较强专业实力的大型企业集团和科研院所，或与上海市支柱产业密切相关的企事业单位、研究生协作培养单位在培养基地平台上，参与高层次人才培养。借鉴以往产学研联合的经验，认真研究和制定各项政策，以规模化、法人合同约束、长期合作、有序竞争、双向选择等方式，保障产学研联合培养研究生工作的实施。

高校在企业、科研院所等有关单位的高级研究人员和技术人员中遴选导师，企事业导师享受高校导师同等的学术待遇。研究生招生计划中涉及培养基地培养的部分由校企协调分配，在整个研究生培养过程中，课程设置和学位授予过程在高校进行，学位论文工作可由企事业导师指导并在培养基地完成。高校和企业、科研院所等有关单位共同提供培养研究生所需的导师和管理方面的人力、设备等资源，企业或科研院所等有关单位投入一定的资金，以保证向学生提供研究资助。高校和企业、科研院所等有关单位对培养基地人才培养工作明确标准。在培养基地科研项目的申请、研发成果的发布、知识产权保护等方面，参与方以契约的形式明确高校、企业、科研院所等有关单位的权利和义务，最终形成高校、企业、科研院所等有关单位、学生多赢的局面。

④实施成效。目前，在上海培养研究生的21所普通高校中，与企业签署合作协议的高校已过半数，合作内容涉及：为企业培养高层次人才；聘请企业的高级技术人员为高校研究生导师；根据科技发展和经济建设需要改革课程；为企业设立培训项目；企业提供研究课题；建立高校师生的实习基地；高级技术人员进校讲课；企业提供创业基金和创业奖学金，提供助学

岗位并成立研究生工作室、工作组；双方共同协商相关的招生计划、知识产权管理办法、联合培养研究生的党建等问题；双方还共同制定有较大市场潜力的研究项目和研究方向，双方人员相互培训、挂职锻炼等。企业也表现出很高的热情，有25家企业单位递交了建立"联合基地"的申请报告，这些企业中已有73名副高级职称以上技术人员被高校聘为研究生导师，他们申请与高校联合培养硕士生和博士生的计划分别达到900名和180余名；培养研究生的学科领域涉及冶金、材料、数字化设计、计算机、汽车工程、微系统、生物、分子学、食品加工、养殖与种植、管理、物流、教育、文学与传媒、新闻学、电影、中药学等文、理、医、工、农、管理各门类的五十余个学科领域。①

(3) 在学校层面，绝大多数高校都与国内外众多大学、科研机构、企事业单位建立了多种形式的联合培养关系。下面仅简要介绍中国科学技术大学（以下简称中科大）"校所结合"培养研究生的典型案例。

所谓"校所结合"，就是中科大与中科院各研究所签订合作协议，在研究生培养过程中进行密切合作、相互支持、资源共享、优势互补的培养方式。近年来，中科大与研究所的合作形式与内容主要如下：

①共签研究生教育合作协议。2003年以来，中科大先后与中科院的12个分院和11个研究生院所在研究生教育领域签署了全面合作协议，合作内容包括招生、培养、学位授予、学科

---

① 上海市教育委员会.产学研架起研究生创新能力培养通衢——建设上海研究生联合培养基地的实践与思考[EB/OL]. http://www.justice.gov.cn/node2/node1721/node1859/node2387/node2389/u1a9668.html.

建设、导师互聘、教育服务等工作。

②共同进行学科建设。中科大从提升学科人才培养水平和能力的角度出发,与部分研究所在充分研讨的基础上,共建系科专业,共同设计相关学科的人才培养方案和课程体系。

③共享优质科教资源,实施"两段式"研究生培养模式。第一段是研究生入学后,先在中科大本部进行为期一年的基础课程和学位课程学习。第二段是研究生到研究所通过参与课题研究的方式进行专门、系统的科研实战训练。

④互聘研究生导师,促进人力资源共享。近年来,中科大聘请了16位研究院所负责人或院士兼任院系领导,从研究院所聘请了270多位兼职博士生导师。

⑤以科研合作为纽带,促进研究生创新能力提升。近年来,中科大在科研领域与一批研究院所协同开展了卓有成效的合作,如联合申报、承担国家重大科研项目,共建联合实验室,让研究生参与联合课题研究等。①

3. 跨学科培养方式

跨学科培养方式是当今时代培养拔尖创新人才的一种新兴而有效的方式。近年来,我国各高等学校深刻认识到跨学科培养方式的重大意义,纷纷设立跨学科研究机构,着力推进跨学科研究生培养。如浙江大学于2003年正式成立了跨学科社会科学研究中心;北京大学于2006年正式成立了校级直属的科研与教学实体单位———"前沿交叉学科研究院",作为全校新兴交叉学科科学研究与高层次人才培养的"大平台";复

---

① 参见裴旭,张少华,张淑林,陈伟.基于"校所结合"的创新型研究生培养模式探讨[J].学位与研究生教育,2007(10):22-23.

旦大学于2008年正式成立了集学术研究、学术交流和人才培养于一体的综合性、实体性学术研究机构"社会科学高等研究院"。下面，简要介绍武汉大学跨学科研究生培养的有关情况。

(1) 组建跨学科研究与培养机构。武汉大学从1997年组建战略研究院以来，已经陆续成立了十多个实体性跨学科研究和人才培养机构，包括战略管理研究院、发展研究院、中国传统文化研究中心、欧洲中心、高科技研究与发展中心、高级研究中心、中国边界与海洋研究院、国际问题研究院、中部发展研究院、质量发展战略研究院、妇女/性别研究中心等。这些机构均以国家人才战略需求为导向，融科学研究、研究生培养于一体，在学术研究、人才培养、国际交流等方面取得了重大成果。

(2) 着力选拔跨学科优质生源。在招生宣传上，一方面举办"研究生招生宣传日"活动，另一方面组织招生宣传小组有重点地深入有关高校实地进行招生宣传，热忱欢迎其他高校学生报考武汉大学；在招生政策方面，积极鼓励和大力支持学生跨学校、跨学院、跨学科、跨专业报考；在考试科目上，积极推进按一级学科招生或跨学科联合招生，考试科目的设置要突出综合性和基础性；在招考试题的设计上，有意识地打破学科专业界限，选择一些学科交叉的热点问题作为试题，鼓励学生从不同视角分析和解答同一问题；在面试环节，注重考查学生知识的广度、深度，以及能力结构与素质结构的复合性程度，考查学生运用知识解决问题的能力、口头表达能力和应变能力。

(3) 依托两个或两个以上学院，设置跨学科研究生培养专业和申报跨学科学位点。跨学科学位点和跨学科研究生培养专业的存在，拓展了跨学科研究生培养的支点。

(4)举办多种形式的跨学科论坛,如跨学科博导论坛、跨学科博士生论坛等。

(5)实施博士研究生跨学科拔尖创新人才试验区项目。

(四)培养环境的改革创新

研究生培养环境包括两个方面,一是跨区域、跨院校、跨学科的大培养平台,二是培养单位内部的微观培养环境。近年来,教育部大力推进和实施研究生教育创新计划,不仅直接创建了一系列跨区域、跨院校、跨学科的大培养平台,形成了一批有影响力的品牌项目,也促进了培养单位内部微观培养环境的变化。下面,以教育部研究生教育创新计划为例,简要介绍我国研究生培养环境的改革创新举措。

1. 实施研究生教育创新计划的目的和意义

在科学技术突飞猛进和知识经济崛起的新形势下,为全面建设小康社会,国家对高层次创新人才的需求不断扩大,研究生教育必须加快改革步伐,不仅要培养大批人才,更要把工作重心转移到提高培养质量,特别是提高研究生的创新意识和创新能力上来,积极主动适应国家对创新型人才的需要,实现从研究生教育大国向研究生教育强国的转变。

为此,教育部实施研究生教育创新计划,其目的就是要深入探索新形势下研究生教育规律,更新观念,深化改革,推进创新,建立与社会主义市场经济体制相适应的研究生教育体制和运行机制;加强研究生培养基地建设,改善培养条件,促进优质资源共享;建立研究生科研创新激励机制,营造创新氛围,强化创新意识、创新精神和创新能力的培养;努力使我国研究生培养质量和研究生教育的整体水平尽快接近或达到发达国家水平，为实施科教兴国战略和人才强国战略奠定坚实的人才基础。

研究生教育创新计划实施几年来，通过发动和组织有关研究生培养单位和管理部门承担全国性研究生教育创新计划项目的方式，在切实提高研究生培养质量、推动优质教育资源共享、加强教学改革和优秀人才培养、改革研究生培养模式等方面进行了有益的探索，逐步形成了全国博士生学术论坛、全国研究生暑期学校、全国博士生学术会议、研究生国内访学以及建设研究生创新中心等一批稳定的品牌项目，为推动我国研究生教育的全面改革与发展发挥了积极作用。

2. 研究生教育创新计划的实施概况及主要效果

在此我们以2003—2007年间该计划的实施情况为例进行一些分析。2003—2007年，研究生教育创新计划共投入经费8 000万元，批准一百多家单位承担了三百多个项目，内容涉及研究生课程建设、教材建设、教学改革、学术活动、素质教育、实践能力培养、培养机制改革、招考制度改革、优秀学位论文评选、开放实验室建设、研究生导师培训等多个方面。项目承担单位中，不仅包括部属高校，还包括科研院所、省属高校，以及各级研究生教育管理部门。这些项目的举办，受到了广大研究生和培养单位以及研究生教育管理部门的高度认可和热烈欢迎，在社会上引起了广泛关注。通过举办这些项目，提高创新能力、保证培养质量的观念已逐步渗透到研究生教育战线的各个方面；在社会、高校、教师和学生中，初步营造出了激励和支持研究生创新的良好氛围。

（1）在这五年内，研究生教育创新计划共举办全国博士生学术论坛41个、全国博士生学术会议3个,论坛主题涉及各大学科门类,征集博士生学术论文近3万篇,参加的博士生达1.1万余名。并且随着论坛影响的逐步扩大,得到了境外博士生以及专家学者的关注和支持,参加论坛学术交流的境外博士生和专家人数逐年递增,国际影响不断扩大。此外,各研究生培养单位也积极组织校内、校际间的博士生学术论坛。如清华大学已形成学科、院系及全校范围等不同规模的博士生学术论坛,目前已办一百多期,2005年还成功举办了由博士生自己组织的国际博士生学术论坛。这些论坛通过博士生间的学术交流、高水平专家为博士生学术报告所做的点评、知名学者的精彩专题报告以及其他学术活动,有效地开阔了博士生的视野,丰富了博士生的知识,启发了创新思维,在提高博士生创新能力和培养质量方面发挥了积极作用。

(2)五年来,研究生教育创新计划共举办全国研究生暑期学校66个,开设课程700余门,举行学术报告或学术讲座900余次,参加学员1.2万余人次,授课教师1 500余人次,其中为暑期学校授课的院士近200人次,境外专家学者近500人次,约占授课教师一半比例。国内外知名专家学者参加讲学,显著提高了暑期学校的办学水平,不仅扩大了暑期学校在国际上的知名度,也加强了境内外学位与研究生教育的交流与合作。实践表明,全国研究生暑期学校的办学模式和运行机制是可行的,办学效益非常突出。举办全国研究生暑期学校,既有利于充分利用研究生教育的优质资源,提高教学水平、科研水平和研究生培养质量,也有利于推动培养单位之间相互承认学分,促进研究生教育的交流与合作。

(3) 从2005年开始实施的研究生国内访学项目，进一步推动了优质教育资源共享，有效地加强了校际间的交流与合作。一批高校精心组织本校重点学科、重点实验室制订对外开放、接受访学的计划和管理办法，对外发布有关信息，在这五年间共计接收博士生访学600余人次。访学研究生通过接收单位提供的条件和指导，产出了一批好的科研成果，发表了许多高水平学术论文。

(4) 从2003年开始，研究生教育创新计划依托已有较好基础的教学科研平台，到2007年共批准建设了55个以开放、共享、自主创新为特点的研究生创新中心，为研究生特别是跨学科研究生提供了学术交流、跨学科合作、实现创新思路的场所。各高校也把研究生创新中心作为改革研究生培养模式、加强产学研结合、推动自主创新的重要基地，以创新中心建设为载体，推动研究生教育与国家重大、重点工程相结合；利用重点学科或重点实验室的优质资源吸引社会资源，加快改善研究生实验教学与科研创新条件；推动大型仪器设备开放共享；加强与企业及研究开发部门的合作，推动产学研结合，取得了良好进展。

(5) 在上述项目之外，在这五年内，研究生教育创新计划还立项支持了30余项有关培养改革及课程改革的创新项目，取得了优秀成果。例如北京大学通过研究生精品课程系列建设项目，分期在"理论物理""世界历史"等一批研究生课程中组织示范教学，聘请了包括诺贝尔奖获得者在内的三百余名国内外专家授课，吸收校内外近四千余名研究生和青年教师参加，为他们提供了学科前沿知识和最新研究成果，推动了研究生课程的改革和教学水平的不断提高。

在教育部立项支持全国性和示范性研究生教育创新计划项目的同时，各研究生培养单位和各级研究生教育主管部门以及有关部委，也积极响应和大力支持，组织、指导开展各种形式、内容丰富的研究生教育创新计划活动并给予经费支持。如陕西省学位办在教育部立项支持下，依托西安交通大学等若干重点高校，面向西部地区研究生，组织了"西部地区研究生精品课程大讲堂"，对提高西部地区研究生培养质量产生良好影响。在经费投入上，据不完全统计，国家自然科学基金委员会已为研究生教育创新计划配套投入900万元，原国防科工委一期投入5 700万元，江苏省投入2 000万元，60余所高校投入超过5亿元。在各方的大力支持下，全国已经初步形成了由教育部统一规划，各研究生培养单位、各级管理部门以及有关部委积极参与的多层次、多类型、全方位研究生教育创新体系，初步形成了国家、地方、学校的多元投入机制。

3. 进一步推进研究生教育创新计划

当前，我国研究生教育的发展正处在从研究生教育大国向研究生教育强国转变的关键时期。继续实施研究生教育创新计划，将紧紧围绕提高研究生培养质量的目的，更加深入地研究新形势下研究生教育规律，调动各方面积极性和多种资源，结合并发挥"211工程"和"985工程"的建设效益，把新一期研究生教育创新计划做大、做强、做实，努力使我国的研究生教育质量达到更高的水平。①

---

① 参见：教育部学位管理与研究生教育司. 2006—2007研究生创新计划实施报告[M]. 北京：北京理工大学出版社，2008. 以及教育部网站（http://www.moe.cn）有关信息。

五、我国博士研究生培养模式改革的总体构想

作为一个后起的博士生教育大国,如何通过持续的改革创新以提高质量、促进发展是我国博士生教育的永恒主题。毫无疑问,任何改革都应当有正确的价值导向、合理的路径选择和准确的走势判断。否则,改革可能误入歧途,进退两难,甚至导致事与愿违的后果。我国博士生教育改革也必须始终关注我国经济社会发展的现实与长远需要,遵循拔尖创新人才成长规律,从我国国情出发,走中国特色的改革与发展之路。

(一)我国博士研究生培养模式改革的价值取向

博士生培养模式改革的价值取向是关涉博士生培养为什么要改革以及怎么改革的深层次问题,也是在改革前和改革推进过程中必须明确的价值问题、方向问题和目标问题。就我国当前而言,博士生培养模式改革的价值取向包括以下四个方面。

1. 博士生培养模式改革必须顺应国家发展战略调整的新要求

21世纪第一个二十年是我国发展的重要战略机遇期,面临着全面建设小康社会和建设创新型国家两大战略任务。无论是经济更加发展、民主更加健全、科教更加进步、文化更加繁荣、社会更加和谐、人民生活更加殷实的小康社会的全面建成,还是显著增强自主创新能力、进入创新型国家行列目标的实现,都必须依赖科教兴国战略和人才强国战略的实施和推进。这是因为:科学技术是第一生产力,是先进生产力的集中体现和标志;人才资源是第一资源,经济社会发展和科技创新关键靠人才;教育是惠及全民、泽被后世的千秋基业,人才的

成长靠教育。在国家大力发展教育、科技事业，高度重视人才队伍建设的同时，作为高层次拔尖创新人才重要生产线的博士生教育也必须增强使命感，牢固树立危机意识和变革观念，主动承担起促进中华民族伟大复兴的历史重任，积极服务于国家的经济社会发展，服务于人民群众的迫切需要，服务于国家战略目标的实现。

我国仍处于社会主义初级阶段，经济社会发展水平不高，人均资源相对不足，进一步发展还面临着一些突出的问题和矛盾。从我国发展的战略全局看，走新型工业化道路，调整经济结构，转变经济增长方式，缓解能源资源和环境的瓶颈制约，加快产业优化升级，促进人口健康和保障公共安全，维护国家安全和战略利益，我们比以往任何时候都更加迫切地需要强大的教育体系、坚实的科学基础和有力的技术支撑。博士生教育集拔尖创新人才培养、高水平科学研究与技术开发和高精尖产业发展于一体，是国家发展战略的重要依托力量，是科技创新的源头活水。然而，我国博士生教育发展的现实状况，与完成调整经济结构、转变经济增长方式的迫切要求还不相适应，与自主创新能力提升、关键技术研发和产业技术升级的迫切要求还不相适应，与实现全面建设小康社会的迫切要求还不相适应。因此，我们必须下更大的气力、做更大的努力，进一步深化博士生教育改革，推进博士生培养模式创新。

(1) 博士生培养模式改革必须立足于为全面建设小康社会和创新型国家建设提供坚实的人才保证和智力支持。我国要全面建成小康社会、开创中国特色的社会主义事业新局面，关键在人才，尤其是拔尖创新人才。有一大批拔尖创新人才为后盾,我们才能通过高科技的开发与应用,推动生产力质的飞跃;通过制度创新、机制创新,促进生产方式的科学调整、资源的优化配置和有效利用;通过教育事业的发展,带动全民族文明素质的提高。

(2) 博士生培养模式改革必须立足于经济社会的新要求。我国经济社会发展的主要任务是转变经济发展方式,实现产业结构的优化升级,建设资源节约型、环境友好型社会,增强可持续发展能力,推动国民经济又快又好发展。博士生培养模式改革应着眼于经济社会发展的新要求,在高层次人才培养总量、类型、结构和素质上进行针对性的调整。

(3) 博士生培养模式改革必须立足于科技发展的新要求。提高自主创新能力是我国科技发展的首要任务。大力推进原始创新、集成创新和引进消化吸收再创新,着力突破制约经济社会发展的关键技术,支持基础研究、前沿技术研究、社会公益性技术研究,在若干重要领域掌握一批核心技术,拥有一批自主知识产权,是我国科技发展的战略重点。博士生及博士毕业生是我国科技创新的中流砥柱。博士生培养模式改革必须根据我国科技发展的战略部署,面向我国科技发展的前沿领域,紧扣科技创新的基本要求,着力培养一大批高层次拔尖创新人才。

(4) 博士生培养模式改革必须立足于应对国际竞争和提升我国核心竞争力的新要求。在知识经济时代,知识在经济社会发展和国际竞争中的作用日益突出,国民财富的增长和人类生活的改善越来越有赖于知识的积累和创新。科技竞争成为国际综合国力竞争的焦点。谁在知识和科技创新方面占据优势,谁就能够在发展上赢得先机,掌握主动。因此,我国博士生培养模式改革也必须具有国际视野,着眼于知识和科技创新的新领域,培养具有国际竞争力的高层次拔尖创新人才。

2. 博士生培养模式改革必须有利于高层次拔尖创新人才的成长

拔尖创新人才的成长具有自身独特的规律,受多种因素的制约,不仅受先天智力因素的影响,而且在更大程度上受制于后天的教育、社会环境和条件。有学者将人才成长的共同规律概括为三个方面,即时势造就规律、优势积累规律和竞争选择规律①,从多个方面分析了人才成长受制因素的复杂性和综合性。博士生教育承担着培育高层次拔尖创新人才的光荣使命,毫无疑问必须遵循拔尖创新人才成长的规律,按照拔尖创新人才成长的要求,推进博士生培养模式改革。

(1)要建立有利于拔尖创新人才脱颖而出的选拔制度。拔尖创新人才具有异乎常人的素质结构、个性特点和能力倾向。他们善于学习,视野开阔;思维活跃,对问题高度敏锐;不墨守陈规、不唯书唯上、不人云亦云,具有强烈的怀疑精神、批判精神和探索精神;善于从事物的表象中发现规律,从一般中发现特殊,从特殊中找到一般;具有强烈的使命感、责任心和锲而不舍的顽强意志。他们的这些特点在接受博士教育之前就已经表现于外,博士招生选拔制度的关键在于把这些极具创新潜质的优秀人才从芸芸众生中挑选出来。因此,我国博士生招生选拔制度改革必须以拔尖创新人才的素质和特点为立足点,既要注重全面、综合考查,又要不拘一格,让奇才、偏才、怪才脱

---

① 李维平. 人才成长的共同规律[J]. 中国人才,2006(4)上半月号:38–39.

颖而出。

(2) 要建立有利于拔尖创新人才成长的体制与机制。在推进博士生培养模式改革的进程中，必须破除拔尖创新人才成长的体制障碍和机制瓶颈，建立鼓励博士生努力学习、积极研究和大胆创新的机制，激发博士生的创新激情和活力，充分调动博士生学习和研究的积极性。

(3) 要为拔尖创新人才的成长提供相应的条件。拔尖创新人才的培养需要相应的平台支撑和条件基础，必须坚持在创新实践中磨砺人才，在创新活动中培养人才，在创新视野中凝聚人才。在博士生培养模式改革中，要解决博士生的后顾之忧，为博士生的学习和科研提供比较充裕的图书资料、仪器设备、科学实践等条件，将博士生的研究方向与国际学术前沿和国家重大需求相结合，依托国家重大人才培养计划、重大科研和重大工程项目、重点学科和重点科研基地、国际学术交流和合作项目等平台培育拔尖创新人才。

(4) 要营造有利于拔尖创新人才成长的氛围。拔尖创新人才只有在良好的氛围下才能更好更快地成长。在我国博士生培养模式改革中，必须高度关注和大力加强氛围建设，引导和形成既严肃紧张又生动活泼，既相互竞争又团结进取，既脚踏实地又勇于创新，既关注群体又尊重个性，既统一要求又有灵活余地，以及尊重知识、尊重人才、尊重创造和鼓励冒尖的良好氛围。

3. 博士生培养模式改革必须有利于调动各方面的主动性和创造性

我国博士生教育的发展与各方利益息息相关，它有利于高等学校知名度的提高，有利于教师科研项目的完成，有利于地方经济与社会发展和人才队伍建设，有利于企事业单位的高级人才储备与技术革新等。因此，利益各方都非常关注博士生教育，都愿意支持博士生教育的改革与发展。而我国博士生教育的发展，以及博士生培养质量的提高，也有待于各方的共同参与与协调配合。离开了博士生教育参与各方的积极性和主动性，博士生教育就成了无本之木、无源之水，质量的提高更是痴人说梦。所以，我国博士生培养模式改革必须建立参与各方行之有效的团结协作与利益共享机制，充分调动各方面的主动性和创造性，拧成一股绳，形成合力，共同促进博士生培养目标调整、结构改善、效益拓展和质量提升。

首先，博士生培养模式改革要调动高等学校（培养单位）的积极性和创造性。高等学校是博士生培养的主体，是博士生培养过程的政策制定者、组织者和调控者，对博士生培养质量影响很大。因此，必须让高等学校掌握博士生培养模式改革的主动权，充分调动和发挥高等学校首创精神，鼓励高等学校勇于探索、勇于实践。

其次，博士生培养模式改革要调动广大导师的积极性和创造性。博士生导师是博士生培养的具体实施者和全程的质量把关者，是影响博士生培养质量的关键因素。离开了广大导师的支持、响应和践行，任何博士生培养模式改革都不可能取得实效。因此，博士生培养模式改革必须要扩大导师的自主权，建立有效的激励机制，调动导师参与改革的积极性，激发导师"得天下英才而教育之"的壮志豪情，形成导师乐于教育、精于教育、乐于改革、善于改革的良好局面。

再次，博士生培养模式改革要调动地方政府的积极性和创造性。地方政府能够为博士生教育发展提供政策支持、经费资助和搭建平台等，因此地方政府的参与对博士生培养模式改革而言是不可或缺的。在博士生培养模式改革中，要考虑地方政府的需求和利益，着力为地方经济建设、社会发展和科技进步培养高层次拔尖创新人才，引导地方政府加大投入和给予优惠政策，促进博士生培养质量的提高。

最后，博士生培养模式改革要调动企事业单位的积极性和创造性。拔尖创新人才是在科技创新活动和社会实践活动中锻造的，离开了科技创新第一线和火热的社会生活，创新就失去了激情、目标和动力。博士生培养模式改革要积极引导企事业单位参与到博士生培养过程中，为博士生培养提供实践基地、研究平台、技术支持和研究素材。

4. 博士生培养模式改革必须有利于我国从博士生教育大国向博士生教育强国的转变

经过三十多年的发展，我国博士生在校人数仅次于美国，已当之无愧地跨入世界博士生教育大国行列。但与此同时，我们也必须清醒地认识到，我国还不是博士生教育强国，突出表现在：高层次人才的总量不足，结构不合理，外流现象突出，不能满足经济社会发展的要求；高层次人才的创新能力不足，国际竞争力较弱，还没能掌握科技前沿领域的主动权，关键技术自给率低，拥有自主知识产权的高技术产品少，取得重大进展的科技成果少；高层次人才培养中还存在很多问题，尚未能建立优秀人才脱颖而出的机制、氛围等。从博士生教育大国向博士生教育强国的转变，是当前我国博士生教育改革与发展的中心目标。我国博士生培养模式改革也必须推动转变的进程，尽早实现这种转变。

（二）我国博士研究生培养模式改革的路径选择

我国在学习和借鉴欧美博士生教育的基础上，立足于中国国情，经过三十多年的探索、改革和实践，逐渐形成了具有中国特色的博士生培养模式。历史的经验表明，这种培养模式适合我国的特殊国情，契合我国的教育传统，比较有效地促进了我国的经济社会发展和科技进步。"每个国家都有自己的研究生培养模式，其研究生教育总是伴随着该国需要而产生、发展和逐步成熟起来的，它是一定历史阶段社会政治经济、科学技术以及高等教育自身发展的产物，各国研究生教育模式的选择总是与本国的传统息息相关的，有着本质的联系。"[1]但是，如前所述，这种培养模式并非完美无缺，而是存在不少问题。尤其是在当今这个急剧变革的时代，以及身处我国新旧体制变革的转折期，人们对博士生教育的期望值很高，变革的愿望很强烈，变革的念头也很多，使得我国现有的博士生培养模式暴露出来的问题显得更加突出。然而，在这个变革的十字路口，如何正确看待我国现有的博士生培养模式？是一无是处，还是十全十美？如何推进我国博士生培养模式改革？是另起炉灶，推倒重来，还是因陋就简，修修补补？这不仅是一个战术问题，而且是一个战略问题。

---

[1] 薛天祥.研究生教育学[M].桂林：广西师范大学出版社，2001：298.

制度经济学中有一个术语——路径依赖，它是指一个具有正反馈机制的体系，一旦在外部性偶然事件的影响下被系统所采纳，便会沿着一定能够的路径发展演进，而很难为其他潜在的甚至更优的体系所取代。换句话说，也就是一项制度一旦确立，就会对其既已进入的路径产生某种依赖性，并可能会在既定方向上惯性运转，不断强化。要突破已有制度不仅面临很多障碍，而且需要付出更大的努力，甚至会使改革举步维艰，功败垂成。根据改革力度的大小和进展的方式，人们将改革分为激进式改革和渐进式改革。激进式改革"毕其功于一役"，社会震荡大，波及范围广，影响深远。渐进式改革通过步骤分解，减少阻力，容易推动，社会震荡小，波及范围窄，是一种比较温和的改革。无论是我国的经济体制改革，还是政治体制改革，选择的都是渐进式改革道路。在我国博士生培养模式改革的路径选择上，也有激进式改革和渐进式改革两种观点针锋相对。在我们看来，教育制度具有厚重的历史惯性，"路径依赖"的特征非常显著，况且教育是一项千秋基业，对经济社会发展发挥着基础性、先导性和全局性作用，不宜推行激进式的改革。因此，我们赞同博士生培养模式改革的渐进式道路，即由小到大、由浅入深、由表及里地稳步推进，既减少改革的阻力和成本，也避免导致割断历史和"一边倒"，从而遭致更大的损失。

"橘生淮南，则为橘；生于淮北，则为枳。"世界上没有放之四海而皆准的博士生培养模式，任何一种模式都是在一定时空下孕育、形成的，都有可取之处，也有自身的局限性。"一个国家研究生培养模式的模仿、借鉴和选择，必须以对各种模式的系统评价研究和对本国实际的分析为条件，盲目排斥或选择一种模式是不能适应该国实际需要的。"[1]因此,在推进我国博士生培养模式改革的进程中,不能简单照搬和模仿国外的模式,而必须从中国现实国情出发,进行创造性的改造,走中国式的自主创新之路,凝聚和形成中国特色。

(三)我国博士研究生培养模式改革的未来走向

博士生培养模式改革是一个继往开来、兴利除弊、推陈出新的工程,通过对其构成要素的优化组合和运行机制的校正调整,以达到提高博士生培养质量、培育与时俱进的高层次拔尖创新人才的目的。根据我国高层次人才需求的变化趋势,结合我国博士生培养的原有特点,以及世界博士生培养的改革走势,我们认为,我国博士生培养应在以下几个方面予以改进和加强。

1. 日益多样化的培养目标

以培养高层次专业技术人才为单一目标的博士生教育面临日益严峻的挑战,来自社会各界的改革呼声一浪高过一浪。培养目标多样化不仅是世界发达国家博士生教育的成功经验,而且是我国博士生培养模式改革的必由之路。在欧美诸国,经过数十年的发展,以职业定向为目标、强调应用实践能力培养的专业博士教育已拓展到医学、工程、教育等众多领域,招生规模和年授予学位数保持强劲的增长势头,与传统的以培养学术型人才为目标的哲学博士教育平分秋色、交相辉映。相比较而言,我国专业博士教育起步晚,规模小,发展非常缓慢,办学经验也不足。但是,可以预料的是,随着经济社会发展对高层次应用型人才需求的日益扩大和广大人民群众对接受高层次教育的愿望愈加强烈,以及

---

[1] 薛天祥.研究生教育学[M].桂林:广西师范大学出版社,2001:297.

专业硕士教育的累积性发展和少数专业博士点办学经验的积累，我国专业博士教育必将取得突破性进展，专业博士教育的领域必将从现有的医学、工程领域向教育、建筑、法律、工商管理、农业、卫生、军事等行业领域拓展，招生规模必将逐步扩大，极有可能成为我国博士生教育的新增长点，乃至半壁江山。

在专业博士教育大发展的同时，现有的以学术型人才为单一目标定向的科学博士（美国称为"哲学博士"）教育也将呈现出多样化的趋势。一方面原因在于传统学术部门，如高校、科研部门等，对专业技术人才的需求趋缓，对从业人员的要求将越来越高（当前，有些高校某些专业明确要求要博士后或留学归国博士），博士毕业生获得教学或研究职位的难度越来越大，博士"就业难"（获取传统学术职位）在不久的将来会不期而至；另一方面，高科技企业、研发部门、党政机关等对高层次人才的需求持续增长，越来越多的博士毕业生进入非学术部门，从事经营管理或技术研发工作。但是，由于现有的博士生教育过于强调培养从事基础理论研究的学术型人才，博士生的研究领域非常专且窄，重视发表学术论文，而忽视技术开发能力和科学实践能力的培养，他们在进入实际部门工作后，往往不能很快进入工作角色，难以解决面临的各种非学术性问题。这并非是我国独有的现象，美国20世纪90年代所进行的一项研究指出："在最近的哲学博士中，有一种稳定的远离教育和基础科研职位的趋势，而面向应用研究和开发，以及性质不同的甚至是非科研的职位"[①]，进入工商部门的博士所占的百分比在逐年增

---

① 美国科学、工程与公共政策委员会，国家科学院，国家工程院，医学研究院. 重塑科学家与工程师的研究生教育[M]. 徐远超，刘惠琴，等，译. 北京：科学技术文献出版社，1993：35.

加。他们提出,美国博士生教育有三个方面需要改进:"首先,研究生计划应强调多方面的教育,我们需要学生能更适应多变的环境……第二,要把更多更有价值的信息经常地提供给学生和他们的导师,以便他们能做出比当前更现实的职业选择。第三,需要国家通过大学、工业界、职业协会、政府的适当结合,有意识地重新考虑研究生教育及公开的政策问题。"[①]与此相适应,美国在博士生教育中先后推出"未来师资培训计划"[②]、"研究生教育与科研训练整合计划"[③]、"灵活多变的博士生培养计划"[④]、"GK-12项目"[⑤]等,有针对性地对博士生进行分类、精细化培养。我国博士生教育也应该根据博士生未来职业发展方向,进行分类培养和系统化训练,使他们能够胜任相应的工作要求。比如,对有志于从事大学教学工作的博士生,在培养科研能力的同时,也有必要进行专门的教学理论学习,以及教学技能、教学方法训练等;对想到企业工作的博士生加强工程实践和技术开发训练;对想到党政机关工作的博士生有针对性地进行人际交往能力、口头表达能力、决策咨询能力、文件

---

① 美国科学、工程与公共政策委员会,国家科学院,国家工程院,医学研究院.重塑科学家与工程师的研究生教育[M].徐远超,刘惠琴,等,译.北京:科学技术文献出版社,1993:112.

② "未来师资培训计划"由美国教会慈善托管会、国家科学基金会和大西洋慈善基金会提供资助,由美国学院和大学联合会、研究生院协会发起和运作,该计划的目的是为那些有志于担任大学教职的博士生进行全面的教学和学术训练,从而成为胜任未来教职的新教师。

③ "研究生教育与科研训练整合计划"由美国国家科学基金会提供资助,该计划的目的在于使博士生具备跨学科的知识结构,掌握若干个学科领域的精深知识,具有技术、专业和人际交流技能,在多学科背景下开展学术研究,以便解决日益复杂的科学技术和经济社会问题,并能在学术研究和教育界中找到合适的职业。

④ "灵活多变的博士生培养计划"由美国伍罗德国家资格基金会设立,该计划旨为那些博士生教育改革的倡导者和实施者提供资助,鼓励进行各种各样的博士生教育改革探索。

⑤ "GK-12项目"由美国国家科学基金会设立,该计划的目的在于为有志于从事中小学教学的博士生进行专门的课程设计、教学技能、团队合作等方面的拓展训练。

起草和报告撰写能力,以及综合素质的培养和训练。

2. 日益灵活的选拔方式

在我国现行的博士招生选拔方式中,考试仍是至关重要的一个环节。而在欧洲,博士生无须参加入学考试,招生过程是一个师生进行双向选择的互动过程。在美国,博士招生实行申请制,需要申请人提供有关材料,经初审后,还需参加面试。借鉴发达国家博士招生选拔的成功经验,我们认为,我国博士招生选拔方式改革的方向将是淡化笔试成绩,强调创新能力、科研潜质和综合素质等方面的考查,实行更加灵活的选拔方式,并在招生中逐渐扩大导师的选择权。

首先,考试,尤其是统一的笔试不再是必需的环节。随着硕博连读方式、直接攻博方式、特殊优秀人才选拔方式等的健全与完善,越来越多的人通过综合能力考核的方式进入博士生阶段。

其次,博士招生选拔中将越来越重视考生提交的申请材料,除了成绩单、推荐信之外,个人的学习状况、工作经历、专业背景、已取得的成果,尤其是攻读博士学位的动机、个人的学习、研究计划等,以及导师与申请人面谈、交流的情况,将对导师遴选博士生起重要作用。

再次,对多数考生而言,笔试仍是必经环节,但由于笔试强调知识测查,且考核面比较窄,其重要性将会大大降低。复试将在博士生录取中起决定性作用。复试的内容和方式将更加灵活,创新能力、科研潜质、口头表达能力、思维能力、心理素质、外语交流能力等将成为考核的重点。

最后,随着研究生培养机制改革的深入,导师在博士生录取中的发言权将越来越大,导师意见在将来很可能成为录取与否的决定性因素。

3. 日益规范的课程教学

重视博士生课程教学是世界博士生教育改革的共同趋势。在传统欧洲模式中，博士生只进行科研能力训练，没有课程学习的要求。但近些年来，无论是德国、英国，还是法国高等教育界都逐渐认识到课程学习对夯实博士生的理论基础、开阔博士生视野、加强博士生之间的交流，乃至思维能力的培养都有重要作用，因而，越来越多的大学对博士生提出了明确的课程学习要求。而美国一向重视博士生的课程学习，并且把课程学习作为奠定博士生科研基础和培养博士生科研能力的一个重要组成部分。因而，我国博士生课程教学形同虚设、含金量不高的现象必须予以扭转，必须强化博士生课程教学环节，提高博士生课程的理论、方法与技术含量，转变博士生课程教学方式，使博士生的确从中学有所获。第一，要整合纯粹知识性内容的课程，开设学科前沿课程、方法论课程和专题研究课程，允许博士生跨专业、跨学科、跨院系甚至跨校选课；第二，在课程教学中，要采用多位教师分专题主讲的拼盘式教学，以交流研讨式教学法和启发式教学法取代传统的讲授法，培养博士生自主学习能力，鼓励博士生积极参与课堂讨论；第三，严格课程考核制度，要求博士生在课程教学过程中和结束后提交若干篇学习心得、讨论报告和研究论文，以检查课程学习效果。

4. 日益开放的培养过程

我国博士生培养必将从相对的封闭性走向更大的开放性，这既符合拔尖创新人才成长的规律，也有利于多样化培养目标的实现。

首先，博士生培养要实现校内资源的开放，打破专业、学科和院系壁垒，建立教学和研究资源的共享机制，使博士生能够在校内自由地获取知识、学习方法、聆听教导和参与研究。美国大学有一个"实验室轮转"制度，即理工科的学生在课程学习的同时，一般要被安排在2~3个实验室轮转，在每个实验室停留约三个月，每个实验室实践结束后需提交一份书面报告，并在一定范围内口头报告自己的工作。[①] 实验室轮转制度是对博士生进行科研能力训练的重要途径，也是博士生了解相关学科和不同导师研究专长的过程。在日本九州工业大学，也有一个"跨专业领域研习型教育系统"（日语简称为"出稽古"，即出门学习），要求博士生走出本专业的研究室，根据校内各研究室公布的最新技术内容菜单和专业目录，在校内自由选择"修炼道场"，学习不同研究室的前沿理论、技术成果，感受不同的文化氛围。这种方式都很值得借鉴。

其次，博士生培养要注重向校外扩大开放性。一方面，要从科研院所、企事业单位、政府部门等聘请大量有一定学术专长、技术能力或管理经验的专家担任博士生第二导师，他们和校内导师共同指导博士生的学习和研究，促进理论与实践的结合。另一方面，要与校外单位和部门联合，建立稳固的博士生科研和社会实践培养基地，鼓励博士生走出校内，参与其他部门的科学研究和技术开发工作，从事社会调查和实习，在火热的科学实践和社会生活中砥砺智慧，激发灵感，提高素质。

---

① 陈学飞，等.西方怎样培养博士——法、英、德、美的模式与经验[M].北京：教育科学出版社，2002：243-244.

最后,博士生培养要进一步向国外扩大开放性,要加强博士生的国际学术交流,与国外高校和科研机构建立稳固的联合培养平台,让博士生有更多的机会到国外学习学科前沿知识和先进的理论、方法,在世界大舞台上经受锻炼。同时,我国大学要引进更多的留学博士担任教职,聘请外籍知名教授来校讲学,使博士生足不出校即可领略大师风采和见识国际顶尖学术水平。

5. 日益健全的激励与淘汰机制

我国目前的博士生奖助体系还不够健全,奖助面不广,奖助力度不大。随着我国国力的增强和高等教育投入的增加,博士生的奖助体系会愈加完善,优秀博士生将会获取更多资助,免却后顾之忧,心无旁骛地进行学习和参与研究。在健全奖助体系的同时,还应建立博士生科技创新的激励机制:对博士生做出的优秀科研成果给予奖励;对博士生从事学科前沿领域的高风险研究或重大选题提供专项资助,鼓励博士生在未知领域大胆探索;鼓励和引导博士生参与技术开发、工程实践领域的研究。

我国博士生培养质量不高,与缺乏严格的淘汰机制有很大关系。在美国,博士学位的完成率比较低,理工科一般为60%~70%,社会科学为50%~60%,人文学科为40%~50%,很多博士生在课程学习、博士资格考试或学位论文阶段被淘汰。我国的一项调查研究表明:"对博士生实行淘汰制,持赞成态度的占55%,须慎重的25%,不赞成的20%。"[1] 由此可见,我国在博士阶段建立淘汰机制势在必行。从我国博士生教育的

---

[1] 徐希元.当代中国博士生教育 [M].北京:知识产权出版社,2006:176.

实际情况来看,淘汰机制应重点建立在博士生的业务综合考试(类似于美国的博士资格考试)阶段和学位论文阶段。在业务综合考试阶段,除了对博士生的基础理论和知识广度进行全面考核外,还要着重进行科研创新能力和研究驾驭能力的考核,切实淘汰掉那些专业基础不扎实、不具备独立科学研究或技术创新能力的博士生。在学位论文阶段,要健全学位论文的开题报告制度、中期检查制度、预答辩制度、专家匿名评审制度,达不到规定要求的学位论文不得进入论文答辩环节,以确保学位授予质量。

第九章
研究生培养机制改革

一、研究生培养机制的界定
（一）何谓"培养"

所谓培养，《教育大辞典》将其界定为："教育者使学生掌握系统的科学文化知识和技能，形成其思想品德、健全体魄的过程，其内涵与教育基本相同。"该定义提及了教育者、受教育者、培养目标与培养内容等培养要素。据此，可以将"培养"理解为教育者在一定的教育思想的指导下，按照既定目标，通过某种中间环节影响受教育者，以使受教育者掌握教育内容、形成既定目标所规定的某种规格人才的活动和过程。如果说培养什么样的人才涉及培养目标问题，那么，怎样培养人才则涉及培养机制问题。①

何谓"研究生培养"呢？《学位与研究生教育大辞典》将"研究生培养"定义为："为使研究生达到培养目标而在一定时期或阶段内进行的各种业务工作和活动的总称。它是由一系列必须的工作项目、必要的工作内容和相互联结的培养环节组成的过程。该过程包括：确定培养目标（包括总体目标和具体目标）；制订培养方案；确定为实现培养目标所必须的德智体

---

① 缪园，刘栩凝，杨颖.研究生培养机制初探[J].学位与研究生教育，2007（12）.

各方面培养项目、工作内容和实施步骤，形成培养计划；为实施培养方案和培养计划创造各种条件，做出充分的准备，进行各方面的工作，完成各种必要的工作内容；保证各培养环节的相互衔接和正常良好的培养秩序；协调和研究解决培养过程中出现的各种问题；对培养进程进行监督检查；对培养结果进行验收和质量评估；掌握各种必要的反馈信息等。"①

(二) 何谓"机制"

"机制"一词源于希腊文，原指机器的构造和运作原理，借指事物的内在工作方式，包括有关组成部分的相互关系以及各种变化的相互联系。《现代汉语词典》(第6版)中将"机制"解释为：一是做形容词，"属性词。用机器制造的"；二是做名词，有四种含义，一为"机器的构造和工作原理"，二为"机体的构造、功能和相互关系"，三为"指某些自然现象的物理、化学规律"，四为"泛指一个工作系统的组织或部分之间相互作用的过程和方式"。按照系统论的观点，所谓机制，是指系统内子系统、各要素之间的相互联系、相互依存、相互制约、相互作用的关系，以及它们之间协调运转、针对系统外界环境变化进行内部运作的方式。②

(三) 何谓"研究生培养机制"

自我国部分高校进行"三年变两年"硕士研究生学制改革以来，全国已有几十所高校试点进行研究生培养机制改革，并在创新人才培养、师资队伍建设和科学研究训练等问题上进行了大胆创新，取得了一些成效。但是，人们对于研究生培养机

---

① ② 梁传杰，陈晶. 论研究生培养机制的系统建构[J]. 中国高教研究，2008 (3).

制改革还存在着一定的理解误区。如社会上曾有不少人认为"研究生培养机制改革就是收费改革","研究生改革的核心就是收费"。①教育部新闻发言人也曾多次澄清:"研究生收费与奖助学金制度的改革,只是研究生培养机制改革的一部分而非核心","本科教育,教学是核心;研究生教育,研究才是核心"。②之所以出现这种误区和争议,是因为还没有理清研究生培养机制的内涵和外延。那么,究竟什么是研究生培养机制呢?

缪园等人认为,研究生培养机制是在一定的研究生培养目标指导下,各级各类研究生培养机构在培养研究生的活动中,培养过程所涉及的培养要素和培养环节,以及它们之间的相互关系及其运行方式的总和。③培养活动是个系统工程,这个系统中各要素、各环节的相互关系和运行方式是以一定的规则来规范的,这种规则本质上应当符合人才培养的客观规律,往往表现为培养理念、培养方针、培养政策以及所制订的具体实施层面的培养方法与相关规定。简言之,培养机制就是关于培养活动的机制,是让培养活动得以运转而采取的工作方式。培养机制服务于培养目标的实现,反映了培养活动的具体运作,集中体现在培养制度的建设与完善上。

梁传杰等人认为,研究生培养机制是指为实现研究生培养目标,由研究生培养单位和管理部门共同构建的研究生培养系统内研究生与导师、研究生与培养单位、导师与培养单位、培

---

① 武毅英,陈梦.困惑与出路:对我国研究生培养机制改革的思考[J].现代大学教育,2008(2).
② 翟帆,柴葳.研究生培养机制改革的核心并非收费[N].中国教育报,2006-09-26(1).
③ 缪园,刘栩凝,杨颖.研究生培养机制初探[J].学位与研究生教育,2007(12).

养单位之间、培养单位与两级研究生教育管理部门之间相互联系、相互依存、相互制约、相互作用的关系,以及研究生、导师、培养单位与两级管理部门之间协调运行方式。①

张振刚认为,研究生培养机制是指为完成研究生教育的使命,实现高素质拔尖人才培养的目标,学位与研究生教育系统中各种要素,包括研究生导师、研究生、研究生培养单位、公共管理组织、学科专业组织和培养模式(培养目标、培养计划、培养环节、培养方法、培养过程和学位授予标准)之间互动关系的总和。具体表现为在一定组织结构下,研究生培养过程中的相关运行方式、方法、手段、程序和规范。它是由研究生培养机构内部管理和运行机制,研究生教育外部质量保障机制,以及研究生教育产学研合作机制组成的复杂运行机制。要提高研究生教育的质量和水平,必须重视研究生培养机制的创新和建设。②

总体来看,众多学者的观点都较为集中,都认为研究生培养机制是培养要素的组合方式,只是在各种组合要素上存在着细微的差别。有学者是以培养活动的主体要素来认识研究生培养机制,有学者是从具体的培养活动项目来认识研究生培养机制。据此,我们认为,研究生培养机制是指在研究生培养过程中所涉及的各相关要素之相互关系及其运行方式。研究生培养机制也可理解为研究生培养目标的实现过程。研究生培养机制改革就是要构建研究生培养过程中各相关要素之最佳关系和最优的运行方式,以激发研究生培养过程中各参与主体

---

① 梁传杰,陈晶.论研究生培养机制的系统建构[J].中国高教研究,2008(3).
② 张振刚.关于研究生培养机制建设和发展的思考[J].中国高等教育,2008(10).

的积极性,尤其是激发研究生导师的积极性和研究生学习与创新的积极性,使导师和研究生有持续的创新动力,使研究生教育充满活力,使研究生教育能够全面协调、持续健康地发展,为创新型国家建设贡献创新人才、贡献创新成果。

(四)研究生培养机制与培养模式的关系

在论及研究生培养机制时,不可避免地与培养模式相关联。模式是指体现事物的本质和一般特点的基本结构或基本式样。有学者在界定研究生培养模式的含义时指出:教育是培养人的活动,在教育活动中,在一定的教育思想、教育理论和教育方针的指导下,各级各类教育机构根据不同的教育任务,为实现培养目标而采取的组织形式及运行机制,即是培养模式。培养模式简约地反映了教育活动的基本要素,即培养目标、培养规格、培养过程、评价之间的规律性联系。它是这些基本要素之间复杂的辩证关系的统一体。由此可见,培养模式侧重反映教育活动基本要素相互联系形成的一种代表教育活动本质特征的基本式样,培养机制则侧重反映具有某种本质特征的培养活动中存在的各种联系方式和运作方式。[①]

在一定的培养模式下,必定存在一种培养机制,才能使得培养活动运作起来,这个培养机制的基本式样成为培养模式内容的一个组成部分,当培养机制的基本式样发生改变,就可能会导致培养模式的变化。培养机制与培养模式并不是一一对应的关系,同一培养模式可以前后采取不同的培养机制,同一培养机制可以适用于不同的培养模式。高层次人才的培养目

[①] 缪园,刘栩凝,杨颖.研究生培养机制初探[J].学位与研究生教育,2007(12).

标是多样的,也应当由多样的培养模式和多样的培养机制去实现,以使得不同的研究生培养机构各具特色、各有优势。

二、研究生培养机制改革的意义

(一)研究生教育发生的新变化

研究生培养机制改革的提出是受形势所迫。当前,我国的研究生教育现状已经发生较大的变化,这突出表现为以下几方面。

1. 研究生教育规模由小规模发展到跻身研究生教育大国行列

在发展规模上,研究生教育经历了由小规模发展到大规模的历程。目前,我国已跻身研究生教育大国行列。改革开放以来,我国研究生教育规模虽在不断扩展,但在1999年之前,整体上仍然处于小规模状态。1999年以后,随着本专科生持续扩招,研究生教育的规模进入急剧扩张状态。1982年,我国研究生招生数仅有1.1万人,2006年的招生数已达34.4万人,是1982年的30倍。2005年我国全日制研究生规模已达到98万人。目前,我国研究生规模已是世界第二位,仅次于美国。而且可以预见,随着我国本专科教育的进一步大众化,大学生对研究生教育需求的增加,随着社会发展,尤其是创新型国家建设对高层次创新人才需求的增加,以及研究生培养单位办学条件的改善和这些单位对提升办学层次的强烈要求,我国研究生教育的规模将会继续扩大。

2. 研究生教育功能由服务局部走向为国家建设全面服务

在研究生教育的小规模阶段,研究生教育承担的服务社会之任务,主要是为科研院所培养学术研究型人才,为高等院校培养师资,其服务社会的领域主要是国家的科教战线。但20

世纪90年代以来,党和政府把握时代发展脉搏,提出了科教兴国战略、可持续发展战略、人才强国战略、创新型国家建设战略等重大战略。这些战略的实施与实现,赋予了研究生教育参与国家全面建设小康社会的新的重大任务。这些重大战略实施的根本,就是要使我国经济社会的发展,紧紧地依靠科技进步、创新和教育对人力资源的持续开发,把我国由人口大国转化为人才资源强国,实现我国社会的可持续发展,实现中华民族的伟大复兴。这就需要研究生教育更好地承担起培养高层次拔尖创新人才的任务,更好地承担起科技创新的任务,直接为社会全面、可持续、协调发展服务。随着知识经济时代和信息社会的迅速发展,随着国际竞争的日益激烈,可以预见研究生教育在国家建设中的战略地位将进一步凸显,研究生教育将成为保障国家战略实现的重要力量。

3. 研究生教育类型由相对单一走向多样

很长一段时期,我国研究生教育类型单一,主要为学术型研究生教育,应用型研究生教育很少;研究生教育以全日制培养为主,非全日制研究生教育很少。现在的研究生教育已发展到全日制与非全日制培养并存,学术型学位研究生与专业学位研究生培养并存,同时研究生学制也走向弹性,不仅有硕博连读,而且有本硕连读等。为了满足不同人群对研究生教育的需求,研究生教育的类型和培养形式将进一步丰富并走向多样化。

4. 研究生教育层次由重视硕士研究生的培养逐渐转向关注博士生培养

在20世纪80年代和90年代,我国研究生教育的重心始终放在硕士研究生阶段。《学位条例》对硕士研究生有较高的要求,因而硕士研究生的培养学制一般为三年。当前研究生教育改革中的一大趋势就是硕士生学制缩短,许多重点大学普遍实行了两年制,有的高校还在酝酿课程硕士,以进一步缩短硕士生培养时间。在硕士研究生学制缩短的同时,博士生的招生规模越来越大,从培养高层次拔尖创新人才的角度讲,如果说对硕士研究生的要求没有提升的话,那么对博士生的要求则进一步严格。国家学位与研究生教育主管部门已明确提出:"研究生质量不仅要看知识传授,还要看研究生的独立的科研能力和创新能力如何,博士生则主要是创新能力。"[①]因此,人们对我国的博士生培养越来越关注。

5. 研究生教育管理由行政计划主导逐渐转向社会市场调节

由于研究生教育的小规模和其精英教育的定位,即使在我国20世纪末高等教育进入大众化阶段,高等教育的本、专科教育开始由社会、市场调节,研究生教育也主要是政府计划主导的,政府在整个研究生教育举办过程中确定研究生的培养目标、培养规模、类型、结构和发展规模,决定高校招收研究生的资格、规模和层次,承担研究生培养所需的全部或大部分费用。与此同时,国家也出台政策保护和保障研究生就业。随着社会对研究生需求的多样化和市场主体对研究生就业的选择性不断增强,研究生教育开始受社会、市场的调节。一方面,社会用人单位根据自身发展对人才的需要,开始向研究生培养单位主要是高校提出研究生的培养计划和培养规模与质量要求;另一方面,研究生面向市场自主择业,也开始对培养过程提出自

---

① 杨卫. 研究生教育·通向教育强国之路 [N]. 中国教育报,2005-04-25(3).

己的意见。因此,研究生培养单位必须既适应市场对研究生培养的要求,也要适应研究生个体的需求。所以,研究生教育的今后发展,将由政府的行政计划主导和调控为主,逐渐走向社会市场调节为主。

6. 研究生教育的影响力将由对整个教育系统的较小影响逐渐转向发挥引领作用

在研究生教育发展的小规模时期,在高等教育没有进入大众化阶段,人们对教育的关注,更多地表现为对本专科教育的重视,而对研究生教育关注很少,因而研究生教育的改革,诸如招生、培养模式的变化等对本专科教育影响较小。伴随着高等教育大众化进程的加快和研究生教育的较大规模发展,在整个教育系统内,由研究生教育影响本专科教育,本专科教育影响高中教育,高中教育影响初中教育,初中教育影响小学教育的现象越来越明显,不仅出现小学教育跟着初中教育走,初中教育跟着高中教育走,高中教育跟着高等教育走的状况,而且产生了本专科教育跟着研究生教育走的状况。现在已有不少地方的本专科院校把各专业学生考上研究生数即升研率作为评价各专业办学成绩的重要指标,研究生教育对本专科教育的影响被进一步强化。

(二)研究生培养机制改革的重要性 ①

1. 研究生培养机制改革是我国高等教育向深层次推进的一个重要环节

改革开放以来,尤其是20世纪90年代末以来,我国高等

---

① 本段内容参考了武汉大学刘经南校长在2007年武汉大学博士生导师工作会议上的讲话。

教育发生了翻天覆地的变革，突出表现在高等教育规模大幅度扩张，在校生人数位居世界前列，我国已经成为名副其实的高等教育大国，已经由精英型高等教育步入大众化高等教育阶段。在高等教育数量急剧扩张后，我国高等教育的质量问题开始凸显出来。因此，如何进一步提升高等教育质量，满足国家经济社会又好又快发展对高层次人才的迫切需要，使我国从高等教育大国成为高等教育强国，成为我国高等教育必须着力解决的中心问题。近年来，国家已将注意力从高等教育规模的扩大转移到质量提升上来，从高等教育的数量增长转移到内部深层次改革上来，并针对性地采取一系列促进和提高高等教育质量和深化高等教育内部改革的举措。在高等教育大发展的背景下，我国研究生教育也经历规模急剧扩大的过程，当前在校研究生人数已突破一百万，也需要通过深层次变革以提升研究生培养质量、增强自主创新能力。而研究生培养机制改革正是增强我国研究生教育实力、提高研究生培养质量的重要措施，是我国高等教育向深层次推进的重要环节。

2. 研究生培养机制改革是向高水平大学、一流大学进军的突破口

从数量上来看，我国不少大学的研究生规模，以及研究生与本科生的比例已接近或达到世界高水平大学、一流大学的标准。但从研究生教育质量来看，仍然差距很大。突出表现在：我国大学培养的国际性拔尖创新人才还不多；研究生的创新能力比较薄弱；产出的高水平研究成果还很少；我国研究生教育的国际竞争力不强，吸引和凝聚优秀人才的能力非常有限。有数据显示，美国哈佛大学一年被SCI收录的论文近万篇，远超我国大陆地区排名前几位的大学。众所周知,世界一流大学最突出的特征是吸引、凝聚和培育世界一流人才,创造和产出一大批国际领先的高水平成果,而研究生教育集高层次人才培养和高水平成果产出于一身,是大学综合实力最核心的部分。因此,世界一流大学无不高度重视研究生教育,无不通过深化改革,提高研究生教育质量,增强自身的国际竞争力。我国不少大学都确立了建设高水平大学和一流大学的奋斗目标,要实现这一目标,不仅要找到与世界一流大学的差距,而且要着力改革和建设。面对与世界一流大学在高层次人才培养和高水平创新成果产出方面的巨大差距,我们必须进一步加强研究生教育,学习和借鉴国外研究生培养的先进经验,积极推动我国研究生教育改革,清除影响高层次创新人才成长的障碍,克服制约高水平研究成果产出的各种因素,建立有利于高层次人才脱颖而出和高水平成果不断涌现的体制、机制与环境,从而从根本上增强和锻造我国大学的整体实力与核心竞争力,使我国大学逐步趋近于世界一流大学的水平。研究生培养机制改革遵循了拔尖创新人才成长的规律,是国外研究生培养的通行做法,也是被实践证明了的有利于提高研究生教育质量的措施。通过研究生培养机制改革的传导和连动作用,将促进和带动学校的整体改革,从而提升学校的整体实力,为创建高水平大学奠定坚实基础。

3. 研究生培养机制改革是我国研究生教育的全局性和革命性变革

研究生培养机制改革不仅是研究生教育的一项全局性改革,而且是一项革命性变革。说它是全局性改革,是因为研究生培养机制改革不仅包括研究生教育理念改革、招生制度改革、资助体系改革、培养过程改革,还包括导师与研究生关系的调整、研究生教育校院两级管理体制的变革等诸多方面。说它是革命性变革,是因为研究生培养机制改革是对原有研究生培养模式和制度的一种全新的调整,是一种根本性的变革。首先,培养机制改革后,将不再区分国家计划内和计划外研究生,而调整为获奖助研究生和未获奖助研究生。其次,研究生奖助金将实行动态管理,研究生获取资助将不再一成不变,而更多地取决于学业和科研表现。再次,在扩大导师权利的同时,也强化了导师的责任。培养机制改革后,导师在研究生招生上将有更大的发言权,对研究生的学习和参与科学研究有更多的管理权,对研究生奖助金评定有决定权。同时,作为导师科研的重要助手,导师也应为博士研究生参与科学研究提供一定的科研津贴,并加强对研究生的管理和指导。最后,培养机制改革后,研究生培养过程将与知识创新、技术创新和科学研究活动更紧密地结合在一起,使研究生培养质量在研究生参与知识创新、技术创新和科学研究中不断得以提高。正因为研究生培养机制改革是研究生教育的一项全局性和革命性变革,因此,在其推进过程中,不可避免会地出现一系列问题,带来一系列困难,会有一些不适应的地方。尽管如此,我们一定要领会培养机制改革的精神实质,坚定不移地推进这项改革,积极稳妥地把这项改革落到实处。

4. 研究生培养机制改革是高校创新研究生培养模式、提高研究生培养质量和增强科技创新能力的一个突破口

我国在计划经济时代形成的研究生培养模式存在许多弊端,这些弊端在研究生规模扩大后变得更加突出。诸如在研究生招生方面,"一考定终身",科研潜质和综合能力难以考查,导师在研究生招生方面的发言权很小,研究生也仅仅因几分之差就被分为公费生和自费生,而且公费生和自费生一经确定就不可改变,而不考虑其随后学业和科研等方面的表现,这种做法非常不科学、不公平;在研究生培养过程中,研究生和导师之间的关系不够明确,导师对研究生培养质量的关注主要取决于道德约束,研究生学习和参与科学研究的动力不足,也缺乏有效的制度性保障;在研究生资助体系方面,对研究生尤其是博士生的资助力度不大、资助面较小,不足以解决博士生学习和参与科学研究的后顾之忧,不少博士生还不得不为生计而奔波。而改革研究生培养机制,就是要改变原有计划经济色彩浓厚的研究生培养模式,建立研究生教育质量的长效保障机制和内在激励机制,进一步统筹学校教学、科研等方面的资源,激发学校、院系、导师和研究生的内在积极性,重新界定导师与研究生的关系,强化导师责任,同时也要把对研究生的资助与其实际表现结合起来,形成有利于激发研究生创新热情和创新实践的培养机制和奖助机制,使导师和研究生对质量问题的重视,不仅仅建立在道德约束上,而且与他们的声誉和利益直接相关,从而促进研究生教育持续健康发展。

5. 研究生培养机制改革是优化资源配置的重要举措

研究生招生指标对国家和学校而言,都是非常稀缺的资源。在研究生培养机制改革前,很多导师不管有没有项目,有没有经费,具不具备基本的培养条件,都争着伸手要招生指标,而学院也多采取"大锅饭"或"平均主义"的做法分配招生指标。其结果是科研项目多、科研经费充足的团队、导师"吃不饱",缺乏足够的科研助手来完成科研项目。而有些导师却因缺乏科研项目、科研经费而"吃不了",研究生不能很好地参与知识创新、技术创新和科学研究,不能经历必要的科研训练和创新精神培养,使研究生的培养质量难以得到保证。培养机制改革后,将通过导师提供一定的科研津贴作为杠杆来调节招生指标的分配,使有限的研究生招生指标能够得到优化配置,项目多、经费足的导师可以多招生,而缺乏必要培养条件的导师少招生甚至不招生。这不仅有利于导师科研项目的完成,而且能够激发导师向外争取项目和经费,增强学校的科研实力和科技创新能力,使研究生培养和知识创新、技术创新与科学研究活动相互渗透、紧密结合,为拔尖创新人才的成长提供更好的平台,以达到提高研究生培养质量的目的。

(三)研究生培养机制改革的紧迫性

正如我国高等教育在大众化且取得巨大成就的同时也产生许多新问题一样,我国研究生教育进入新的发展阶段后也同样产生了许多新的问题。这就迫使我们必须进行研究生培养机制改革。

1."本科化"现象

研究生教育在大规模发展过程中出现"本科化"现象,研究生培养质量有下滑的趋向。由于在研究生教育规模迅速扩张的同时,并没有进行承担大规模培养研究生之条件准备的协同。因此,在现实的研究生培养过程中,便出现了研究生大班授课,研究生导师成批指导研究生等状况。据有关统计,目前导师人均指导的研究生数为16人,其中16.8%的导师指导的研究生数量在30人以上。①传统意义上的小班化授课、个别指导已少有和鲜见。针对这种情况,已有学者尖锐地指出:"目前,国内大学教育高中化,研究生教育本科化的趋势已经出现。"②研究生教育"本科化"现象,将严重影响我国研究生教育质量的提升,严重影响我国高层次拔尖创新人才的培养。

2. 角色错位现象

政府、高校在研究生培养中存在着较严重的角色错位现象。参与研究生培养的主体主要有政府、高等学校(研究生培养单位)、研究生导师、研究生、社会用人单位等,但目前政府对研究生教育的管理依然采取的是行政计划,赋予高等学校的办学自主权很少。政府不仅在宏观上对研究生教育进行集权式管理,而且在微观上政府管理也渗透进研究生培养过程,从研究生招生计划的制订,到论文答辩、学位证书的发放等等,政府都有明确要求。政府不仅是"培养什么样的研究生"的决策者,而且是"怎样培养研究生"的决策者,而高等学校只是研究生培养活动的组织者,学科专业单位只是研究生培养的简单载体,导师只是研究生培养计划的执行者,研究生只是研究生培养过程中的被动受训者。

不仅政府在研究生培养过程中角色错位,而且研究生培养单位,主要是高等学校也存在着注重外延扩张,忽视内涵发展,注重学校集权,忽视导师权利等现象。当前不少高校依然把主要精力放在扩大硕士学位授权点、博士学位授权点的数量上,放在扩大研究生的招生规模上,对如何创造条件提高研究生的

---

① ② 杨荣,余海波.警惕研究生教育"本科化"[N].光明日报,2006-11-17(1).

培养质量却用功甚少。与此同时，当高等学校被赋予培养硕士、博士的权力后，高等学校却将权力集中于学校管理部门，赋予导师的自主权甚少。在研究生培养过程中政府角色错位，使高等学校缺乏积极性；高校角色错位，则损害了导师的积极性。

3. 创新动力不足现象

研究生指导教师与研究生存在着积极性缺失和创新动力不足现象，导师与研究生之关系有疏离趋势。在我国研究生教育中，事实上存在着类似于"大锅饭"和"铁饭碗"的计划经济形式和现象。当国家将招生计划下达给学校之后，只要是被评为硕士生导师和博士生导师者，一般就不愁招不到学生和没有学生指导，硕士生导师和博士生导师的终身制状况，导师指导研究生的质量、好坏等缺失有效监控的状况，使不少导师缺乏内在积极性。与此同时，不少研究生之所以考研究生，并不是内心深处出于对研究学术的热爱，而是作为改善生活环境或者逃避就业压力的途径，这种非研究学术的动机，使部分研究生缺乏认真学习、刻苦钻研、敢于创新、勇攀科学高峰的动力。由于导师积极性的缺失和研究生学习动力之不足，加上近几年来研究生扩招导致的生师比过高，导师与研究生见面交流的机会越来越少，导师亲自指导研究生从事科研的时间越来越少，甚至出现研究生在校读书一年半载，师生之间还未谋面、不曾认识的现象。

4. 适应和参与机制尚未形成

主动适应社会、市场需要的研究生培养机制和社会用人单位参与研究生培养的机制还未形成。由于长期以来研究生培养由政府行政计划主导，研究生培养单位很难根据社会需求的变化主动及时地调整专业人才培养的数量、类型及规格。研究生培养单位在生源多样性、招生自主性、学制的弹性以及学科专业方向的调整等方面，缺失自主权，因而研究生培养处于相对封闭的状态，研究生培养单位只管关门培养，不问社会市场需求的现象，依然存在。与国外发达国家研究生教育的公立和私立并举相比，我国研究生教育属于国有化，目前还没有鼓励民间力量参与举办研究生教育的政策出台，所以民办研究生教育还没有立足的空间。与此同时，企业部门、社会团体参与研究生教育的热情还不高，研究生教育的国有化抑制或压制了社会用人单位参与研究生培养的积极性。

5. 培养模式比较单一

研究生培养模式依然比较单一，分层分类培养难以落实。如前所述，我国研究生教育类型已经走向多样，不仅层次上有硕士、博士之分，而且类型上有学术型和应用型之分；不仅形式上有全日制和非全日制，而且学制上除了硕士、博士分段培养外，还有本硕连读、硕博连读等。研究生教育的多种类型和多种形式，理应有与之相适应的研究生培养的多种模式。但事实上，我国研究生培养模式依然是采用研究型培养模式，以培养学术型、理论型人才为取向，导致专业应用型研究生培养的应用性不突出。同时，硕士和博士培养区别不明显，硕士、博士的培养方案、教学内容，未能拉开应有的档次和距离，硕士研究生的课程学习与本科阶段存在着较严重的重复现象。这样，单一的研究生培养模式，使研究生教育难以为社会输送各种类型的合格高层次人才。

由上分析可见，开展研究生培养机制改革，构建研究生培养新机制不仅是我国研究生教育发展进入新阶段的必然要求，而且是解决我国研究生教育面临的新问题的迫切需要。同时我国社会发展尤其是建设创新型国家要求培养大批高层次拔尖创新人才的紧迫任务，更决定了研究生教育必须进行培养机制的改革以适应社会发展的需要。

三、研究生培养机制改革的内容

要推进研究生培养机制改革，首先必须弄清研究生培养机制改革的基本内容，使人们明了研究生培养机制改革，究竟要改什么，究竟要建立什么样的研究生培养机制。我们认为，进行研究生培养机制改革，关键是要通过改革，构建起有利于创新人才培养的十大机制：研究生培养的激励机制、竞争机制、分流机制、主体选择机制、自律机制、社会参与机制、市场调节机制、多元评价机制、政府宏观调控机制、内化机制。

（一）构建研究生培养的激励机制

激励主要是通过外部的刺激和影响，根据社会需要来调动和激发人的积极性、主动性与创造性，进而把个体需要与社会需要相结合、相统一的过程。构建研究生培养的激励机制，就是通过物质激励、目标激励、精神激励、政策激励等方式，调动研究生导师指导和培养研究生的积极性，提升导师的责任心；调动研究生学习的积极性、主动性、创造性，以达到提高研究生培养质量，使研究生导师和研究生的个体价值与社会价值相统一，在达成个体价值时，实现为社会服务、为建设创新型国家服务的目标。具体讲，对研究生导师与研究生的物质激励，就是要明确研究生导师与研究生在研究生培养过程中应当享有的物质需求和物质利益,将指导研究生与不指导研究生的物质利益区分出来,将读与不读研究生的物质利益区分出来。通过给研究生导师发放津贴、资助研究经费等制度的建立,通过给研究生以经费资助或各种奖励金等方式,以满足研究生导师和研究生的基本物质需要,为导师能够潜心指导研究生,研究生能够认真求学,提供相对稳定的物质条件。

对研究生导师与研究生的目标激励,首先要将指导研究生的数量目标、质量目标作为引导研究生导师行动的激励因素,使导师在追求目标达成的过程中得到激励,在目标实现之后得到肯定、支持、关怀、表扬与信任,对目标不能达成者给以否定、批评或惩罚。同样要将研究生在学期间的任务目标、质量目标、创新目标等,作为引导研究生行动的激励因素,使研究生在追求目标实现的过程中得到激励,在目标实现之后得到表扬、肯定和奖励,而对目标不能实现者给予否定、批评和处罚。

对研究生导师与研究生的精神激励,就是要提升研究生导师与研究生的精神境界,提升他们的理想信念,引导他们有共同的志向追求,使崇高的理想、远大的志向变成工作与学习的强大动力。

对研究生导师与研究生的政策激励,就是通过制定有利于导师培养研究生、有利于研究生成长、有利于研究生教育创新的政策,诸如导师科研资助政策、研究生创新资助政策等,激发导师和研究生的工作、学习与研究热情,使这种政策成为一种稳定的力量,以推进研究生培养质量的提升。

构建研究生培养的激励机制,关键是要坚持以人为本的基本原则,认真研究导师与研究生的需要,通过满足他们合情、合理的需要，来激发他们创新、创造、创业，成就事业的动力，使之产生相应的行动，进而为成就事业不懈地努力。

（二）构建研究生培养的竞争机制

竞争的实质是主体为实现目标追求而进行的一种排他性行为。竞争是人类活动的基本规律，竞争是推动人类社会发展的主要动力。如果说激励主要是一种通过外在刺激引导和调节主体行为过程的话，那么，竞争更多的是主体为实现目标追求，为满足需要产生的一种心理状态和内在冲动。没有竞争，人类的进化与人类社会的发展都是难以想象的。同样，如果在研究生培养中没有竞争，研究生教育就难有创新，就难有活力。因此，构建研究生培养的竞争机制，对于推进研究生教育的创新和培养创新人才意义重大。具体讲，构建研究生培养的竞争机制，就是要在研究生培养过程中设立竞争项目和内容，调动参与研究生培养的有关主体参与竞争，激励相关主体为实现目标而努力。构建研究生培养的竞争机制，可以从不同的层面来把握，诸如在国家层面，把建设研究生教育强国作为竞争目标，可以引导研究生教育主管部门努力参与国际竞争；在学校层面，如果把举办高水平的研究生教育作为建设一流大学的重要指标，则可以引导这些大学为实现这一目标而努力。当然，构建研究生培养的竞争机制，主要是国家要创设公平的竞争环境，给学校以竞争研究生培养所需之各种资源的机会；学校要创设公平的竞争环境，引导研究生导师参与指导研究生的层次、项目及有关资源的竞争，引导研究生参与科研创新、参与学习资源配置的竞争。通过竞争机制的建立，使参与研究生培养之主体有压力感，有危机感。

（三）构建研究生培养的分流机制

目前在研究生培养过程中，只要是通过研究生考试获得研究生资格的研究生，修完学制规定的年限，一般都能毕业并获得相应的学位。在研究生教育系统中，还没有考虑过根据社会需要和研究生的个人意愿与条件对研究生进行分流，使之接受更适合的教育，以便研究生更好地适应社会的需要。随着社会发展对高层次人才需求的多样化，也随着研究生个体成长与生存环境越来越复杂及其需求的多样化，建立研究生培养的分流机制就具有了现实紧迫性。

所谓研究生培养的分流机制，就是指在研究生教育系统或在研究生培养过程中，根据社会需要和研究生的个人意愿与条件，对接受完一定研究生教育的学生有计划、分层次、按比例分成几个流向，使之分别接受相应的研究生教育，进而使研究生教育更好地适应研究生个体发展的需要和社会的需要。具体来讲，构建研究生培养的分流机制，一是要打破研究生培养中学术型与应用型的壁垒，打破全日制学习与非全日制学习的界限，实现学术型与应用型之间、全日制与非全日制之间的流通，使学术型研究生可向应用型分流，应用型可以向学术型分流，全日制可以向非全日制分流，非全日制亦可向全日制分流。二是要实现本科与硕士之间、硕士与博士之间的沟通，使本硕连读、硕博连读成为研究生层次之间进行分流的基本形式。三是要引导研究生培养在区域之间、行业之间的分流，对于那些愿意到艰苦行业、边远地区和农村去服务、创业的研究生，要进行分流培养，使之有更扎实、更切实的适应农村、边远地区、艰苦行业的本领与素质。

构建研究生培养的分流机制,也意味着要建立起研究生培养的淘汰机制,对于那些不适合研究生教育阶段学习,不能完成研究生学业的学生应通过肄业,只发毕业证不发学位证等进行淘汰,当然对于严重违纪违规的研究生则通过劝其退学、勒令退学、取消学籍或开除学籍等方式予以淘汰。

构建研究生培养的分流机制,还意味着要建立起研究生培养的弹性学制。当前我国研究生培养还没有建立起明确的弹性学制。全日制硕士研究生和博士生的培养一般都有学年限制,虽然有少数研究生根据实际情况向学校申请延长或缩短学制,学校也根据实际情况予以批准,但就整体而言,对研究生培养采取的依然是学年制。根据社会发展和研究生个体发展的实际,研究生培养采取弹性学制已是势在必行。建立研究生培养的弹性学制,意味着研究生培养单位及导师要对现有的管理方式、培养模式进行调整,真正实行学分制,改变过去的刚性制度和比较僵化的培养模式,以弹性适应弹性。

(四)构建研究生培养的主体选择机制

具有自主选择的权利,才可能适时地根据环境做出判断,调整自己的行为,以适应外部环境的变化。如果主体不具有自主选择的权利,在适应外部环境时处于被动状态,就有可能跟不上迅速变化的环境而被淘汰。在研究生培养过程中,构建主体选择机制,就是要赋予学校、导师、研究生自主选择的权利。

赋予学校自主权,使学校能够根据社会的要求、市场的变化、时代发展的需要,自主设置研究生培养的专业,自主制订招生计划,自主招生,自主确定培养规格,自主选择培养模式。赋予导师自主权,就是要使导师在研究生培养过程中,在不违反国家和学校有关研究生培养法规的前提下,按自己的研究方向、兴趣特长招收研究生,导师可以自主确定本学科专业领域的研究生培养计划等。赋予研究生自主权,就是承认研究生在研究生培养过程中的主体地位,研究生有权根据自己的性格特点、兴趣特长、学习习惯和学习方法自主地制订研究生阶段的学习计划,研究生可以自主选择学习年限,可以自主选择指导教师等。

(五)构建研究生培养的自律机制

与构建研究生培养的主体选择机制,赋予学校、导师、研究生在研究生培养过程中的自主选择权利相联系,必须构建研究生培养的自律机制。在研究生培养过程中,学校、导师、研究生在获得相应的自主选择权利后,如果不能做到自觉、自律和自我约束,就有可能使自主选择权利走样变形而损害研究生培养,进而有违构建研究生培养主体选择机制的初衷。因此,在赋予学校、导师、研究生在培养研究生过程中自主选择权利的同时,必须同时构建起研究生培养的自律机制。这种自律机制包含着学校、导师与研究生的自觉、自律、自我约束与自我教育。构建这种自律机制就是要引导学校、导师、研究生充分认识到获得自主选择权利的价值,要珍惜所获得的自主选择权利,增强责任意识,提升自我教育的能力,使自主选择权利的运用,建立在相应制度和程序基础上,建立在相应的规则监督之下。

构建研究生培养的自律机制,关键是要建立起研究生培养的导师负责制,明确和强化导师在研究生培养过程中的责任。具体讲,就是要明确和强化导师在指导研究生从事科学研究中的责任。没有科研项目或课题者,不能招收或参与指导研究生,导师的科研活动应尽可能吸纳研究生参与。就是要明确和强化导师在指导研究生课程学习、培养计划制订及落实中的责任,导师要负责研究生培养计划的制订或提供培养计划与方案供研究生选择,导师必须能够开出体现研究方向与特色的课程或讲座。就是要明确和强化导师对研究生"导"的责任,导师不仅要在学习上、科研上指导研究生,而且在思想上、心理上还负有引导之责。这就是要明确和强化导师对研究生学习期间所从事的"助研"乃至生活负有资助之责。只有当导师明确和意识到自己责任重大并认真履行时,才有可能回归导师应有的神圣,才有可能纯洁导师队伍,提升研究生导师的整体素质。

构建研究生培养的自律机制,还要建立起研究生自我负责制。明确和强化研究生培养过程中的导师负责制,并不是确定研究生培养的导师包办制。在研究生培养过程中,导师的作用固然重要,但研究生的自我教育、自我激励、自我约束更重要。赋予研究生自主选择的权利,同时要明确研究生必须对自己的选择负责,并承担自主选择可能引起的后果。如果赋予研究生自主选择的权利,又强调导师负责,就有可能造成研究生培养过程中的师生矛盾。因此,在构建研究生培养的自律机制时,应将导师负责与研究生自我负责制结合起来。

(六)构建研究生培养的社会参与机制

构建研究生培养的社会参与机制,就是确认在研究生培养过程中,社会用人单位也是重要的主体力量,社会用人单位、企业部门、社会团体有权对所需研究生提出培养数量与质量的要求,有权对所需研究生的招生提出要求或参与研究生的招生，有权选择研究生的培养模式，还可指派专业或管理人员参与研究生的指导，或与培养单位共同指导研究生的培养。通过鼓励社会力量参与研究生培养，不仅可以扩大研究生教育的资源，解决研究生培养过程中导师队伍不足、科研创新条件不足、实践实训基地不足的问题，而且更重要的是建立起研究生培养与用人单位的密切联系，研究生培养能够及时地根据用人单位的需要做出调整，使研究生的培养能够更好地适应社会需求。

（七）构建研究生培养的市场调节机制

构建研究生培养的市场调节机制，就是要通过生源市场、技术市场、资金市场和人才市场与研究生培养单位的联系，来调节高等学校的研究生培养。研究生培养的市场调节主要包括供求调节、价格调节和竞争调节。供求调节就是研究生培养单位要根据市场对人才规模的需求、人才层次的需求、人才结构类型的需求，结合自身的优势与特点，制订相应的人才培养计划，并根据市场的变化及时进行调整，使研究生的培养适应市场供求的变化。价格调节就是在研究生培养过程中，在建立统一的研究生培养收费制度及价格标准的基础上，根据研究生培养条件与质量，实行优质优价，或根据国家需要实行某些专业培养的价格补贴，和某些地区研究生培养的价格补贴，进而实现对研究生类型布局、专业布局、区域布局和层次布局的调节。竞争调节是研究生培养市场调节的基本要求，它给培养单位带来压力、动力与活力，因此在研究生培养机制改革中，应将其从市场调节机制中分离出来作为独立的机制加以构建。

（八）构建研究生培养的多元评价机制

所谓构建研究生培养的多元评价机制，就是在系统、科学、全面地搜集和分析研究生培养信息基础上，多角度、多层面、多主体地对研究生培养做出价值判断，发挥评价的导向功能、鉴定功能，以促进研究生培养过程的改进，提高研究生培养的质量。当前，对我国研究生培养的评价还存在着主体缺失、形式单一、指标过于刚性和重视不够等问题。构建研究生培养的多元评价机制，就是要确立评价的多元目标、多元标准，尊重个性和差异性，根据研究生教育的不同类型、不同层次实施相应的评价；就是要明确评价主体的多元性，倡导他人评价与自我评价的结合；就是要提倡评价形式的多样性，把对研究生培养的条件评价、过程评价、结果评价结合起来，把对研究生培养的诊断性评价、形成性评价、终结性评价结合起来，把对研究生培养的定性评价与定量评价结合起来。

（九）构建研究生培养的政府宏观调控机制

在研究生培养过程中，政府是"培养什么样的研究生"和"谁来培养研究生"的决策者。但政府作为宏观决策者，不能对"怎样培养研究生"也做出刚性决定，政府在研究生培养过程中，必须退出微观的、执行的、操作的"怎样培养研究生"的具体层面。这就需要建立起政府对研究生培养的宏观调控机制。构建研究生培养的政府宏观调控机制，就是明确在研究生培养过程中，政府应承担起把握研究生教育发展与改革方向之责，承担起研究生培养计划的宏观统筹之责，承担起研究生培养合理布局之责，承担起创设公平竞争环境之责，承担起立法、拨款的条件保障之责，承担起评估、监督的质量监控之责，承担起提供信息、搭建平台的服务之责。政府在研究生培养中责任明确，并严格履行自己的责任，就能避免研究生培养过程存在着的主体责任不明、任务分工不清、角色错位带来的问题，进而保障研究生教育的健康有序运转。

（十）构建研究生培养的内化机制

研究生培养机制改革的最终目的在于激发研究生培养过程中各参与主体的活力，尤其是要激发导师与研究生的创新活力。但在研究生培养机制改革中，无论是进行激励，还是创设竞争环境，无论是实行分流淘汰，还是进行评价引导，无论是政府宏观统筹，还是市场调节，对于导师和研究生而言，都属于外在的刺激或外在的影响因素。如果导师与研究生不能把外在的要求，转化为内在的需要，形成内在的动机，主体就缺少或没有追求目标实现的真正内驱力。因此，构建研究生培养的内化机制，就变得至关重要。所谓研究生培养的内化机制，就是在研究生培养过程中通过世界观、人生观、价值观的培养，通过兴趣、信念和理想的培育，使导师将指导研究生的事业、将创新人才的培养转化成导师生命生存与发展的内在需要，使研究生的学习、创新，转化为研究生生存与发展的内在需要，使导师和研究生在研究生培养之教学相长过程中，得到生命成长与发展的满足和快乐。构建研究生培养的内化机制，应在满足导师与研究生生存需要的基础上，努力提升导师与研究生的生命境界，激发他们成就事业的需要，激发他们发挥潜能、实现生命价值的需要。因此，在研究生培养机制改革中，必须重视和加强研究生的思想道德教育、理想信念教育，必须重视和加强研究生的科学创新精神、服务奉献精神的培育，同时也应加强导师队伍的思想政治教育、职业道德教育，提升导师队伍的整体素质，使导师真正能够做到"以本领传授本领，以生活示范生活，以生气唤醒生气，以激情感动激情，以理想鼓舞理想，以生命点燃生命"①。

研究生培养机制改革包含的上述十个方面是互相联系的，它们从不同的侧面构成研究生培养机制体系。这种研究生培养机制体系，既反映了研究生培养机制改革的内外要求，也反映了研究生培养中相关主体的需求，在研究生培养机制改革中，只有做到这些机制全面兼顾、协调运行，才能实现研究生培养机制改革的目的。

四、研究生培养机制改革的策略

（一）研究生培养机制改革应坚持的原则

研究生培养机制改革是一项艰巨的系统工程，是带动全局的深刻变革。它涉及研究生培养过程中各相关主体责权利的调整。因此，在研究生培养机制改革中，要坚持科学发展观的指导，同时应遵循以下基本原则。

1. 坚持创造竞争环境与构建和谐关系相结合的原则

研究生培养机制改革的重要目的，就是通过构建研究生培养的竞争机制、激励机制、分流机制、市场调节机制等，来创造研究生培养的竞争环境，给研究生培养注入活力和动力。但是，研究生培养过程中竞争环境的营造，并不等于市场经济竞争环境的营造，研究生培养的相关主体参与竞争，最终还必须走向研究生培养的主体协同。如果研究生培养相关主体只为

---

① 王枬.论教师职业的内在价值[J].教育研究，2000（9）.

各自的利益而展开竞争，忘却研究生培养的整体利益，忘却研究生培养目标的实现需要研究生教育各主体的合作，那么通过研究生培养机制改革所营造的竞争环境，就可能给研究生培养带来破坏性影响。因此，在研究生培养机制改革过程中，不仅要营造竞争环境，更要使这种竞争保持有序，并使各相关主体在参与竞争时还能进行合作。这就需要在研究生培养机制改革时还要重视和谐环境、和谐关系的营造，协调和处理好各相关主体在研究生培养过程中存在的矛盾与冲突。

2. 坚持物质鼓励与精神激励相结合的原则

就研究生培养过程中相关主体利益的调整而言，主要涉及的是研究生导师与研究生的利益。在这种调整中，虽然强调了在研究生培养机制改革过程中，要正视导师与研究生的物质需要，建立导师科研经费资助制、有关津贴补助制，建立研究生助研、助教、助管等助学金制、奖学金制、科研创新资助制等，但并不是孤立地只强调对导师和研究生物质条件、物质需要、物质利益的满足，而是要在重视物质鼓励的同时，重视精神激励，提升导师、研究生的精神境界、精神追求，通过赋予相应的荣誉，通过赞扬、表彰，通过树立榜样，通过理想、信念等，来弥补只重物质鼓励的局限性，以满足导师与研究生的社会性需求、精神性需求。因此，在研究生培养机制改革过程中，要防止只重物质利益调整、忽视精神激励的倾向，要把物质鼓励与精神激励很好地结合起来。

3. 坚持统一要求与分类指导相结合的原则

进行研究生培养机制改革，要在统一要求之下做到分类、分层区别对待。在研究生培养机制改革过程中，国家明确对研究生培养的基本要求，坚持研究生培养的国家基准。国家明确研究生培养机制改革的基本原则，统筹改革、发展、稳定的关系，统筹政府、学校、社会用人单位的关系，统筹社会、集体、个人三者之间的关系。学校要处理好学校、导师、研究生三者之间的关系。同时，在研究生培养机制改革中，要处理好统一性与多样性的关系，对于不同层次的研究生培养，即硕士研究生的培养机制改革、博士生的培养机制改革分别要求；对不同类型的研究生培养，诸如学术研究型研究生的培养机制改革、专业应用型研究生的培养机制改革分别要求；对不同形式的研究生培养，如全日制研究生的培养机制改革、非全日制研究生的培养机制改革分别要求；对研究型大学的研究生培养机制改革与教学研究型大学的研究生培养机制改革分别要求；对高等学校的研究生培养机制改革和独立的科研院所之研究生培养机制改革分别要求；对不同学科、专业的研究生培养机制改革分别要求。通过统一要求与分层分类指导，使研究生培养机制改革体现出中国特色、学校特色、层次特色、形式特色，使研究生培养机制改革既体现国家要求，又激发学校的积极性和创造性。

4. 坚持试点先行与逐步推广相结合的原则

由于研究生培养机制改革是对研究生培养过程中的相关主体进行利益调整，是既明确权利，又赋予动力与压力的改革，因而必然要求对传统的研究生培养模式和方式进行变革。这必然会触及在研究生培养中已形成的习惯与观念。因此，研究生培养机制改革必将会遇到新的困难和阻力，尤其是来自导师的阻力。故而，推进研究生培养机制改革要坚持试点先行与逐步推广相结合的原则,遵循这一原则,有利于研究生培养机制改革的平稳推进、有序推进,进而保障研究生培养机制改革的健康发展。

5. 坚持机制改革与体制改革相结合的原则

前面已经指出,研究生培养机制是指在研究生培养过程中涉及的各相关要素之相互关系及其运行方式,而与研究生培养机制相联系的是研究生教育体制。研究生教育体制是实施研究生教育的各类教育机构及其相应规范、制度的结合体。研究生培养机制与研究生教育体制有着密不可分的联系。一般而言,研究生教育体制决定和影响研究生培养机制,有什么样的研究生教育体制便会有与之相适应的研究生培养机制,如集权式研究生教育体制下的研究生培养机制一般表现出行政计划式特征,而分权式研究生教育体制下的研究生培养机制则表现出政府指导服务、培养单位及导师自主、学生参与的特征。当然,研究生培养机制对研究生教育体制同样也有影响。研究生培养机制在适应和维护现有研究生教育体制的同时,往往因这种机制具有研究生培养适应社会变化的内在要求,因而研究生培养机制又常常表现出对旧有的研究生教育体制提出挑战并寻求一种与之相适应的新的研究生教育体制。由此可见,进行研究生培养机制改革,还必须重视研究生教育体制的改革,构建研究生培养的新机制,同时需要构建研究教育的新体制。如果只是单一地进行研究生培养机制改革,而不对已有的研究生教育体制进行调整,那么在旧的研究生教育体制束缚下,研究生培养机制改革就会变得艰难,研究生培养的新机制就难以构建。从这个意义上讲,只有在研究生培养机制改革的同时,也进行研究生教育体制的调整，才能使研究生培养机制改革有良好的环境，研究生培养新机制才可能生成、生长，发挥它应有的作用与功能。

(二)研究生培养机制改革的推进策略

要使研究生培养机制改革平稳、有序、顺利推进，我们认为，要坚持转变观念、注重宣传、增加投入、配套协同、加强领导的基本策略。

1. 转变观念

推进研究生培养机制改革，首先要重视观念的转变。长期以来，在研究生培养中形成了很浓厚的计划观念、平均主张与依赖思想。尤其是研究生培养过程中的依赖思想，不仅表现在研究生培养单位对国家主管部门的依赖上，更表现在研究生导师对国家、学校的依赖上，表现在研究生对导师的依赖上。同时，在研究生培养过程中，国家缺乏应有的分权、授权理念，学校缺乏独立自主创新的理念，导师缺乏开放竞争的理念，研究生也缺乏竞争、进取的观念。如果不转变观念，那么计划观念、平均主张、依赖思想必然会成为研究生培养机制改革的思想障碍。因此，推进研究生培养机制改革，还有着繁重的转变观念的任务。在研究生培养机制改革中，要树立研究生培养的合作竞争理念、多元开放理念、自主创新理念、分权授权理念并形成国际视野，做到与时俱进。如此，研究生培养机制改革才会在新观念引领下真正构建起新机制。

2. 注重宣传

任何改革都应重视舆论引导，都应加强宣传，使人们明了改革的目的与改革举措，知晓改革的期待，进而理解改革、支持改革，否则，改革就有可能夭折。研究生培养机制改革也不例外。因此，在进行研究生培养机制改革时，必须高度重视舆论引导，要对为什么进行研究生培养机制改革，什么是研究生培养机制改革，研究生培养机制改革有哪些基本内容，研究生培养机制改革要达成什么目标，研究生培养机制改革有什么价值，研究生培养机制改革与以往的研究生培养有什么区别，研究生培养机制改革应该遵循什么原则，采取什么策略，研究生培养机制改革将对政府、学校、导师、研究生、社会用人单位的关系、利益进行哪些调整，研究生培养机制改革会遇到什么样的问题，人们对研究生培养机制改革应持什么样的态度等这一系列问题进行研究、分析和宣传，使研究生培养过程中的相关利益主体了解、理解和支持研究生培养机制改革。同时还要使社会了解、理解和支持研究生培养机制改革。从当前研究生培养机制改革试点的情况看，虽然试点单位注重宣传和舆论引导，但总体而言，注重宣传还不够，进行舆论引导还不够。从研究生培养机制改革试点中产生的阻力看，从人们对研究生培养机制改革还有许多的误解看，注重研究生培养机制改革的宣传和舆论引导，消除不理解、误会、误解的任务还很艰巨，营造支持改革的舆论环境的任务还很重。因此，要加强涉及研究生培养机制改革之相关问题的研究与解读，加强与社会新闻媒体的联系，注意与广大教师、研究生的沟通、交流，注意研究生培养各相关主体之间的协商，运用多种形式、多种媒体、多种方式，对研究生培养机制改革进行宣传和舆论引导，使研究生培养机制改革置于被了解、被理解、被支持的良好舆论氛围中。

3. 增加投入

研究生培养机制改革旨在为创新拔尖人才的成长创造更好的环境与条件,旨在更好地培养出高层次拔尖创新人才,产出高水平的创新成果。要达成多出人才、多出成果的目标,必须增加对研究生培养的投入,使研究生培养机制改革建立在一定经济基础的保障上。因此,国家要增加对研究生培养机制改革的经费投入,不能使社会误解,尤其是不能使广大教师和研究生误解,所谓研究生培养机制改革是建立在对研究生的收费和导师经费资助基础上的。应通过增加研究生培养的经费投入,使导师、研究生在感受到研究生培养机制改革压力的同时,有更多获取科研经费的机会,有更多获得资助、奖学金的机会,使导师和研究生感受到研究生培养机制改革之后比改革之前在物质待遇、科研工作条件、学习条件上有明显好转,而不是变得更差。

4. 配套协同

研究生培养机制改革是牵动全局的改革。它不仅涉及研究生培养中的各个环节,如招生、培养、毕业就业的变革,需要进行招生制度、培养方案、学制的调整,而且涉及研究生收费制度、奖励制度的改革、导师责任制与资助制的改革等。这就必然涉及和引发高等学校的教师人事管理制度、教师薪酬制度的改革,涉及科研管理制度,尤其是科研经费管理制度的改革,涉及研究生导师选聘制度的改革等一系列重要内容。同时,研究生培养机制改革还会牵动研究生教育管理体制的变革,不仅学校培养单位内部的研究生教育管理体制要进行调整,而且国家对研究生教育的行政管理,如中央政府对研究生教育的管理、省级政府对研究生教育的管理，以及政府与学校的关系等，都需要进行调整。因此，推进研究生培养机制改革，中央政府在重新调整研究生教育管理权限的同时，高等学校要以研究生培养机制改革为切入点，全方位地带动校内体制改革和教育教学改革，使研究生培养机制改革成为促进研究生教育体制改革、校内体制改革的力量，同时又使研究生教育体制改革、校内体制改革成为研究生培养机制改革的保障力量。

5. 加强领导

要保障研究生培养机制改革的顺利进行，应加强对研究生培养机制改革工作的领导，国家教育部应成立研究生培养机制改革领导协调小组或办公室，适时地对研究生培养机制改革中产生的全局性问题进行调整，各有关高等学校应成立研究生培养机制改革领导小组和办公室，学校主要领导应亲自挂帅领导和指导研究生培养机制改革。与此同时，要重视研究生培养机制改革中的思想政治教育工作、心理健康教育工作，对研究生培养机制改革中研究生导师产生的思想认识问题、心理情绪问题，研究生产生的心理问题、思想问题等，有针对性地进行政治思想教育与心理情感沟通，以确保研究生培养机制改革中产生的问题及时得到解决。

五、研究生培养机制改革的保障

综观各高校公布的培养机制改革方案和举措，研究生培养机制改革的保障措施，应从研究生学制改革、导师制度改革和研究生奖助学金制度改革三个方面入手。

（一）实行弹性学制

当前，发达国家的研究生学制改革已经出现弹性化、多样化、灵活性等共同特征。①我国实行研究生培养机制改革，需立足于本国实际，借鉴发达国家成功经验，推行弹性学制改革。弹性学制是一种教学管理制度，它相对于学年制而言，是以学分制和选课制为基础，以导师制为支撑，对学生修业年限不做统一、严格要求，允许学生提前毕业、中途休学或分段完成学业，只要学生在一个弹性化的期限内达到培养方案规定的课程、学分数及相关条件要求，就可以毕业或获得相应学位的制度。在研究生培养机制改革中，实行弹性学制需从以下几方面着手。②

1. 修订培养方案

科学的培养方案是决定研究生培养质量的关键因素。要实行弹性学制，必须改变目前研究生培养方案统得过死、管得过紧、自由度小、学科专业特色不显著的状况。在培养方案的修订中，要科学规划不同层次、不同类型和不同学科专业研究生培养的具体目标和质量要求；要根据实际情况，特别是不同学科专业的特点，科学规定学生学习的最短和最长年限，使学生能够在跨度较大的时间范围内安排自己的学习和研究进程；科学设置课程体系，在确定必修课的基础上，同时设置大量相关学科、交叉学科的选修课供学生自由选修，鼓励学生跨专业、跨学科、跨学院，甚至跨学校选课，允许学生自由选择学习的时间；逐步推进在一级学科范围内设置课程，拓宽研究生的培养口径；培养方案不仅要具备可操作性，而且也应具有一定的前瞻性，尽量反映国内外研究生教育的发展趋势和本学科的发

---

① 蒲蕊．研究生教育学制的国际比较及其启示 [J]．武汉大学学报（人文科学版），2006（1）．
② 周叶中，胡甲刚．关于研究生教育实行弹性学制的思考 [J]．学位与研究生教育，2004（1）．

展走向。

2. 改革教学管理制度

在学年制下,学生人数、学习时间、教学安排都是固定的、统一的,教学管理的难度较小。而弹性学制的灵活性对教学管理提出了更高的要求,必须改革原有的教学管理制度。第一,要改革学籍管理办法,允许学生提前毕业、中途休学和延长修业年限,并明确规定申请的程序和要求;第二,实行学分制,允许学生自由选择上课的时间和任课教师,扩大学生自主选课的范围,学生课程考试不合格,可以重修重考;第三,要根据选修课程的学生人数灵活地安排教师授课和上课地点;第四,加强教学质量检查,提高开课质量,要不定期地组织有关人员随堂听课,听取学生对教师教学的反映,实行名师上基础课、公共课和选修课的制度;第五,要加强服务职能,能够灵活机动地为学生办理停学、复学和离校手续等。

3. 建立严格的科研成果和毕业论文审查制

研究生教育,尤其是培养学术型人才的研究生教育,必须以培养学生的研究能力为根本。衡量研究生研究水平高低的根本指标,应是研究生科研成果和毕业论文的创新程度。实行弹性学制,根本目的是为了提高研究生的培养质量,提高研究生的科学研究能力,而不是降低毕业要求。因此,必须建立严格的科研成果认定和毕业论文审查制度,把好研究生的"出口关"。首先,明确和细化对研究生毕业的科研成果要求,在继续沿用原有的以出版刊物等级作为评价论文质量标准的基础上,建立多元评价标准。如对于科研成果的形式可以有多种要求,而不仅仅将科研成果归结为论文,还应包括艺术作品、科技发明和技术开发成果等的获奖情况、社会应用情况等。在科研成果的审核上,也不应以刊物等级或获奖等级为唯一衡量标准,可以通过专家评定会等方式,对科研成果本身的质量进行评价。其次,将研究生参与课题研究的情况纳入到研究生科研成果评价中来。科研实践是培养研究生研究能力最有效、最直接的途径,要对研究生学习期间提出明确的参与科研实践的要求。研究生在参与导师科研课题研究的同时,学校也应设立研究生科研课题,鼓励研究生自主开展科学研究。最后,加强对毕业论文的审定,严把毕业论文质量关。毕业论文是研究生研究能力最集中的体现,对毕业论文的审查也是研究生培养的最后一道关口,决不能让毕业论文的审查"走过场"。例如,在毕业论文审定方面,由目前的导师请同行评阅改为由学院统一组织校内和校外相关学科专家进行评阅,评阅时实行"双盲法",匿去研究生和论文指导教师的姓名,对毕业论文的学术规范性、结构合理性、体系逻辑性、观点创新性等进行认定,确定是否达到规定的标准。经认定合格的,才能参加论文答辩。论文答辩后,要将毕业论文送交学院及校学位评定委员会进行抽查复审。已通过的毕业论文可在校内公开展示或在网上公布,设一定期限的公示期,若论文公示无争议,则授予论文作者相应学位。

4. 运用现代化的管理手段

实行弹性学制,将大大增加管理的复杂程度和难度。要提高工作效率,改善服务质量,就必须运用现代化的管理手段。为了便于学生了解教学安排和有关事项,应尽可能将培养方案、管理制度、课表、学生成绩等上网公布,使学生能很快了解教学动态信息,而不必亲自到培养单位查询。在条件成熟的情况下,也可以将有特色的课程制作成课件,使学生身处异地也能正常学习,并实现与任课教师的网上交流,为学生参与实践、灵活选择学习方式提供便利条件。

此外,在研究生教育中实行弹性学制,尚需便捷、高效的后勤服务体系,使学生能很快办理入校和离校的住宿、就餐等相关手续。

(二)改革研究生导师制度

导师制度改革是研究生培养机制改革的关键。加强导师队伍建设,有三个方面需要我们高度关注。①

1. 明确导师责任

加拿大哥伦比亚大学研究生院将研究生导师的角色定位为:"指导者"——参与确定研究主题和方法,提出意见;"联系人"——提供、收集所需资料,帮助安排实地调查工作;"顾问"——帮助解决技术问题,提供其他可选择的办法;"教师"——提供研究技巧;"指导员"——详细列出有关研究过程的反馈信息、确定收集资料的途径与时间安排;"评论员"——设计调查方案、对撰写的文章以及数据资料做出解释;"自由的提供者"——赋予学生做出决定的权利,并且支持学生的决定;"支持者"——激励、激发学生的学术兴趣以及与学生就学术观点进行讨论;"朋友"——热情给予系统的非学术性的反馈;"审查员"——让学生大胆假设,勇于探究,并定期汇报研究进展和学术心得。除了学术规范之外,导师

---

① 本段内容参考了顾海良书记2008年1月8日在武汉大学研究生教育质量工程建设研讨会上的讲话《解放思想 求实创新 开创研究生教育工作新局面》。

的基本角色是帮助学生挖掘他们的学术潜力。学生有权期望从导师那里得到合理的承认、动力、专业、刺激、指导、尊重与不断的鼓励。导师应该在每一个阶段给学生提供帮助,确保学生的学习符合学校与学术规范的标准。①

结合我国实际,我们认为,导师的责任包括:学术指导与人格提升。不管是学术魅力,还是人格魅力,实质都是为人与为学。提升导师的学术魅力和人格魅力,对导师在高层次人才培养上乐于奉献将起到重要作用。导师责任的另外一个要求是如何提高所指导研究生的自我学习和自我创新实践能力。好的导师,不仅要拓展一些专业知识、广泛猎取相关领域学术动态,关键是要使所指导的研究生的自我学习及创新实践能力有明显提高。因此,除了学术魅力和人格魅力,在对研究生的指导方法和指导目标上,导师同样要尽到相应的责任。此外,我们主张博士生导师应该与学生既是师生关系,也是良好的科研合作伙伴关系。

2. 关于第一责任制

第一责任制主要体现在以下三个方面:一是导师有权参与研究生招生录取的相关工作,提出录取建议,决定是否愿意录取。当然导师不能想招谁就招谁,但导师可以决定不想招谁,所有的学生必须得到导师认可,导师可以极力推荐,研究生院在审核的时候要充分尊重导师关于是否录取这个研究生的意见,要给予这个指标很大的权重。二是导师有权推荐奖学金以及各类助学金获得者的候选人,在推荐和批准研究生的时候都

---

① 周叶中,胡甲刚.关于研究生教育实行弹性学制的思考[J].学位与研究生教育,2004(1).

要征得导师的同意，导师的推荐意见应该占比较大的权重。三是导师有权淘汰综合素质和学业不合格的研究生。如果导师在培养过程中发现研究生不具备继续深造的潜质，导师应有权淘汰。

3. 关于导师的岗位规范

导师的工作应符合硕士、博士导师岗位规范的要求，学校研究生管理机构应该理直气壮地对导师进行管理。对导师的管理应该建立一个长效机制，采取动态管理。这主要体现在四个方面：一是要有科学的考核评价制度；二是一定要在动态管理上破除导师的终身制；三是加强导师的职前和在岗培训；四是要规范研究生培养过程，对研究生培养过程的各个环节开展适当的检查和评估，抓住关键环节，把过程和目标结合起来。

（三）改革研究生奖助学金制度

全面推进研究生"三助"工作，是改革研究生奖助学金制度，实行研究生培养机制改革的重要保障。"三助"，是指研究生在校期间在完成学习任务的同时，按照有关规定，受聘兼任学校的助教、助研、助管等工作的简称。

我国"三助"工作制度产生于20世纪80年代初。此后，国家教育委员会曾多次发文推广这项工作。如1986年在《关于改进和加强研究生工作的通知》中，明确提出了积极建立研究生兼做助教工作的制度，使研究生助教工作制度明确化。1988年和1989年又先后发布《高等学校聘用研究生担任助教工作试行办法》和《关于进一步做好研究生兼任教学、科研和行政管理工作的通知》，进一步深化了研究生"三助"工作制度。针对在推行"三助"工作中出现的诸如"三助"工作在研究生培养过程中的位置及岗位、酬金问题，国家教育委员会又在1992年颁发的《关于加快改革和积极发展普通高等教育的意见》中进一步指出，"继续进行和扩大研究生兼做助教、助研、助管的试点"，深刻认识到"三助"工作对改革研究生培养目标、培养方式的重要作用。随后又在1994年制定的《普通高等学校研究生奖励办法》中，要求为适应高等学校研究生培养体制改革的需要，积极推进研究生兼任助教、助研、助管的改革，将"三助"工作与研究生培养体制改革紧密结合起来。2005年，教育部与团中央联合发出通知，要求学校结合校内人事制度和管理体制改革，推进研究生兼任助教、助研和助管工作，力争用3~4年时间，使60%的在校研究生能够拥有"三助"岗位[①]。在教育部的积极引导下，各高校积极参与推进研究生"三助"工作。如2001年，北京大学正式实行研究生"三助"岗位及其津贴制度，旨在充分调动研究生的积极性、创新性，进一步培养研究生科研及教学工作能力。兰州大学也于当年出台了《关于进一步提高研究生培养质量和加强研究生兼"三助"工作的办法（试行）》，以促进研究生资源合理配置，大幅度提高研究生生活待遇。近年来，许多高校结合学校实际，开展了卓有成效的研究生"三助"工作，例如浙江大学、复旦大学、华中科技大学等学校，通过加大资金投入，建立"三助"工作体系，改革"三助"运行制度，使"三助"工作在研究生思想教育、创新能力、负责精神和全面素质培养方面发挥更大的作用。[②]

---

① 黄文三.助研究生成才的重要环节[N].中国教育报，2005-5-27（1）.
② 复旦大学研究生"三助"工作实施方案（试行）[EB/OL]. http：//www.95.fudan.edu.en/forum/gzzd/szfa.htm.

研究生"三助"工作具有提高研究生综合素质的培养功能，是研究生培养教育工作的重要组成部分。同时，它也承担着新时期研究生的资助功能，是缓解教育成本分担制度下研究生经济压力的有效手段。另外，研究生"三助"工作也是深化高校人事改革和管理体制改革的需要和有益补充，从事"三助"工作的研究生是学校教学、科研和管理的一支生力军。[①]当前，需要从以下几方面发挥研究生"三助"工作的功能，以保障研究生培养机制改革的顺利实现。[②]

1. 高度重视，形成制度

实现研究生"三助"功能，须将"三助"工作视为研究生培养过程的重要组成部分，立足学校教学科研实际对研究生培养目标的要求，建立健全"三助"工作制度。在研究生培养机制改革下，"三助"工作成为了研究生培养过程的重要组成部分，应当受到学校的高度重视。必须在实际操作中建立健全"三助"工作制度，从政策上支持学校各部门各单位聘任研究生做"三助"工作。在管理体制上，应设立专门的研究生"三助"工作管理机构，如成立研究生"三助"工作办公室，可以挂靠研究生院或学生处，也可以同研究生普通奖学金、专项奖学金、助学贷款以及勤工助学等学校工作机构合署办公，对全校研究生"三助"工作进行统筹管理。在管理方式上，实行"三助"管理机构统筹计划与各院系具体安排执行相结合，让"三助"研究

[①] 裴劲松，等.研究生兼做"三助"工作的现状及其思考[J].云南教育，2002（6）.
[②] 梁涛，雷士富，王忠海.培养机制改革下研究生"三助"功能及实现[J].学位与研究生教育，2007（12）.

生在全校范围内自由流动,实现"三助"资源合理配置。①

推进"三助"工作,需要建立校内研究生"三助"人才市场和研究生"三助"人才库,随时为校内用人单位提供服务。定期公示"三助"岗位及条件要求,并对照要求,根据"公开、自愿、竞争"的人员招聘原则对应聘研究生进行选拔。建立激励机制,实行研究生"三助"工作等级考核制度和等级酬金制度,对工作胜任、表现优异的"三助"研究生进行奖励,对不胜任工作或用人单位不满意的进行调换、淘汰。在工作中还可将研究生"三助"工作考核同学校对导师工作的考核紧密结合起来,使导师和研究生在"三助"工作中相互支持和监督,保证"三助"工作正常有效开展。

2. 理顺关系,人本管理

需要理顺学校、院系、导师和研究生四者在"三助"工作中的关系,将岗位需求和以人为本的思想有机结合起来,在"三助"工作中坚持"有所为,有所不为"的原则。

"三助"工作不同于社会的勤工俭学,不只是单纯地改善研究生生活待遇,而是要把提高研究生综合素质放在首位来考虑。就学校来说,在行政管理部门设置一定数量的助管岗位,必须考虑到研究生在此岗位上"学有所用",真正起到在实践中锻炼、在实践中学习提高的作用。就院系而言,"三助"岗位的确立应考虑到学科专业特点。以教学为主的院系,比如数学、政治、外语等,在教学过程中有大量的作业要改,有许多辅导答疑课程要开,因而提供给研究生助教岗位相对较多;以科

---

① 沈延兵,等.高校研究生"三助"工作走势与对策[J].学位与研究生教育,2004(2).

研为主的院系，比如生物、化学、经济、工科类院系等，需要研究生参与导师科研项目的开发、试验及数据处理，可能提供较多的助研岗位。确定"三助"岗位还需尊重导师的意见，导师对"三助"工作的顺利实施具有直接的影响。如有的导师为本科生授课，教学量大，学生作业多，他们希望自己的研究生当助教，而有的导师科研课题多，则希望自己的研究生做助研。因此，在安排"三助"工作时，认真听取导师意见可取得更好的效果。

当然，确定"三助"岗位还要结合研究生所学专业特点，参考研究生的意愿和职业发展需求。确定的岗位与研究生专业有关联，能使研究生在此岗位上发挥专长，并能通过具体实践提高自己的专业技能，而符合研究生意愿和兴趣的岗位能使研究生积极主动地投入进去，取得更高工作效率。

3. 统筹资源，筹措资金

统筹学校资源，吸纳社会力量，多渠道筹措研究生"三助"资金，提高研究生"三助"工作待遇。在培养机制改革下，研究生教育实行的是教育成本分担制度，这需要学校统筹资源，为"三助"工作提供充足的经费。具体说来，"三助"经费可以从以下几个方面进行筹措：

（1）学校可以考虑从学费收入和教育经费中拿出一部分，再利用一定量的科研经费和行政经费，共同组成研究生"三助"工作基金，专款专用于研究生"三助"工作。

（2）学校和院系要鼓励导师从科研经费和相关资金中拿出一部分作为成本开支，在岗位津贴和教学科研奖励分配上实行研究生与教师同等待遇[①]。

（3）借助社会力量，吸纳社会资金设立一些"三助"基金。通过联合办学、共同开发等形式，让研究生参与企业课题的开发与建设，从企业拨款中获取"三助"酬金，这也是提高研究生"三助"待遇的有效形式。

总之，在培养机制改革的背景下，学校要高度重视研究生"三助"工作，将其作为研究生培养工作的重要组成部分来抓，通过一系列革新措施，不断在工作中探索实践，逐步建立一套行之有效的"三助"工作体制。各高校要解放思想，与时俱进，加强"三助"工作管理，提高"三助"工作质量，让"三助"工作成为全面提高研究生培养质量的有力保障，促进研究生教育的持续、健康、和谐发展。

---

① 金健美，等.研究生"三助"工作的现状与展望[J].学位与研究生教育，2006（9）.

主要参考文献

[1] 黄硕风. 综合国力论 [M]. 北京：中国社会科学出版社, 1992.

[2] 陈学飞. 西方怎么样培养博士——法、英、德、美的模式与经验 [M]. 北京: 教育科学出版社, 2002.

[3] 查有梁. 教育建模 [M]. 桂林：广西教育出版社, 1998.

[4] 龚怡祖. 论大学人才培养模式 [M]. 南京：江苏教育出版社, 1999.

[5] 薛天祥. 研究生教育学 [M]. 桂林：广西师范大学出版社, 2001.

[6] 北京师范大学外国教育研究所. 国外学位制度 [M]. 北京：地震出版社, 1981.

[7] 吴镇柔, 等. 中华人民共和国研究生教育和学位制度史 [M]. 北京：北京理工大学出版社, 2001.

[8] 周洪宇. 学位与研究生教育史 [M]. 北京：高等教育出版社, 2004.

[9] 国务院学位委员会办公室, 教育部研究生工作办公室. 学位与研究生教育文件选编 [G]. 北京: 高等教育出版社, 1999.

[10] 伯顿·克拉克. 探究的场所——现代大学的科研与研究生教育 [M]. 王承绪, 译. 杭州：浙江教育出版社, 2001.

[11] 符娟明, 迟恩莲. 国外研究生教育研究 [M]. 北京：人民教育出版社, 1992.

[12] 李盛兵. 研究生教育模式嬗变 [M]. 北京：教育科学出版社, 1997.

[13] 潘懋元, 等. 中国近代教育史资料汇编·高等教育 [G]. 上海：上海教育出版社, 1993.

[14] 冯增俊. 现代研究生教育研究 [M]. 广州：广东高等教育出版社, 1993.

[15] 廖湘阳.研究生教育发展战略研究[M].北京:清华大学出版社,2006.

[16] 秦惠民.学位与研究生教育大辞典[M].北京:北京理工大学出版社,1993.

[17] 徐希元.当代中国博士生教育研究[M].北京:知识产权出版社,2006.

[18] 程斯辉.教育之道[M].合肥:安徽教育出版社,2007.

[19] 中国学位与研究生教育发展报告课题组.中国学位与研究生教育发展报告(1978—2003)[M].北京:高等教育出版社,2006.

[20] 北京师范大学外国教育研究所.美国和日本的研究生入学考试——研究生入学考试国际讨论会专辑[C].北京:北京师范大学出版社,1987.

[21] 胡玲琳.我国高校研究生培养模式研究[D].上海:华东师范大学博士学位论文,2004.

[22] 孟珊.我国研究生培养模式的多样化研究[D].兰州:兰州大学研究生学位论文,2008.

[23] 方玉芬.清末奖励出身制度研究[D].武汉:华中师范大学硕士论文,2006.

[24] 王海燕.我国高校硕士生教育的生师比问题研究[D].厦门:厦门大学硕士学位论文,2006.

[25] 陶春莉.中国研究生培养模式的发展演变轨迹及其时代特征[D].兰州:兰州大学研究生学位论文,2006.

[26] 中国学位与研究生教育发展战略报告(2002—2010)[J].学位与研究生教育,2002(6).

[27] 周叶中.多样化需求与研究生教育模式改革[J].中国高等教育,2004(17).

[28] 周叶中. 关于跨学科培养研究生的思考 [J]. 学位与研究生教育, 2007 (8).

[29] 周叶中. 目标转换与模式重构: 我国硕士研究生教育改革的必由之路 [J]. 学位与研究生教育, 2010 (4).

[30] 许克毅, 赵军. 研究生教育在高等教育大众化中的定位 [J]. 学位与研究生教育, 2004 (8).

[31] 陈至立. 建立充满生机和活力的研究生教育体系 [J]. 中国高等教育, 2000 (1).

[32] 程斯辉, 詹健. 研究生培养模式研究的新视野 [J]. 清华大学教育研究, 2006 (5).

[33] 程斯辉, 王传毅. 研究生培养模式——现在与未来 [J]. 学位与研究生教育, 2010 (3).

[34] 程斯辉, 王娟娟. 论学士、硕士、博士的内在品质及其修炼 [J]. 学位与研究生教育, 2010 (11).

[35] 程斯辉, 王娟娟. 改革开放30年: 研究生教育发展中的关系大调整 [J]. 复旦教育论坛, 2008 (3).

[36] 胡甲刚. 我国博士生培养模式的问题剖析 [J]. 中国高等教育, 2009 (6).

[37] 胡甲刚. 我国博士生培养模式改革的总体构想 [J]. 中国高教研究, 2009 (3).

[38] 刘亚敏. 迎接新世纪的挑战: 欧洲博士生教育的改革动向 [J]. 高教发展与评估, 2010 (3).

[39] 刘亚敏, 胡甲刚. 研究性教学及其在研究生教育中的实施 [J]. 学位与研究生教育, 2006 (10).

[40] 刘亚敏, 胡甲刚. 我国博士生培养模式的特征解析 [J]. 中国高教研

究,2009(8).

[41] 李雁冰.简论教学模式[J].山东教育科研,1994(3).

[42] 丁康.世界研究生培养模式的传统与变革[J].外国教育研究,1977(4).

[43] 李硕豪.高校培养模式刍议[J].吉林教育科学·高教研究,2000(2).

[44] 李盛兵.研究生培养模式研究之反思[J].教育研究,2005(11).

[45] 祁晓庆.我国研究生培养模式研究十年[J].中国高教研究,2006(9).

[46] 米银俊.研究生教育模式的国际比较[J].中国高教研究,2001(10).

[47] 骆四铭.学位的起源、发展及特征[J].比较教育研究,2006(4).

[48] 黄飞跃,等.培养模式改革是研究生教育规模和质量同步发展的必然要求[J].高等理科教育,2004(6).

[49] 王栾井,杜佳.国外综合性大学研究生培养模式初探[J].学海,2004(5).

[50] 何云坤.研究生培养模式的变革趋势与改革对策[J].上海高教研究,1996(2).

[51] 李晓娟,吴志功.法国博士生培养模式及其启示[J].中国高教研究,2007(11).

[52] 葛芝金.国外研究生培养过程的特点[J].江苏高教,1996(3).

[53] 岳爱武.清末学位与研究生教育的内容考证及其评价[J].高教探索,2008(6).

[54] 薛天祥.中国学位与研究生教育的历史、现状和发展趋势[J].国家教育行政学院学报,2005(9).

[55] 黄宝印.我国专业学位教育发展的回顾与思考[J].学位与研究生教育,2007(6).

[56] 阴天榜.论培养模式[J].中国高教研究,1998(4).

[57] 王桂林,等.人才强国战略与我国非全日制研究生教育的发展[J].学位与研究生教育,2005(10).

[58] 非全日制研究生教育课题组. 非全日制研究生教育亟待规范和发展 [J]. 中国高等教育, 2001 (21).

[59] 曾攀, 等. 美、德、英工程类研究生的培养 [J]. 高等工程教育研究, 1999 (1).

[60] 王衡生. 论创新教育与高校研究生创新能力培养 [J]. 高教探索, 2003 (1).

[61] 吴杨, 丁雪梅. 欧洲硕士学位类型、学制的研究以及对我国的启示 [J]. 中国高教研究, 2006 (2).

[62] 周巧玲, 柳铎. 博士研究生导师的角色与责任——概念框架的建构 [J]. 学位与研究生教育, 2008 (9).

[63] 武毅英, 陈梦. 困惑与出路: 对我国研究生培养机制改革的思考 [J]. 现代大学教育, 2008 (2).

[64] 缪园, 等. 研究生培养机制初探 [J]. 学位与研究生教育, 2007 (12).